Flor María Rodríguez-Arenas • Raúl Neira • Christen Picicci • Danilo García Bernal • César Andrés Ospina Mesa • Patricia G. Carrasco • Jeimy García Sánchez

LA NOVELA ECUATORIANA DEL SIGLO XIX

Ensayos sobre

El hombre de la ruinas... (1869) Francisco Javier Salazar Arboleda • *Plácido (1871)* Francisco Campos • *Soledad (1885)* José Peralta • *Entre el amor y el deber: escenas de la campaña de 1882 y 1883 en el Ecuador (1886)* Teófilo Pozo Monsalve • *Timoleón Coloma (1887)* Carlos R. Tobar • *Campana y Campanero (1891)* Honorato Vázquez • *Titania (1892)* Alfredo Baquerizo Moreno • *Abelardo (1895)* Eudófilo Álvarez

FLOR MARÍA RODRÍGUEZ-ARENAS
(Coordinadora y editora)

- STOCKCERO -

© Flor María Rodríguez-Arenas 2012
© Raúl Neira 2012
© Christen Picicci 2012
© Danilo García Bernal 2012
© César Andrés Ospina Mesa 2012
© Patricia G. Carrasco 2012
© Jeimy García Sánchez 2012
of this edition © Stockcero 2012
1st. Stockcero edition: 2012

ISBN: 978-1-934768-52-5

Library of Congress Control Number: 2012935025

All rights reserved.
This book may not be reproduced, stored in a retrieval system, or transmitted, in whole or in part, in any form or by any means, electronic, mechanical, photocopying, recording, or otherwise, without written permission of Stockcero, Inc.

Set in Linotype Granjon font family typeface
Printed in the United States of America on acid-free paper.

Published by Stockcero, Inc.
3785 N.W. 82nd Avenue
Doral, FL 33166
USA
stockcero@stockcero.com

www.stockcero.com

Flor María Rodríguez-Arenas • Raúl Neira • Christen Picicci • Danilo García Bernal • César Andrés Ospina Mesa • Patricia G. Carrasco • Jeimy García Sánchez

LA NOVELA ECUATORIANA DEL SIGLO XIX

Ensayos sobre

El hombre de la ruinas... (1869) **Francisco Javier Salazar Arboleda** • *Plácido* (1871) **Francisco Campos** • *Soledad* (1885) **José Peralta** • *Entre el amor y el deber: escenas de la campaña de 1882 y 1883 en el Ecuador* (1886) **Teófilo Pozo Monsalve** • *Timoleón Coloma* (1887) **Carlos R. Tobar** • *Campana y Campanero* (1891) **Honorato Vázquez** • *Titania* (1892) **Alfredo Baquerizo Moreno** • *Abelardo* (1895) **Eudófilo Álvarez**

FLOR MARÍA RODRÍGUEZ-ARENAS
(Coordinadora y editora)

Flor María Rodríguez-Arenas (Coordinadora y editora)

Índice

1) La novela ecuatoriana del siglo XIX. Presentación. 7
   Flor María Rodríguez-Arenas

2) Del realismo descarnado al naturalismo mediante la ética en *El hombre de las ruinas*...(1869) de Francisco Javier Salazar Arboleda 13
   Flor María Rodríguez-Arenas

3) La persuasión de la hagiografía como expresión del romanticismo cristiano en *Plácido* (1871) novela de Francisco Campos 51
   Patricia G. Carrasco

4) Del romanticismo al realismo en *Soledad* (1885), Novela de José Peralta 75
   Flor María Rodríguez-Arenas

5) Los petrarquismos en *Entre el amor y el deber: escenas de la campaña de 1882 y 1883 en el Ecuador* (1886), como expresión romántica 109
   Christen Picicci

6) La ficcionalidad y la estructura narrativa en función del realismo en *Timoleón Coloma* (1887) de Carlos R. Tobar 125
   Raúl Neira

7) El rol del intelectual y el realismo espiritualista finisecular en *Campana y campanero* (1891) de Honorato Vázquez 157
   Danilo García Bernal

8) El sueño de la modernidad en *Titania* (1892) de Alfredo Baquerizo Moreno........189
   César Andrés Ospina Mesa

9) *Abelardo* (1895) de Eudófilo Álvarez y el modernismo en sus primeras manifestaciones en Ecuador 217
   Jeimy García Sánchez

Autores..245

La novela ecuatoriana del siglo XIX [1]

Presentación

Flor María Rodríguez-Arenas
Colorado State University

La literatura del Ecuador ha tenido las mismas fases que las literaturas de los otros países hispanoamericanos; pero la intransigencia, producto del desconocimiento, de las generaciones presentes ecuatorianas, continúa mostrando una situación de estancamiento y ranciedad sobre el quehacer literario decimonónico del país, que nunca existió. Éste es un fenómeno que han creado los historiadores de la literatura y los mismos profesores universitarios del país anclados en la concepción de la teoría de las generaciones, quienes la defienden obstinadamente y la continúan

---

[1] Una investigación que realicé en el Ecuador, gracias a una Beca Fulbright como US Scholar (2008) me ha permitido encontrar las siguientes novelas (cortas y largas) escritas en el país durante el siglo XIX: 1. *La emancipada* (1863), Miguel Riofrío. 2. *El hombre de las ruinas leyenda fundada en sucesos verdaderos acaecidos en el terremoto de 1868* (1869), Francisco Javier Salazar Arboleda. 3. *Plácido*. Novela (1871), Francisco Campos. 4. *La muerte de Seniergues, leyenda histórica* (1871), Manuel Coronel. 5. *Chumbera, Leyenda original* (1876), José Peralta. 6. *Cumandá o Un drama entre salvajes* (1879), Juan León Mera. 7. *Soledad (apuntes para una leyenda)* (1885), José Peralta. 8. *Entre el amor y el deber. Escenas de la campaña de 1882-1883 en el Ecuador* (1886), Teófilo Pozo Monsalve. 9. *A través de los Andes. Leyenda histórica* (1887), Francisco Campos. 10. *Timoleón Coloma* (1887), Carlos R. Tobar. 11. *Los capítulos que se le olvidaron a Cervantes* (c.a.1889), Juan Montalvo. 12. *Entre dos tías y un tío* (1889), Juan León Mera. 13. *Paulina* (1889), Cornelia Martínez. 14. *Alma y cuerpo* (1890), Antonio José Quevedo. 15. *Porque soy cristiano* (1890), Juan León Mera. 16. *Campana y campanero* (1891), Honorato Vázquez. 17. *Titania* (1892), Alfredo Baquerizo Moreno. 18. *Impresiones de viaje* (1893), Elena. 19. *Un matrimonio inconveniente. Apuntes para una novela psicológica* (1893), Juan León Mera. 20. *Evangelina* (1894), Alfredo Baquerizo Moreno. 21. *La hija de Atahualpa. Crónica del siglo XVI* (1894), Francisco Campos. 22. *Relación de un veterano de la independencia* (1895), Carlos R. Tobar. 23. *El señor Penco* (1895), Alfredo Baquerizo Moreno. 24. *Nankijukima. Religión, usos y costumbres de los salvajes del Oriente del Ecuador* (1895), Fray Enrique Vacas Galindo. 25. *Abelardo* (1895), Eudófilo Alvarez. 26. *El suicida* (1896), Miguel Ángel Corral Salvador. 27. *Luz* (1897), Alfredo Baquerizo Moreno. 28. *Sonata en prosa* (1897), Alfredo Baquerizo Moreno. 29. *Carlota* (1898), Manuel J. Calle. 30. *Tierra adentro. La novela de un viaje* (1898), Alfredo Baquerizo Moreno. 31. *Sebastián Pinillo* (1898), José Peralta. 32. *Un manuscrito* (1898), Miguel Ángel Corral Salvador». Rodríguez-Arenas 2009, viii-ix).

aplicando en los libros de la historia de la literatura ecuatoriana (véase: Araujo 2002).

En una publicación sobre *La emancipada* de Miguel Riofrío escribí en el año 2009:

> En ese siglo, se escribió prosa de ficción: novela y cuento en el Ecuador, adscribiéndose estos textos a diferentes movimientos literarios, no únicamente al Romanticismo, como es la creencia general entre estudiosos ecuatorianos, muchos de quienes clasifican, desde hace casi seis décadas, las obras mediante la teoría de las generaciones; lineamientos retomados y reelaborados por Ortega y Gasset en 1920 y en 1933, y seguidos por su discípulo Julián Marías en 1949; pero difundidos como dogma en el Ecuador; situación agravada por el empleo sistemático e indiscriminado del libro de Arrom (1963) en zonas específicas del país.
>
> Del método generacional, seguido ciegamente sin ningún cuestionamiento por diversos críticos hispanoamericanos, se ha dicho que ha producido «en Latinoamérica, un retraso multiplicado por dos: retraso de Ortega y Gasset en relación con la corriente filosófica que dio origen al método generacional en Francia y Alemania; retraso de intelectuales como Juan José Arrom, Enrique Anderson Imbert y Cedomil Goic, que se abocaron a redactar historias de la literatura observando el modelo orteguiano (o el de Pinder)» (Cuadros 1997, 235).
>
> Este método encasilla sin distinción a escritores nacidos en determinadas fechas y hace que las obras que produjeron pertenezcan al mismo movimiento literario, impidiendo el entendimiento de los escritos y produciéndose desfasamientos y errores garrafales que llevan a afirmaciones falaces sobre los textos (Rodríguez-Arenas 2009, ix).

Para entender cuál fue el desarrollo de la novela como género en el Ecuador durante el siglo XIX, desde la perspectiva de los avances de la teoría y de la historiografía literarias, se requiere tener en cuenta tanto la evolución del género en distintos países europeos e hispanoamericanos, como entender los fenómenos que plagaron la novela en España; además es indispensable comprender la fuerza intrínseca con que mediante la religión se constriñó y se manipuló el imaginario social ecuatoriano y la manera en que esta situación se representó y, a la vez, moldeó la producción de ficción que se originó en el país durante ese siglo.

Hasta bien entrado el siglo XX, hubo en España una indefinición sobre este tipo de escritura, sobre el nombre y sobre su extensión; esto mismo ocurrió en todos los países hispanoamericanos, donde los autores en ningún momento definieron estos aspectos en su producción de ficción. Las clasificaciones tajantes entre cuento, novela corta y novela; así como la diferencia entre estas formas y la leyenda, el romance, la historia fingida, etc., comenzaron a imponerse en el segundo cuarto del siglo XX y se dictaminaron como ley en la segunda parte de la pasada centuria; pero no existieron durante el siglo XIX, situación de indefinición que se explicita también en los textos de ficción producidos en el Ecuador.

Cada uno de los ensayos sobre novelas del siglo XIX incluidos en esta colección es un aporte a la comprensión de la forma en que el género novelísticos fue desarrollándose en el país. Los escritores ecuatorianos del siglo XIX, muchos de ellos influyentes en la vida social, en lo político y en lo cultural fueron grandes lectores, aceptaron influencias, las siguieron, pero también las modificaron, e incluso crearon nuevas, para ofrecer, cada uno desde su perspectiva, una contribución personal y un nuevo eslabón para consolidar la novelística nacional.

De esta manera, en el Ecuador se produjeron obras que contribuyeron a la literatura hispanoamericana en el sistema de los movimientos y de las escuelas literarias. Obras como: *La emancipada* (1863) de Miguel Riofrío, serio aporte al Realismo de medio siglo; *El hombre de las ruinas...* (1869) de Javier Salazar Arboleda, narración que parte de un Realismo crudo, pero que pronto explicita con gran vigor las características del Naturalismo; *Soledad* de José Peralta (1885) y *Timoleón Coloma. Dibujos de costumbres quiteñas* (1887) de Carlos Rodolfo Tobar, son expresión de la consolidación de la novela realista en el último cuarto del siglo; «Campana y campanero» (1891) de Honorato Vázquez, muestra de la manera en que la literatura de ficción ecuatoriana se adscribió al Realismo Espiritualista finisecular; *Titania* (1892) de Alfredo Baquerizo Moreno, escritor de la modernización, que expone la tensión entre aspectos del Realismo y del Naturalismo para finalmente inscribir su mundo de ficción dentro del Modernismo en Hispanoamérica. Mientras que *Abelardo* (1895) de Eudófilo Álvarez es una novela plenamente modernista, preanuncio de los *«ismos»* y de los nuevos cambios ideológicos que abren el siglo XX.

Mientras que *Plácido* (1871) de Francisco Campos y *Entre el amor y el deber. Escenas de la campaña de 1882-1883 en el Ecuador* (1886) de Teófilo Pozo Monsalve son novelas que arrastran diferentes aspectos del Romanticismo hasta la última parte del siglo, pero cuya aportación al género es indudable porque contribuyen a consolidar tradiciones, estructuras y técnicas, mostrando la confluencia de corrientes y movimientos literarios en la época y proclamando el compromiso estético con la modernidad que los escritores poseían.

Cada uno de los autores, de estos estudios, se acercó al texto para descubrir el aporte y las estrategias narrativas que emplearon los novelistas ecuatorianos del siglo XIX. En esos mundos ficcionales se observan las transformaciones que experimentó la novela durante las décadas; la mutua dependencia entre ideología y escritura, así como las influencias de los movimientos político-sociales y la confluencia de los aportes tecnológicos sobre esas producciones literarias.

Estos ensayos también señalan la manera en que la historiografía y la crítica literaria del Ecuador se halla rezagada analíticamente, al insistir en la aplicación de las generaciones como camisa de fuerza que se le impone a la literatura, lo cual impide la comprensión y deforma las lecturas de la producción escritural decimonónica.

Las novelas analizadas en estos ensayos son una invaluable prueba de la evolución de la literatura en el país. Los textos reflejan las ideas, los cambios y los mecanismos sociales que estaban en juego en la constitución de la identidad y del nacionalismo ecuatoriano; al tiempo que explicitan claramente la puesta al día de esos escritores del siglo XIX, ávidos lectores y sólidos intelectuales, que lucharon denodadamente para que el Ecuador adquiriera un estable y duradero puesto dentro de la novelística en lengua española.

FLOR MARÍA RODRÍGUEZ-ARENAS

BIBLIOGRAFÍA

Araujo, Diego (coord.). *Literatura de la República. Período 1830-1895.* Quito: Universidad Andina Simón Bolívar / Corporación Editora Nacional, 2002. [Colección Historia de las literaturas del Ecuador, Volumen 30.

Rodríguez-Arenas, Flor María. «Representación y escritura: el realismo en *La emancipada* de Miguel Riofrío, (1863)». *La emancipada*. Miguel Riofrío. Segunda edición crítica, ampliada y mejorada. Doral, Florida, USA: Stockcero, 2009. iv-lxxii.

2) Del realismo descarnado al naturalismo mediante la ética en *El hombre de las ruinas...*(1869) de Francisco Javier Salazar Arboleda

Flor María Rodríguez-Arenas
Colorado State University

1. La búsqueda de la identidad territorial y de la definición sociocultural de lo que definía y a la vez separaba intelectualmente un territorio de otro, sucedió en toda Latinoamerica durante el siglo XIX. En este sentido los intelectuales ecuatorianos no fueron una excepción; pertenecientes en su mayoría a las clases altas, comenzaron a solidificar la identidad cultural nacional como resultado de la selección e imposición de aspectos impuestos de arriba hacia abajo, que transmitieron a través de las artes y de la literatura. A tal punto se llegaron a unificar los mensajes que recibía el pueblo, que al cotejar los textos producidos durante la mayor parte del siglo XIX, emerge de ellos una imagen distribuida e implantada como identidad cultural, de la que sólidamente se desprendían ideas religiosas y éticas. Nociones que pasaron a configurar el funcionamiento del campo literario ecuatoriano.

En la sociedad ecuatoriana decimonónica, la política se articulaba directa y cerradamente en relación con la religión. En la constitución de 1830, al reconocerse el territorio jurídicamente como República, se señaló que la religión católica fuera «la religión del estado» y el gobierno se comprometió a «protegerla con exclusión de cualquier otra». Tal preeminencia alcanzó esta situación que en la constitución de 1869 se exigió la condición de ser católico para poder ser ciudadano (véase: Hurtado 2007, 111-112). Aunque la iglesia como institución controló el espacio de la ideología dominante en los países hispanoamericanos hasta bien avanzado el siglo XIX, «en el Ecuador esta realidad fue todavía más persistente que en otros lugares de América» (Ayala Mora 2000, 66).

En 1863, ante el ataque de Cuspud,[1] García Moreno emitió una proclama:

> ¡Compatriotas! Dios ha querido probarnos, y debemos adorar sus designios inescrutables. (...) ¡Conciudadanos! Ahora más que nunca necesitamos hacer grandes esfuerzos para salvar nuestra Religión y nuestra Patria: Ahora más que nunca debemos oponer á nuestro injusto enemigo un valor á toda prueba y una constancia incontrastable.
> ¡Ecuatorianos! Volad á las armas; reforzad las filas del ejército; e implorando la clemencia del Altísimo, esperemos alcanzar la paz o vencer en su nombre.
> Quito, diciembre 8 de 1863
> Gabriel García Moreno (en Polit Lazo 1888, 2: 21).

En esa alocución dirigida al pueblo ecuatoriano se explicita la imbricación que la religión poseía en la vida social. Se emitía un mensaje emocional que implicaba una operación comunicativa social significativa de fabricación de la realidad, donde Dios se valía de las tropas colombianas para desafiar la patria y la religión y para ponerlas en peligro. Esta clase de mensajes no apelaban al intelecto sino a las emociones, las cuales conducían rápidamente a los receptores hacia el objeto, persona o idea propuesta para evitar tanto la pérdida de tiempo como lo desagradable o amenazador. Era fácil introducir las ideas, puesto que por siglos la fundamentación racional se había repetido mediante sermones, cartas pastorales, mensajes religiosos, etc. Lo que se hacía posteriormente eran la propaganda y la agitación. La primera consistía en la movilización de ideas que se deseaban inculcar; mientras que la segunda se enfocaba en la estimulación emocional empleando nociones simples con gran eficacia, como en el mensaje de García Moreno: la defensa de la religión y de la patria y el llamado a su salvación. De este modo, se convencía al receptor manipulándolo y llevándolo de la indignación a la acción.

---

1   El general Tomás Cipriano de Mosquera había penetrado en territorio ecuatoriano hasta la ciudad de Ibarra y había derrotado en la batalla de Cuaspud a las tropas de García Moreno, comandadas por Flores.

Los ecuatorianos ya habían vivido por años con este tipo de esquema socialmente construido lleno de amenazas donde Dios los ponía constantemente a prueba, y ellos tenían que defender con su vida la religión; ya que la decadencia de la religión era la aniquilación de la patria; de este modo, la amenaza de destrucción era constante. Este imaginario social construido y compartido por la mayoría de la sociedad ecuatoriana, les permitía a sus integrantes percibir como peligro real inminente cualquier cambio en la tradición, lo mismo que los intentos de modificación de la posición de la Iglesia y de sus representantes; estos eran peligros apremiantes que amenazaban la vida social; porque impactaban los diferentes marcos lógicos y emocionales que el pueblo poseía. Este marco de referencias se consolidaba públicamente de la siguiente manera:

> Al enorme impulso constructivo y organizador de la administración garciana (...) se juntaba una permanente atmósfera de represión. La flagelación pública del anciano general Ayarza, el fusilamiento del general Manuel Tomás Maldonado, el encarcelamiento, y trato inhumano y hasta sádico que dio al liberal quiteño Dr. Juan Borja y otros tantos hechos más, fueron cubriendo al Presidente y su círculo político de una estela de terror (Ayala Mora 1990, 207).

En 1869, Gabriel García Moreno (1^0: 1859-1865; 2^0: 1869-1875) comenzó su segunda presidencia; para imponer un estado «teocrático», con una propuesta de lo que él consideraba un estado modelo:

> «Dos objetivos principales son los que he tenido en mira; el primero poner en armonía nuestras instituciones políticas con nuestras creencias religiosas; y el segundo, investir a la autoridad pública de la fuerza suficiente para resistir a los embates de la anarquía. [...] Entre el pueblo arrodillado al pie del altar del Dios verdadero y los enemigos de la Religión que profesamos, es necesario levantar un muro de defensa, y esto es lo que me he propuesto y lo que creo esencial en las reformas que contiene el Proyecto de Constitución». (García Moreno en Ayala Mora 1990, 210).

> [...]El documento consagró un sistema cuasi-monárquico, confesional y excluyente. Las garantías ciudadanas se habían restringido al máximo quedando, en último análisis, a discreción del gobernante. Se reimplató la pena de muerte por delitos políticos. El Presidente de la República duraba en su cargo seis años, pudiendo ser reelegido por un periodo inmediato. Tenía en sus manos un poder fabuloso, que le permitía controlar centralizadamente la administración pública e incluso intervenir dentro del ámbito de competencia de los otros dos poderes. Toda la concepción gubernativa de García Moreno se centralizó en una disposición sui géneris de la Constitución que añadía un requisito más para gozar de los derechos de ciudadanía: ser católico.
> La nueva constitución llevó a su extremo no sólo el fanatismo católico, sino toda la tradición bolivariana de «gobierno fuerte». [...] Sus opositores la denominaron «Carta Negra» que es el distintivo con que ha pasado a la historia (Ayala Mora 1990, 210-211).

En el golpe de estado que se efectuó en 1869, García Moreno se hizo Presidente interino del país y nombro vicepresidente a Manuel Azcázubi, quien a su vez designó Ministro de Guerra y Marina a Francisco Javier Salazar Arboleda (véase: Moncayo, Moncayo y Veloz 1906, 311). Con la legislación modificada, García Moreno consideraba que las acciones y los comportamientos también debían serlo; así su actuación pública sigió un patrón de exhibición que a la vez demandó de los otros:

> Los viernes santos el propio presidente [García Moreno], vestido de levita, desfilaba con la cruz a cuestas y hacía el recorrido de rodillas, obligando a todo su gabinete a que le siguiera, también de rodillas y en traje de ceremonia (Villar Borda 2004, 260).

El periodo garciano se caracterizó por una fuerte intensificación de los conflictos políticos; puesto que los líderes liberales y conservadores de avanzada formaron alianzas con destacados periodistas y hombres de letras y entablaron numerosas y agitadas polémicas sobre los problemas sociales que se vivían en el territorio. Por sus actos, García Moreno ha sido considerado como: «la personalidad más discutida de la historia ecuatoriana (...) constructor dinámico y por sobretodo "vengador y mártir del derecho cristiano"»; del mismo modo, poseedor de un fanatismo religioso exacerbado y con una inclinación psicopática a la represión, que le ganó el calificativo de «santo del patíbulo» (véase: Ayala Mora 1981, 2).

Para ese año de 1869, el Ecuador ya había estado, durante la primera presidencia de García Moreno, siete años bajo su control. Friedrich Hassurek (1861-1865), austriaco, que fuera Ministro representante de Estados Unidos en el Ecuador, durante el primer gobierno, afirmó en 1868, que en el país se encontraban «conventos en lugar de imprentas y barracas militares en lugar de escuelas» (Hassurek 1868, 237). Palabras que destacan que la religión era uno de los componentes intrínsecos de la vida sociocultural del Ecuador de la época. Al ambiente transido de represión y terror, se sumaba el desconocimiento y la angustia, y el descontento por la explotación de que eran objeto amplios sectores de la población.

2. Francisco Javier Salazar Arboleda (Quito 1824-Guayaquil 1891), autor de la novela objeto de este ensayo, fue militar, abogado, escritor y político conservador. Obtuvo el título de Bachiller en el Colegio San Fernando en 1842; para cuando se recibió de abogado, ya era militar. En 1856, enviado por el Gobierno viajó a Alemania para perfeccionar su educación militar. Durante el periodo garciano (1860-1875) «ocupó sucesivamente los puestos de Diputado, Senador, Comandante General de Quito, Comandante General de Guayaquil, Ministro e lo Interior y Relaciones Exteriores, Ministro de Guerra y Plenipotenciario cerca de los gobiernos de Francia, Alemania, Inglaterra y la Santa Sede» (J. A. R. 1892, 10). En 1875, fue Ministro de Guerra y Marina. Vivió en Lima, Perú por varios años y regresó al Ecuador en 1882. Fue nombrado Director de Guerra y participó en una nueva batalla y toma de Guayaquil en julio de 1883; ese mismo año fue Diputado por Pichincha a la Convención Nacional que se reunió en Quito y fue elegido Presidente de dicha Asamblea. Posteriormente fue Ministro Plenipotenciario ante el gobierno del Perú. Entre 1888-1889, se le encargó el Ministerio del Interior y de Relaciones Exteriores. En 1891, por segunda vez se propuso su candidatura a la Presidencia de la República, pero murió sorpresivamente en Guayaquil el 21 de septiembre de ese mismo año. Durante su vida fue miembro de: la Academia Ecuatoriana de la Lengua, la Academia Nacional Científica y Literaria de Quito, la de Historia de Madrid y la de Buenas Letras de Sevilla, el Ateneo de Lima, la Sociedad de Ciencias de Londres, entre otras asociaciones (véase: Avilés Pino [s.f]).

Publicó textos dedicados a facilitar la instrucción técnica de las fuerzas militares como: *Táctica de artillería* Tomo I (1869), Tomo II (1872), *Instrucción de tiro* (1870), Quito (1884); *Táctica de infantería* (Guayaquil, 1871); *Información sobre la integración del batallón sobre la nueva táctica de Infantería* (1872); *Instrucción de Esgrima a la bayoneta; Instrucción de guerrilla* y *del Prontuario militar para el uso de los cuerpos de la guardia nacional* (1878). Además del *Informe sobre las maniobras del 5° cuerpo del ejército alemán ejecutadas en la Alsacia y la Lorena en 1873; Las batallas de Chorrillos y Miraflores y el arte de la guerra* (1882); el *Tratado del servicio de campaña en la guerra moderna según la teoría alemana ajustado á los principios de la legislación militar dominantes en las repúblicas sud-americanas* (1894). En cuestiones penales escribió: *Sistema de corrección penal* y *Reglamento de la penitenciaría*. Entre los diversos discursos producidos sobresale el *Discurso leído en el acto de intalación del Comité encargado de llevar a efecto la erección de una estatua de Bolívar en la ciudad de Guayaquil*. También publicó: *Rasgos descriptivos de varias poblaciones y sitios de la República del Ecuador* (1871). *García Moreno* (1884). *Una excursión a Baños*. Sobre pedagogía se hallan: *El método productivo de enseñanza primaria, aplicado a las escuelas de la República del Ecuador*

(1869). *Breves observaciones sobre ciertas palabras usadas en el lenguaje militar. Pronunciación del lenguaje castellano en el Ecuador*. Mientras que escribió sólo una obra de ficción: *El hombre de las ruinas, leyenda fundada en sucesos verdaderos acaecidos en el terremoto de 1868* (1869) (véase: Pallares y Mera 1891, 374-375).

3. *El hombre de las ruinas, leyenda fundada en sucesos verdaderos acaecidos en el terremoto de 1868* (1869) novela de Francisco Javier Salazar Arboleda es un texto al que no se le ha prestado atención en las letras del Ecuador, donde todavía siguen aceptando muy pocas novelas durante el siglo XIX; tal véz las más difundidas y conocidas, sean: *La emancipada* (publicada inicialmente en 1863, pero redescubierta únicamente hasta 1974) y *Cumandá* (1879).

Pero antes de entrar al texto, se necesita comprender la situación de la novela como género en España. En el siglo XVIII, por confusiones entre tratadistas de retórica y poética la novela en todas sus formas dejó de tener fuerza narrativa (véase: Ferraras, 1973).

> Lo que hoy significamos con tales conceptos [cuento, novela corta, novela] no se corresponde con lo que dichas palabras designaban durante el siglo XVIII. Desde el punto de vista de la preceptiva, literatura era lo escrito en verso; la prosa no tenía valor. La novela, desde ese mismo punto de vista, no existía porque no tenía consideración literaria: estaba escrita en prosa (Álvarez Barrientos 1991, 11-12).

Durante el siglo XIX, la novela carecía de una concreta definición (oscilando entre «historia fingida», «ficción posible», «romance» o «poema épico romancesco» (véase: Checa Beltrán 1998, 260-274); además, el género carecía de un total prestigio: «la opinión negativa sobre la novela era común en España a fines del siglo XVIII» (González Alcázar 2005, 112).

> La distinción entre el «romanzo» y la «novella», que en italiano, como en francés («roman» «nouvelle») y en alemán («Roman» y «Novelle»), se presenta mediante el empleo de

dos sustantivos distintos, se expresa en español sólo mediante la ayuda de un adjetivo. Así a la «novela» (en el sentido de «romanzo») opone la «novela corta». La palabra «novela», importada del italiano en los siglos xIv-xv, sirvió en castellano tanto para designar el relato breve (como en la famosa obra cervantina *Novelas ejemplares*), como el más amplio. Para el cual no pudo emplear el castellano la denominación «romance», ya que ésta se aplicaba ya a otro tipo de relato, un género poético tradicional. También el inglés presenta un uso de los términos «romance» y «novel» que difiere sensiblemente de sus denotaciones en francés y en italiano. Es interesante que en esta lengua ambos vocablos se hayan utilizado para aplicarlos al relato amplio, distinguiendo en él dos tipos: el relato romántico idealizante y el más realista moderno (García Gual 1979, 135).

Este desconcierto retórico narrativo entró a Hispanoamérica donde la novela comenzó a producirse con ímpetu años después de las guerras de independencia y se mantuvo hasta finales del siglo XIX. De este modo, durante ese siglo en los diferentes países hispanoamericanos se produjeron numerosas muestras de relatos que conformaron una amalgama de tradición, cuadro costumbrista, leyenda, relato, cuento, cuento largo, novela corta y novela; todos ellos con variadas denominaciones; pero en ningún momento sus autores definieron los límites de la extensión para clasificar sus obras, sino hasta pasado el siglo e incluso con variaciones y ambigüedades.

Así que desde la perspectiva imperante en el siglo XIX, en las letras en lengua española, *El hombre de las ruinas, leyenda fundada en sucesos verdaderos acaecidos en el terremoto de 1868* es una novela. Su estudio ilustra la forma en que su autor, Francisco Javier Salazar Arboleda, entendió en aquellos momentos que la labor literaria era un instrumento de consolidación político-ideológico; la utilizó para implementar fines específicos, pero a la vez efectuó un aporte a la literatura de su tierra. Como autor conservador y miembro principal del círculo político del gobierno de

García Moreno, la religión representaba un baluarte contra las ideas liberales y servía para ayudar a consolidar el proyecto garciano, que éste había concretado en las siguientes ideas:

> Restablecer el imperio de la moral (...) fuera de la cual la libertad es engaño y quimera; moralizar un país en el que la lucha sangrienta del bien y del mal, de los hombres honrados contra los hombres perversos ha durado por espacio de medio siglo, y moralizarlo por medio de la represesión enérgica y eficaz del crimen y por la educación sólidamente religiosa de las nuevas generaciones respetar y proteger la santa religión de nuestros mayores, y pedir a su influencia benéfica la reforma de las leyes (...) (García Moreno en Ayala Mora 1990, 217).

Las palabras y la actuación de García Moreno y sus ministros como miembros del conservatismo ecuatoriano, habían convertido la defensa de la iglesia en su pendón ideológico, especialmente después de que Pío IX publicara, el 8 de diciembre de 1864, la encíclica *Quanta Cura* y su anexo *El Syllabus* [2] donde emitía anatema contra el liberalismo, la libertad y la modernidad.

En este ambiente sociocultural se divulga *El hombre de las ruinas...*, cuyo relato basa su referente en el hecho histórico de la devastación que asoló el área de la zona norte del Ecuador, in-

---

2   «El Syllabus contiene 80 proposiciones divididas en diez capítulos que se pueden agrupar en cuatro puntos fundamentales. El primer grupo de errores (...) se refiere al Panteísmo, naturalismo, Racionalismo absoluto, racionalismo moderado (...), indiferentismo, latitudinarismo, socialismo, comunismo, sociedades secretas, sociedades bíblicas, sociedades clérico-liberales (....)./ El segundo grupo se refiere a los errores que hacen referencia ala naturaleza de la Iglesia, del Estado y a las relaciones entre ambos poderes. (...). / El tercer grupo (...) recoge los errores sobre ética natural y sobrenatural, con especial atención al matrimonio. Se condena la moral laica, que pretende salvar la distinción entre el bien y el mal; el carácter obligatorio de la ley prescindiendo de Dios, el utilitarismo y la separación entre sacramento y contrato en el matrimonio. / El cuarto grupo (...) fue el que mayor reacción provocó en la opinión pública. En ellas se propugna que la religión católica debe ser considerada como religión de estado, con exclusión de otros cultos, y se condena la libertad de culto y la plena libertad de pensamiento y de imprenta. Se rechazan algunas de las tesis fundamentales de la sociedad moderna, los principios de 1789. El enfrentamiento queda claro con la condena de la última proposición, según la cual «el Romano Pontífice puede y debe reconciliarse, con el progreso, con el liberalismo y con la cultura moderna». Según Albert de Broglie, éste número rechazaba y condenaba a la vez «la prensa, los ferrocarriles, el telégrafo, los descubrimientos de la ciencia, todo lo que generalmente se encuadraba con la genérica expresión de "progreso de la civilización"» (Laboa 1994, 166-167).

cluida Ibarra, el 16 de agosto de 1868. Terremoto que fue parte de una serie de fuertes sacudimientos telúricos que sucedieron entre el 13 y el 16 de agosto de ese año y que destruyeron ciudades y pueblos tanto en Ecuador como en Perú; sismos que se sintieron desde Colombia hasta Chile; hecho sobre el que se informó:

> El 16 de agosto a las 11 y media de la tarde, siguió al terremoto del día precedente, la horrorosa catástrofe que asoló toda la provincia de Imbabura. La capital Ibarra, Otavalo y varios pueblos florecientes se convirtieron en un minuto en montones de escombros, y millares de seres humanos quedaron aplastados debajo de las ruinas. Desde el terremoto, de Riobamba en 1797, la historia del país no conoce un cataclismo igual, y en cuanto a las víctimas humanas, éste último, sin duda, fue mucho más funesto que aquél. No existe un censo exacto de los muertos; García Moreno, que en aquella ocasión organizó y dirigió la comisión salvadora, calculó en número de los cadáveres entre 15.000 y 20.000 (1975, 148).
> Terremoto destructor en Quito. El epicentro de este temblor parece que está en la provincia de Imbabura al norte de Quito. Las poblaciones de Otavalo, Cotacachi, Atuntaqui e Ibarra fueron destruidas. Del 13 al 16 en Guayaquil y en otras regiones de la república ecuatoriana se repitieron los temblores.
> El 16 una sacudida en Popayán. El 17 se repitió en Ibarra y se sintieron otros durante varias horas. El 28 en Otavalo hubo dos fuertes y largos terremotos y así diariamente se sintieron algunos en la provincia de Imbabura (Ramírez 1975, 148-149).

García Moreno, entonces Jefe Civil y Militar durante el gobierno de Javier Espinosa, reorganizó a la población y comenzó la reconstrucción del área afectada. Para tal efecto, les comunicó a los pobladores el siguiente mensaje marcado en su enunciación por condicionamientos éticos y manipulaciones de apocalíptico castigo por la disolución moral:

> A los habitantes de Imbabura
> El horrible terremoto que ha arruinado vuestras antes florecientes poblaciones, supultando en sus escombros a la mayor parte de vuestros deudos y amigos, no es la única de las espantosas calamidades que la cólera del Cielo, justamente irritado, ha derramado sobre nosotros. La desnudez y la miseria a que esa catástrofe os ha reducido, y sobre todo la nube de bandidos que se ha lanzado a buscar en el robo una infame ganancia, han puesto el colmo a vuestros desastres y convertido esta hermosa provincia en un amplio campo de desolación y muerte, de lágrimas y delitos. (...) Confiad en Dios, siempre paternal y misericordioso, aun en los momentos en que con justicia nos castiga; y ayudadme a cumplir en vuestro provecho los nobles deseos de nuestro benéfico gobierno. /
> ¡Los malvados que tiemblen! Si continúan cometiendo crímenes serán exterminados.
> Ruinas de San Pablo, agosto 23 de 1868
> Gabriel García Moreno (en Polit Lazo 1888, 2: 28).

García Moreno difundía dos visiones opuestas de Dios. Por un lado, éste era un ser vengativo que había expresado su cólera con espantosas calamidades; por el otro, era un Dios «paternal». El exterminio era una trangresión del mandato divino, no obstante, García Moreno como representante divino, sí podía hacerlo: «Si continúan cometiendo crímenes serán exterminados». Además de la impotencia ante el desastre natural, la gente debía soportar un régimen de represión y amenazas; era una existencia llena de alarma y consternación.

En este ambiente, la novela de Salazar Arboleda ofrece una narración que a partir de su título: *El hombre de las ruinas, leyenda fundada en sucesos verdaderos acaecidos en el terremoto de 1868*, expresa un nivel de ambigüedad entre realidad y ficción, donde lo extratextual histórico guía la recepción mediante una compleja red de representaciones mentales con cargas emocional y afectiva asociadas en que se relacionan las problemáticas del bien y del mal, basándose en los efectos del terremoto de intensidad 7.87, de proporciones apocalípticas de destrucción física, que pasó a la historia como uno de los peores desastres que sufrió el país durante el siglo XIX. La representación que ofrece lo relatado responde al «efecto de relidad» de Barthes,[3] al trasladar una exploración cruda y fría de los hechos sucedidos y de referentes sociales conocidos. Hechos que sirvieron para crear un mundo ficticio, donde específicas situaciones sociales que afectaban a las diferentes comunidades sirvieron o bien de referente o bien de motivación para la narrativa.

El mundo referido de la novela se presenta en 9 capítulos; abre en el primero con el despliegue de una voz que emplea la narración en tercera persona para mostrar el estado del lugar mediante un discurso con el que emite juicios morales y éticos.[4] La historia comienza con una descripción casi paradisiaca: «En medio de un ameno valle de color esmeralda do serpean cristalinos arroyos, en cuyas floridas márgenes sacuden sus verdes coronas los encumbrados sauces, se halla un espacioso campo (...)» (Salazar Arboleda 1889, 3). Esta apertura narrativa pasa rápidamente a destacar aspectos de la catástrofe que acababa de ocurrir: «Es lo que poco ha se llamaba Ibarra, ciudad apacible y risueña que arrullaba en su seno unas diez mil personas» (Salazar Arboleda 1889, 3); aseveración que va acompañada de comentarios que comienzan a guiar éticamente el rumbo de la lectura:

> La ira del Dios de los ejércitos no ha dejado allí piedra sobre piedra; las casas de los hombres se han convertido en oscuras cuevas de hambrientos perros, los jardines en depósito de podredumbre, las rectas y bien empedradas calles, en montones de pesados fragmentos de adobes confundidos con caídos tejados, desprendidas puertas, rotos muebles y empolvados ji-

---

3   "Semióticamente, el "detalle concreto" está constituido par la connivencia *directa* de un referente y de un significante; el significado es expulsado del signo y con él, por cierto, la posibilidad de desarrollar una *forma del significado,* es decir, de hecho, la estructura narrativa misma (la literatura realista es, sin duda, narrativa, pero no es porque el realismo es en ella solo parcelario, errático, confinado a los "detalles" y porque el relato más realista que se pueda imaginar se desarrolla según vías irrealistas). Aquí reside lo que se podría llamar la *ilusión referencial*» (Bray en Barthes 1972, 100).

4   «La ética considera el acto social en la medida en que es fruto de la conciencia humana, como un acto moral con valor propio y definido» (Bueno 1957, 97). «Lo ético se ha identificado cada vez más con lo moral, y la ética ha llegado a significar propiamente la ciencia que se ocupa de los objetos morales en todas sus formas, la filosofía moral» (Ferrater Mora 1965, 595).

rones de las telas, toscas o primorosas, con que antes se cubría la humilde indigencia del pobre, o la altiva vanidad del rico propietario (Salazar Arboleda 1889, 4).

Este inicio apocalíptico expresa ideas éticas en las que subyace una actitud humana específica que comienza a indicar códigos o pautas morales que se han puesto en práctica en esa específica sociedad histórica; situación que explicita la íntima conexión de la dimensión ética con la religiosa en ese mundo social representado.

Casi inmediatamente, los comentarios sobre la destrucción de la estructura socioeconómica del lugar pasan de ser éticos y morales a reproducir lo tétrico del destino y de la realidad explicitada:

> El sepulcral silencio que allí dominaba no era de vez en cuando interrumpido sino por el siniestro aullar de uno que otro can, repleto de carne humana, hallado debajo de las ruinas, o por el repentino bramido del viento que en ráfagas impetuosas sacudía los árboles y cubría el espacio de torbellinos de polvo, levantado en inmensas espirales de entre los escombros sacudidos por el terremoto (Salazar Arboleda 1889, 5).

Hasta este momento, la historia ofrece una síntesis heterogénea de referentes de la realidad que combinan elementos dispersos en el espacio y en el tiempo; pero en un lapso breve se pasa de la destrucción dejada por la catástrofe, a esbozar con toda desnudez la crudeza de una situación que prontamente se convierte en macabra; ideas de hecatombe y consternación que son un arma persuasiva poderosa; puesto que a través de las imágenes invocadas por la lectura, en la mente del lector se produce un estado de absorción dentro del mundo relatado que ejerce diversos tipos de influencia, según sea la fuerza convincente de lo relatado. «No hay que mirar las cosas tal como son en sí mismas, ni tal como las conoce el que habla o escribe, sino sólo en relación con lo que saben los que leen o los que escuchan» (Nicole en Barthes 1970, 100).

Establecido el transfondo del ambiente, la voz se convierte en un narrador representado que es a la vez narrador y personaje (homodiegético-intradiegético) de ese universo ficcional (véase: Genette, 283-289). Se hace presente en la tragedia para dar testimonio de la desolación y el malestar que le produce lo que ve y para representar los hechos subsecuentes que conforman lo relatado a través de lo que ve, de lo que hace y de sus palabras. Mediante la memoria y la nostalgia por el pasado ya inexistente, esta voz expresa ideas religiosas y éticas sobre lo efímero de la existencia y sobre la fragilidad del ser humano; pensamientos interrumpidos, al observar la siguiente escena:

> [D]e repente hube de sorprenderme en gran manera al ver sobre el ceniciento techo de una pequeña habitación venida al suelo desde los cimientos, un hombre de alba y escasa cabellera, rostro enjuto y requemado, ojos hundidos y boca entreabierta, vacía de dientes, sentado en un grueso madero, con la mano a la mejilla, sin desprender la vista del punto en que descansaban sus pies, uno de los cuales estaba envuelto en un blanco pañuelo empapado en sangre. Por lo pronto juzgué que la fuerza del dolor le había como petrificado, y quise dirigirle la palabra para llorar con él; mas al acercarme, arqueó las cejas, apretó los labios y me dirigió un mirada feroz, cosas que me hicieron desistir de tal propósito, y seguir mi camino (Salazar Arboleda 1889, 5-6).

La representación del anciano tiene un poder de referencia respecto a lo que lo rodea. Los rápidos y subsecuentes rasgos físicos lo describen con marcas de carencia ['escasa', 'enjuto', 'vacía'] y de negatividad ['requemado', 'hundidos'], pero sin llegar a ser completamente desfavorables. Lo que comienza a ofrecer una señal de que existe algo discordante es la reacción física que se expresa en su rostro y con la que responde al intento de ayuda del narrador; actitud que explicita el cariz de lo que sucedía en su interior. Es un retrato ligero, sintético pero sugestivo que indica que existe una reciprocidad entre este personaje y el ambiente a su alrededor.

Las palabras y la retirada del narrador ponen en escena la presencia de lo «extraño inquietante» (unheimlich) de Freud, quien intentó dar una explicación a lo irracional. En español, «unheimlich» se ha traducido, entre otras formas, como: siniestro, ominoso, aciago, fortuito, funesto, azaroso, de mal agüero, desgraciado, abominable; denominaciones que tienen en común que algo perturbador va incidir en la psicología del implicado, en este caso el narrador. Éste no puede entender por qué alguien en las circunstancias en las que se encuentra el anciano pueda rechazar con tal aspereza la posibilidad de una ayuda ofrecida desinteresadamente y en su beneficio. Se aleja, pero ya la duda ha quedado establecida en su ánimo sobre la actuación del hombre que acaba de encontrar.[5]

Al abandonar el lugar, el narrador deja en suspenso la situación que ha representado con detalles. Existe un misterio, pero se ignora lo que pueda ser; de esta manera, el narrador queda a la expectativa de la solución. Además, su alejamiento produce una pausa que genera tensión, porque se origina una demora en la solución de un enigma que parecía que se iba a develar inmediatamente, creándose un estado de incertidumbre que reproduce y mantiene la curiosidad. Así, esta historia explota las posibilidades expresivas y discursivas de lo anómalo de la circunstancia para captar con mayor fuerza la atención hacia lo relatado.

---

5   Freud señaló una serie de estadios que se manifiestan para que esta sensación se produzca: 1) Algo debe evocar ese estado de ánimo. 2) Cuando el ser humano se encuentra desconcertado, perdido surge la incertidumbre intelectual, condición básica para que se dé el sentimiento de lo siniestro. 3) La duda evoca vagas nociones de procesos automáticos, que han permanecido ocultos. 4) Debe transcurrir un lapso de tiempo sin que se pueda solucionar la incertidumbre 5) Esta duda con el tiempo se convierte en ansiedad; en algunos casos, lo angustioso es algo reprimido que retorna, y esto es lo siniestro. 6) De este estado anímico emerge el tema del «doble» o del «otro yo», que puede ser una persona considerada idéntica a otra, que sería el constante retorno de lo semejante, que remite a otro sentimiento causante de lo siniestro. 7) También puede ser el desdoblamiento del Yo que se opone al resto del Yo que sirve a la auto-observación y a la autocrítica y cumple una función de censura psíquica. 8) Este impulso de repetición produce presentimientos que llevan a la sugestión; esto es la omnipotencia del pensamiento. 9) A la mirada se le asigna gran eficacia; se teme el propósito de hacer daño que puede ejecutarse con la visión y se supone que éste tiene la fuerza de realizarse. 10) Muchos consideran siniestro todo lo que está relacionado con la muerte, con aparición de muertos, con los espíritus y los espectros. Así lo siniestro se mezcla con lo espeluznante; se ve al muerto como un adversario del vivo que quiere llevárselo al otro lado con él (véase: Freud 1996).

Esa decisión del narrador le permite descubrir, en medio de la destrucción que había dejado el terremoto en la plaza donde estaban las ruinas del convento de Santo Domingo,[6] un nuevo centro de interés y un posible lugar para protegerse. Situación que describe con minuciosidad: «observé una pequeña choza formada junto a una derrumbada tapia (...) me acerqué con recelo y con no poco trabajo a la baja abertura hecha en uno de sus costados» (Salazar Arboleda 1889, 6); palabras con las que destaca estrategias expresivas, cuya finalidad es producir la persuasión narrativa, que además de atrapar la atención del lector, tiene como efecto producir una impresión o una marca en las actitudes, creencias y comportamientos de los receptores, quienes entendían las alusiones que se hacían con la destrucción de este específico convento.

---

6   "Para la reforma de los conventos fueron traídos de Europa varios grupos de religiosos con el cometido de "volver a la observancia" a los nacionales. El grupo de frailes italianos que fue al convento de Santo Domingo emprendió su tarea con violencia inusitada. Quitaron los bienes a los frailes ecuatorianos, insistiéndoles que debían dejar de vivir con sus familias fuera del convento para volver a hacer vida común. Los abusos de los reformadores y sus negociados con los fondos incautados provocaron una revuelta popular. En el segundo gobierno garciano, los conventos de Santo Domingo y otros más fueron brutalmente "reformados". Varios obispos y curas y buena cantidad de frailes fueron cancelados, perseguidos y encarcelados, sometidos a tortura o virtualmente condenados a muerte con el destierro a las selvas orientales» (Ayala Mora 1981, 13).

«La presencia de los religiosos extranjeros agudizó una tensión que ya existía, debido a las consecuencias del Concordato. El clero ecuatoriano se opuso al Concordato por la multiplicación de la diócesis, y cuando se inició la reforma, resistió vigorosamente las iniciativas de llevarlo adelante. La más importante resistencia fue dada justamente por los padres de Santo Domingo, a cuyo convento llegó una dotación de religiosos italianos que intentaron hacer volver a la vida común a los sacerdotes. Esta obsesión de García Moreno porque los sacerdotes vivieran una vida común comienza a explicarse ahora con un poco más de fundamento. Los sacerdotes regulares iban al convento a cumplir sus funciones religiosas, pero vivían con sus familias; en algunos casos, definitivamente con una familia de facto. A uno de los jefes de la resistencia dominicana contra el gobierno de García Moreno, un ibarreño, el padre Alomía, le sorprendió el terremoto de Ibarra, (1868) en la casa de familia, donde murió.

(...) García Moreno (...) ¿qué es lo que buscaba con su enérgica reforma? Sin duda mayor eficiencia en el manejo ideológico de la Iglesia. La vida en común permitía mayor dedicación de tiempo a la enseñanza, a la predicación, etc., y lo que es, más importante, impedía la posibilidad de contacto diario de los sacerdotes con las masas. Los jefes de la protesta contra el gobierno del Presidente Espinosa, sucesor de García, fueron justamente los dominicos. Una de las grandes insurrecciones populares en Quito, fue la que se produjo justamente en 1867 capitaneada por los clérigos de Santo Domingo, que no se sometían a los "reformadores". Allí, inclusive, el representante del Papa fue abucheado» (Ayala Mora 1994, 105-106).

El narrador se acerca con previsión; no quiere encontrar una nueva sorpresa, pues aunque parece que la sensación de extrañeza se ha alejado, la turbación que le produjo la presencia y la reacción del anciano han creado en él una confusión que se acentúa ante lo desconocido que pueda esperarlo dentro de la derruida estructura. Así, inmerso en lo innombrado, en la posible amenaza que desde la sombra se le puede materializar, se aproxima. En su interior, la caótica situación externa comienza a confundirse con la azarosa sensación interna que le ha surgido:

> [E]l habitador del aquel improvisado tugurio era un venerable monje dominico, que hincado de rodillas delante de un Crucifijo parecía la estatua del penitente David, ofreciendo al Señor en medio del congojoso duelo, su corazón contrito y humillado. Sus ojos nublados con el llanto, estaban como clavados en la adorable imagen del Redentor del mundo, y sus manos puestas en ademán de súplica: en su rostro, macerado por la penitencia, resplandecía la virtud; su espaciosa frente, desguarnecida de cabello, estaba como surcada por el dolor, y la barba blanca y tupida que le caía sobre el pecho manifestaba los largos años que había peregrinado en este valle de congoja y miseria (...) Al través de su ennoblecida fisonomía, parece que con los ojos materiales se ve la espiritualidad de su alma y que aún se palpa su eternal existencia. Al verle, el ateo más pertinaz habría de reconocer en nosotros, mal de su grado, la imagen y semejanza de Dios (Salazar Arboleda 1889, 6).

Al encontrar a un religioso ocupado en orar, el narrador regresa a lo familiar; de ahí que efectúe un retrato minucioso, mediante la presentación de diversos rasgos físicos y con una serie de características espirituales y morales, pintándolo en lo que ahora parece ser su marco habitual y en el desarrollo de una acción precisa: rezar. Es una técnica de explicitación de atributos yuxtapuestos y complementarios que están más bien tipificados que individualizados, pero que proyectan armonía y paz interna y acentúan lo agradable del sujeto descrito.

Los retratos que efectúa del anciano y del clérigo, le permiten relacionar aspectos dispares como son los restos materiales dejados por el desastre natural, con las reacciones subjetivas y objetivas que se expresan en los personajes, las transformaciones que sufren y las que su imaginación les atribuye. En sus palabras se observa un esfuerzo por restablecer parámetros entre lo conocido y lo inesperado; entre lo que se manifiesta como extraño, o como familiar. Se halla dentro de una realidad espacial donde todo se repite continuamente adentro y afuera, y donde el tiempo se anula y en última instancia se reduce al espacio. De esta manera, sucesos experimentados se entreveran con escenarios intuidos o presentidos que le permiten al narrador emitir ideas éticas; divagaciones detenidas abruptamente por un nuevo y poderoso temblor:

> Como por instinto volví la cara, eché una inquieta mirada a la muerta ciudad y alcancé a ver que su suelo, sembrado de arrasados edificios, se estremecía como el convulso pecho de un epiléptico en toda la fuerza del accidente. Sólo el hombre sentado sobre las ruinas permanecía inmóvil en la misma situación en que yo le había dejado (Salazar Arboleda 1889, 7-8).

La realidad exterior interrumpe la tranquilidad que empezaba a vivir el narrador, regresándolo a la inquietud, a lo ominoso. No obstante en medio de la sensación angustiosa que le produce el movimiento telúrico, observa que la conmoción no afectó al anciano de las ruinas, quien parece estar abstraido y ensimismado por algo más potente que un sismo; impasibilidad que es la proyección de que en su interior existe una fuerza que condiciona su realidad. El temblor produjo «un espantoso ruido subterráneo» y «fuertes sacudidas de tierra», que sobresaltaron al narrador y al clérigo, obligando a éste a abandonar su acto de oración e impulsándolo a salir de la estructura, lo que lo lleva a darse cuenta de que tiene compañía y a informar que ese nuevo temblor había sido casi tan fuerte como el original que había destruido la ciudad. De esta manera, su comportamiento es completamente inverso al del anciano. En la actuación de estos personajes se expresa abiertamente una oposición de actitudes y reacciones; mientras en el primero hay tensión y atención, en el segundo persiste el desapego y la indiferencia.

El movimiento telúrico ofrece la oportunidad de que el narrador sepa de labios del monje lo que le había sucedido hacía una semana:

> [Y]o no tuve tiempo para nada; las paredes cayeron sobre mi estancia y me dejaron sepultado en ella, pero sin causarme daños; resígneme a mi suerte, me encomendé a la Virgen del Rosario, tomé entre mis manos un crucifijo que siempre tengo al pecho, caléme la capilla y me preparé a morir al rigor del hambre o con la caída de alguno de los fragmentos de cal y ladrillo pendientes sobre mi cabeza (...). Así permanecí nueve horas, al cabo de las cuales, un terrible estremecimiento de tierra echó a un lado todo el material que estaba sobre mí y me dejó un claro suficiente para que pudiese salir; hícelo como Lázaro (...). Cúmplase, pues, su soberana voluntad (...). Sin duda, Padre mío, para que no queden sin guía las almas que conducís al cielo por el camino de la virtud. Pero ¿por qué permanecéis en este sitio de muerte y horror donde todo pone miedo al corazón y angustia al alma?
> Por lo que veo sois militar y sabéis que el centinela que abandona su puesto es castigado con pena de la vida. Si yo desamparase el mío merecería al infierno. ¿No veis que bajo estos pesados escombros de mi iglesia están los vasos sagrados (...). Si yo no cuido de ellos vendrán los ladrones y los robarán. En cuanto a mí, nada he perdido pues aquí está mi tesoro, y metiéndose la mano al pecho sacó un hermoso crucifijo (...) (Salazar Arboleda 1889, 8-9).

En las palabras del clérigo se observa que las dimensiones mentales que expone, se encuentran ligadas a un modelo ético cristiano. Para él existe la responsabilidad hacia algo y la responsabilidad ante alguien. Tiene el compromiso de cuidar los objetos que representan a Dios y en donde efectivamente se lo adora en los rituales: los vasos sagrados. Su custodia y su protección le han sido confiadas, por tanto no puede abandonarlos, faltaría a su obligación; del mismo modo, ultrajaría su responsabilidad ante la Iglesia como institución y ante Dios mismo. En el compromiso que siente, existe una percepción del valor de lo que se le ha confiado; es un deber ante el que olvida los intereses propios; por eso, no lo evade incluso a riesgo de su propia vida. Existencia que entiende que es importante porque tiene una función para los que lo rodean, como para la institución a la que pertenece; de ahí que al quedar libre de la prisión que lo había atrapado en el terremoto, saliera de los escombros a la vida de responsabilidad que entendía y aceptaba. Acciones que concuerdan con una comprensión completa y desinteresada de su posición clerical, como lo señalan las siguientes afirmaciones éticas: «No es pues la vida cristiana, y con ello tampoco la ética cristiana, un código de prescripciones legales, si no más bien la toma de conciencia de la responsabilidad por aquellos bienes que de la ley vienen protegidos y que son confiados positivamente al hombre» (Mestre 2007, 374). Principios que para el clérigo son instancias decisivas, fundamentales y rectoras del pensamiento sobre lo que está bien o mal.

De esta manera, el discurso novelístico ofrece un medio para sugerir preguntas a un nivel particular, al presentar detalles de la psicología del hombre de las ruinas y del fraile en circunstancias especiales. Según la capacidad descifradora y receptora del lector, la situación en que se hallaba el clérigo era bien como prueba debido a la providencia Divina o bien como castigo por sus acciones presentes, ya que por oposición al gobierno garciano, no sólo había perdido el convento, lugar donde habían muerto los otros miembros, sino que tampoco su labor era efectiva, ya que no podía convencer a uno de los feligreses. Esta labor de comparación y contraste abre posibilidades para emplear la novela como forma narrativa al servicio de la moral pública, a la vez que permite ampliar la habilidad para meditar, imaginar e investigar posibles problemas éticos; es un vehículo difusor de específicas ideas religiosas que delimitan los comportamientos sociales. Como se sabe:

> Las religiones son hechos históricos y sociales. (...) Un sistema religioso (...) tiene específicos modos expresivos de índole simbólica: en los que, junto a las creencias y en relación con ellas, incluye prescripciones de pautas rituales. Pero es innegable que contiene también prescripciones que no son ya rituales, sino que están referidas a aspectos generales del comportamiento humano, sobre todo social. Tales pautas podrían ser no sacrales, sino profanas; son de naturaleza ética, aunque en el sistema que es la religión están afectadas de la sacralidad que lo caracteriza y entran así a formar parte de su conjunto (Gómez Caffarena 1997, 228).

Pero no era únicamente el cuidado de los tesoros espirituales y materiales de la iglesia lo que se le había confiado al fraile, sino también la realización de su deber de ayudar al prójimo. Esto es lo que había intentado hacer con el anciano durante la semana transcurrida; auxilio que él había rechazado repetida y obstinadamente:

> Ocho días hace que acaeció el terremoto, y desde entonces allí, sin moverse, ve pasar alternativamente por este valle la helada escarcha de la mañana, el calor sofocante del medio día, la tarde acariciada por la brisa o maltratada por la tempestad, y la fría noche flotando sobre las tinieblas o sobre las nubes alumbradas por el pálido resplandor de la luna. No deja aquella techumbre despedazada, sino para ir a los escombros de dos casas vecinas, quitar de ellas en ciertos puntos, no sé con qué objeto, algunos adobes y... (Salazar Arboleda 1889, 10).

Esas acciones enfatizaban la incapacidad del hombre de las ruinas de pensar con claridad por alguna idea preconcebida o algún sentimiento vehemente que ocupaba su existencia; ya que ni la oscuridad, ni los cambios del tiempo y del clima, tampoco los movimientos telúricos y menos su propia seguridad poseían más valor o vigencia que lo que lo obcecaba. Hechos con los que regresa lo extraño inquietante a la vida del narrador, creándose una situación de desasosiego que se refuerza inmediatamente porque: «Un fuerte temblor, seguido de un ruido espantoso dejó la palabra trunca en los labios del anciano y nos obligó a salir a la placeta a ver lo que pasaba. Una gran masa de tierra había descendido de la vecina loma, llevándose consigo enormes piedras y peñascos» (Salazar Arboleda 1889, 10).

Ya con estas situaciones externas repetidas y peligrosas, el regreso del narrador al lugar de donde había llegado se hace imposible tanto por las aberturas de la tierra[7] como por la oscuridad que se avecinaba; por eso, decide pasar la noche en el refugio del clérigo; pero para darle tiempo a que hiciera la oración vespertina, resuelve espiar al «incógnito viejo, con el fin de observar desde algún paraje oculto todos sus movimientos y acciones» (Salazar Arboleda 1889, 11). La penumbra permite que el anciano se ponga en movimiento, lo que significa que hay algo turbio en sus acciones; ya que la oscuridad es una metáfora del mal y de la muerte. Mientras que al narrador, la incertidumbre lo impulsa a transitar caminos oscuros para intentar revelar la incógnita que lo tiene en estado de ansiedad. Esa búsqueda implica una autoconfrontación con lo que teme y con la posible realidad nefasta que pueda encontrarse; pero es una manera de solucionar el misterio.

Acerquéme con paso cauteloso a un espeso nogal, y oculto por su tronco, vi que el incógnito que estaba cerca, sacaba del

---

[7] Este es un fragmento de una versión aportada de testigos y fuentes escritas oficiales en 1881 por un religioso alemán: «Mucho peores fueron los inmediatos resultados del terremoto en el sur y oeste de la ciudad. Según la expresión de García Moreno, en el territorio de San Pablo, Otavalo y Cotacachi, el suelo parecía haber estado en hirviente movimiento, resultado del fuerte sacudimiento de abajo a arriba. El suelo estaba destrozado totalmente por numerosas grietas grandes y pequeñas; el que iba a caballo tenía que apearse y buscarse paso con cuidado por el infinito caos de las resquebrajaduras. García Moreno encontró una abertura reciente de 8 metros de profundidad y 25 de anchura; una choza de indios se había asentado completamente hasta el techo sin derrumbarse; (...). Los caminos que llevaban a las empinadas faldas del monte en parte se habían hundido y en parte estaba cubiertos de montones de piedras y material flojo, de tal manera que no había comunicación entre los pueblos ni con Quito. (...) Si el Imbabura presentaba tal vez los más numerosos derrumbes, a causa de su configuración escarpada, El Cotacachi, por la cantidad global de grietas, parecía haber tenido cerca de sí el epicentro del terremoto» (Kolberg 1996, 339).

bolsillo una cuartilla de papel y la leía con avidez, pronunciando uno tras otros los nombres de varias personas, de las cuales algunas no me eran desconocidas. Después, guardando su papel, dijo en alta voz: ¡todos muertos! Y tomándose la cabeza con ambas manos, añadió: MI DINERO, mi dinero. Levantóse enseguida, y andando con la precipitación que le permitía el pie lastimado, llegó a un techo no enteramente desbaratado, se descolgó por él al recinto que cubría y desapareció (Salazar Arboleda 1889, 12).

La indagación lleva al narrador junto a un nogal, árbol que desde la tradición griega y romana está ligado al don de la profecía (véase: Chevalier y Gheerbrant 1988, 754). Esto es augurio de que se va a develar el porqué de la actuación del anciano, lo cual sucede. Al hombre lo mueve la usura convertida en pasión que lo obceca y enceguece. El dinero perdido y los réditos que conseguía con él es lo que obsesiona al hombre; preocupación que lo lleva a buscar los cadáveres de aquellos a los que se lo había prestado, para recuperar de alguna forma el capital y los réditos que había esperado obtener.

> [V]i que el viejo andaba sobre sus manos y rodillas como un perro, trasegando los baúles, cajones y despedazados roperos, como si buscara alguna cosa de suma importancia. Al fin (...), se puso a ladear algunos de los adobes caídos hacia adentro, (...). Al cabo de pocos instantes se descubrieron los yertos pies de una víctima del terremoto: el desconocido, fijando en ellos los ojos, que en ese momento estaban como para saltarle de su órbita, dijo: no me ha engañado el olfato, aquí está; y siguió con más ahínco en su tarea de quitar adobes y tierra hasta que logró exhumar en todo el cadáver de un hombre como de treinta años de edad (...). El viejo le tomó entonces la mano derecha y examinándole con mucha atención un anillo que tenía en el dedo índice, «no equivale a la suma que le presté, dijo desconsolado, pero al fin es algo, lo tomaré». Quiso sacarlo valiéndose de sus largas uñas, más como no pudo conseguirlo, acomodó el dedo entre las puntas de dos carcomidas muelas, y después de ponerlas un buen rato en activo ejercicio, logró arrancarlo de la mano del muerto, se apoderó del

anillo y puso en el pecho del cadáver el dedo tronchado y sangriento diciendo: quédate con él que no lo necesito. Hecho esto, volvió, siempre en cuatro pies, con la boca ensangrentada, como un chacal, a buscar el aguajero por donde había entrado, y yo me apresuré a emboscarme de nuevo en el mismo sitio en que antes estaba (Salazar Arboleda 1889, 13-14).

En el hombre se ha producido la pérdida del mundo natural y normal y se ha substituido por otro donde el dinero, su ganancia y su posesión lo son todo; en su mente existe una transvaloración de todos los principios morales; para él lo importante es que la totalidad de lo existente tiene un precio por encima de lo justo y equitativo y que la ganancia que obtiene con la especulación es su meta. El afán desordenado de poseer y adquirir riquezas para atesorarlas se le ha convertido en una fijación mental que aprisiona su existencia, que controla sus pensamientos y que constituye el deseo medular que domina su ser; de ahí que en él haya una disminución de percepción del mundo exterior, que no le permite inmutarse ni por los movimientos telúricos ni poseer una comprensión empática hacia aquellos que alguna vez prestó dinero. Lo único que su mente tergiversada reconoce en el otro es el contrato que ha efectuado con él, que mientras no se cancele, ese ser se convierte en su propiedad, como se observa con el cadáver que encuentra entre los escombros. Su naturaleza de usurero proviene de la codicia que lo posee, y estas pasiones: usura y avaricia, controlan su voluntad; emocionalmente se produce en él el deseo codicioso que puede ser síntoma de una profunda y arraigada inseguridad o de un deseo de poder y control (véase: Karras 2004, 47-48). Es tan fuerte el efecto de estas dos pasiones que en el catolicismo, ambos son pecados; la usura se equipara con el huerto y la avaricia es pecado capital.

Pocos minutos después de la escena anterior, el hombre observa que «un perro grande y esforzado como un oso africano» saca a tirones de las ruinas el cadáver descompuesto de un hombre. Lugar al que va para competir con el can y los cuervos que despedazan los despojos. Cuando reconoce que el difunto ha sido uno de sus deudores:

> [S]e arrojó sobre el cuerpo como un lobo acosado del hambre, y se dio a buscarle los bolsillos de pecho con la una mano, tapándose con la otra la nariz. El perro, enfurecido con la osadía del viejo, gruñó mostrándole los afilados dientes y mientras duró la rebusca no se cansaba de morderle reiteradas veces el brazo empleado en la operación sin que su dueño lo retirase ni un instante, haciendo tanto caso de ello, como de las heridas que a porfía le hacían con los fuertes picos los cuervos que revolaban sobre su cabeza (...). La vista del despedazado cadáver entregado a la voracidad de los animales carnívoros que le devoraban; el continuo revolar de las negras aves de rapiña, sus picos ensangrentados y su desapacible graznido; el aspecto feroz del hambriento perro, que roía el cráneo medio desnudo del hombre muerto, o daba desesperados mordiscos al hombre vivo; la siniestra fisonomía de éste, la sangre que le corría por el brazo que asomaba al través de la blanca chaqueta que cubría sus espaldas, lo tétrico de las ruinas sobre las que venía ya a sentarse la tenebrosa noche, todo, todo contribuía a dar a la escena que yo estaba presenciando un carácter lúgubre e infernal. / Retiróse (...) Con algunos billetes de banco en la mano despedazada por los colmillos del rabioso animal, (...) y los contó una y otra vez hasta que medio balbuciente dijo en voz desmayada: hay algo más de lo que me debía: pase por la curación de las mordeduras y heridas que por su causa he recibido (Salazar Arboleda 1889, 14-15).

Es tal el estado anormal de su mente que la obsesión que lo subyuga, por el exceso de sus propias creaciones, anula su campo sensorial, impidiéndole ver la irracionalidad de sus actos, pero la fuerza que lo mueve es tan poderosa que nada lo detiene. Es un ser víctima de sus propias circunstancias. El dinero posee en él un valor circulante que lo afianza en el poder sobre el prójimo; le sirve para ser importante y trepar socialmente, además de sentirse todopoderoso tanto durante la vida como después de la muerte de sus acreedores.

Como personaje, el usurero es un síntoma de lo que se vive en esta sociedad donde el dinero y la acumulación de capital empiezan a ser muy importantes. Su tendencia al enriquecimiento crea condiciones de desigualdad; pero su ambición económica deja de lado los problemas morales y los arrincona al ámbito de lo más privado y reducido. Esta situación a la larga se le ha convertido en un vicio que ha terminado por controlarlo totalmente. Es tan profunda la fuerza psicológica que lo invade, que cuando posteriormente el fraile al tratar de ayudarlo física y espiritualmente le menciona los tesoros del cielo que reciben los que se arrepienten de las malas acciones cometidas, al hombre le brillan los ojos y se emociona con la idea de que hay «tesoros en el cielo», pero rápidamente se desencanta cuando sabe que son «los de las buenas obras» (Salazar Arboleda 1889, 16-17). El fraile se aleja del lugar sólo después de que el hombre le promete que va a meditar en su situación.

Pasa el tiempo, cuando una melodía triste interrumpe la escena nocturna de tétrica desolación; entra en escena un niño blanco, rubio y ciego, quien deja oír los tristes y lastimeros sonidos de un rondador y de esta manera anuncia su presencia.

> [U]n niño ciego de unos nueve años de edad, rostro ovalado y hermoso, aunque muy pálido, frente despejada, cabellos rubios, pendiente en largos rizos sobre los hombros, y boca graciosa y expresiva, adornada de iguales y blanquísimos dientes. Con paso lento y vacilante se dirigió hacia el lugar en que estaba el anciano de las ruinas (...). Dios os guarde, tengo necesidad de vos. (...). (Salazar Arboleda 1889, 21).

El niño es la imagen de la inocencia y de la orfandad, para causar algún tipo de impresión favorable en el hombre le cuenta su historia en verso mediante una «especie de yaraví»: «Dadme una limosna/ Señor, que estoy ciego,/ y angustiado lloro/ sin pan ni consuelo./ En aquel recinto/de escombros cubierto/ mis amados padres/ yacen sin aliento/ (...) Sólo yo he quedado/ (...) / Yo os pido por ello / deis una limosna/ a este infeliz ciego (...)» (Salazar Arboleda 1889, 21-23).

El anciano parece conmoverse, pero rápidamente rechaza al niño: «¿Qué quieres que te dé muchacho? ¿No ves que he quedado tan pobre como tú?» (Salazar Arboleda 1889, 23). Ante lo cual el chico le responde: «Sed feliz, caballero, y para ello no pongáis vuestro corazón en los tesoros que son carcomidos, por el orín o arrebatados por los ladrones» (Salazar Arboleda 1889, 23). Estas palabras señalan que el chico es ciego corporal, pero ha suplido con creces el conocimiento del mundo. La ceguera le permite conocer el ambiente físico y social a pesar de no poder visualizarlo. La respuesta del hombre, le indica que para él el dinero lo es todo, de ahí que le anticipe que puede perder lo que atesora. Así como él sabe que el hombre tiene medios económicos, otros también están al corriente.

En esta representación del anciano vidente y el niño ciego hay una fuerte contraposición. El anciano que por sus años debería poseer sabiduría, es, por sur pasiones malsanas, más ciego que el mismo chico invidente que le pide ayuda; ha perdido el sentido de ciertas dimensiones y de ciertas relaciones. Mientras que el niño carente de vista posee una visión interior que le permite comprender su entorno. Dentro de esa oscuridad reinante y con el aire de maldad que impera alrededor del hombre, el niño parece ser un mensajero que llega al anciano para advertirle de su destino; es un ángel anunciador y premonitorio.

En estas escenas, los mensajes éticos emitidos son portadores de sentido dentro de la cultura; mediante ellos se forman actitudes y valores que sirven para relacionar a los individuos y para orientar sus comportamientos. Pero estos mensajes y los anuncios que conllevan no son suficientes dentro del mundo narrativo; pronto lo representado comienza a ennegrecerse y a cambiar nefastamente:

> Desde lo alto de las murallas destrozadas de la Compañía, el funesto graznido de la lechuza sobresaltaba a los canes enroscados entre las ruinas, los cuales manifestaban su espanto con tétrico aullidos. Los cerros circunvecinos aparecían en el horizonte como titanes vestidos de luto y las sombras caían

en la ciudad desmoronada, como un paño mortuorio sobre el lecho funeral de una virgen segada en la flor de su vida por la guadaña de la muerte (Salazar Arboleda 1889, 24).

Este cambio sombrío está cargado de premoniciones abiertas. La lechuza, en el simbolismo cristiano «representa a Satán, Príncipe de las Tinieblas» (Pérez-Rioja 1997, 268), pero tradicionalmente «simboliza la noche, la muerte, el frío y la pasividad» (Cirlot 1997, 278). Mientras que los perros que ahullan indican «la muerte», «los infiernos», «el mundo de abajo». «La primera función mítica del perro, universalmente aceptada, es la de psicopompo, guía del hombre en la noche de la muerte» (Chevalier y Gheerbrant 1988, 816). A esto se suman los titanes que simbolizan «las fuerzas brutas de la tierra y, por tanto, los deseos terrenales en estado de sublevación contra el espíritu» (Chevalier y Gheerbrant 1988, 997). Todos ellos anuncio, llamado y proclamación de aquello que hace presencia poco después de un nuevo temblor:

> [A]bierta la tierra (...) Dejó salir de su seno uno como fantasma que, en pie sobre la planicie de Ibarra, excedía en tamaño a la mole del Imbabura. Su horrible rostro surcado por el rayo, despedía ciertos destellos de luz sepulcral y siniestra que dejaba entrever una fisonomía marcada con el sello de la cólera del Omnipotente irritado y anunciaba una inmortalidad desventurada y maldita (Salazar Arboleda 1889, 24).

Aparición que lamenta no haber recogido con el terremoto un buen número de almas para llevarse consigo, ya que ni siquiera el anciano de las ruinas había muerto. Éste al oír esas palabras, le responde con un tono altivo que se lo puede llevar siempre y cuando sus tesoros vayan con él. El espectro le comunica que eso no es posible, porque el fuego derrite todo lo material. Luego de una suerte de negociación, en que el hombre no ceja de su idea de irse a cualquier mundo pero con lo atesorado (deseo ilímite de dominio y sin obstáculos), marca total de solipsismo, que destaca un mundo sin profundidad para él; la aparición le informa sobre el castigo que los avaros y los pródigos sufren en el infierno al darse eternamente furiosos e incesantes topetones entre sí. Al oír esto, el anciano siente una reacción de terror, que hace que la aparición satánica reniegue de él y desaparezca después de golpear con el pie el suelo estremeciéndolo con un nuevo temblor.[8] La idea de tortura eterna lo regresa un poco a la realidad, finalmente el tiempo lo afecta y duda del compromiso que poco antes estaba decidido a hacer. De pronto siente, que al tener que rendir cuenta de sus actos en una forma dolorosa, el contrato ya no tiene aliciente; así la opción a la vez instantánea e irrevocable se aleja del placer y del deseo.

La certeza del castigo eterno enunciada por la aparición hace dudar al anciano, no obstante por momentos puede más la codicia que el futuro destino; así, en uno de esos instantes, el hombre se regocija de que su esposa e hijos hayan muerto en el terremoto para no tener que repartir su dinero con ellos; pero inmediatamente vuelve a surgir en él la duda producto del tormento anunciado.

> Sin embargo vacilo, no sé qué hacerme: despegar mis afectos del oro que con tanto trabajo he adquirido sería para mí tan doloroso como arrancarme el pecho a pedazos el corazón; continuar en la misma clase de vida que tengo, sería entregarme desde ahora a la voracidad del remordimiento y a los asaltos de un justo temor. (...)
> Al terminar estas palabras cayó como herido de un rayo, y con la frente en el suelo lloró amargamente (Salazar Arboleda 1889, 30).

En el anciano hay temor al futuro, pero no afán de corregir su forma de actuar y pensar. En él no existe un propósito moral y menos la convicción de querer cambiar de vida. Sus emociones, a pesar del terror que le ha inspirado la aparición, son calculadas; habría asesinado a su familia para no compartir con ellos sus tesoros; del mismo modo que se habría ido gustosamente al infierno

---

8   La novela trae una nota que ofrece un fragmento de la *Divina comedia*, Infierno, Canto VII, Cuarto círculo en el que se encuentran los avaros y pródigos (véase: Salazar Arboleda 1889, 27).

de haber podido lograr su deseo de poseer con él eternamente su oro y su dinero. Su ego está centrado en sí mismo, no existe nada fuera de él.

La decisión de abandonar la posesión del dinero, que se ha convertido en su razón de vivir, es imposible para él. La lucha para detener la imposibilidad del futuro y para controlar el tiempo y reducir el componente azaroso del porvenir es quimérica; de ese modo, tiene clara conciencia de que lo que está en juego es enorme y la toma de decisión, por un lado o de aceptación, por el otro es inevitable. Se le pide que haga un pacto bien con el diablo, bien con Dios. Contrato que es un vínculo con la vida o una sujeción total con la muerte. Por el lado que decida, es un pacto instantáneo e inmutable que va encadenado al tiempo que ya no es humano y escapa de su voluntad. El uno le pide abadonar lo que ama (los tesoros) y vivir eternamente al arrepentirse; el otro le impide llevarlos consigo; pero además le anuncia un sufrimeinto eterno. Con ambos pierde todo lo que ha trabajado y atesorado. Está encerrado en la inmutabilidad de los términos e imposibilitado de atravesar el tiempo, en cualquier dirección, sin ser afectado en la vida que ha establecido y que desea mantener.

La concepción religiosa presente en el zenbudismo y en el cristianismo de prestar atención concentrándose en las necesidades e intereses de todos, especialmente los más necesitados; lo cual exige autocontrol, disciplina y descentramiento de uno mismo (véase: Mardones 1995, 135), que impide la avaricia y la distracción colectiva de las sociedades modernas, uno de cuyos efectos es el enfocarse en el dinero (véase Bellah, 1991, 264) es lo que explicita la narración en estas escenas, proyectando una función fundamental para la actitud moral básica, que requiere una vida responsable socialmente.

Mientras tanto, el narrador habiendo querido descubrir el misterio que guardaba el anciano, se encontró como testigo de todo lo anterior; así: «Lleno de confusión y terror abandon[ó] en este estado aquel terrible sitio y fu[é] a pasar el resto de la noche en la choza del dominico, a quien hall[ó] durmiendo el tranquilo sueño de los justos» (30). A través de la mirada había observado cuan bajo podía llegar la miseria humana y cuan profundo y oscuro podía ser el destino escogido por el hombre. El narrador al indagar qué era lo que componía el misterio, había encontrado lo terriblemente siniestro, que era la muerte infinita y la imposibilidad de conciliación o de retroceso cuando las pasiones habían arrastrado tan profundamente al ser humano. Había visto no sólo la muerte de las esperanzas sino el espectro en que la vida se convertía en el dominio de la oscuridad eterna; había llegado a ver la espeluznate visión diabólica que con eficacia ganaba terreno ante la debilidad humana. Con todos estos hechos, en el narrador se había completado el ciclo de lo siniestro; de ahí que, el desconcierto y el terror se hubieran apoderado de él. Situación de la que sintió alivio al ver al fraile tranquilo y descansando.

La narración cierra cuando el narrador recibe una carta del fraile escrita ocho días después donde le informa que el día de su partida el anciano había enloquecido porque una banda de forajidos le había robado sus tesoros y lo había dejado maniatado. Su estado era tal, que vagaba desvariando por el lugar con la ropa destrozada y recogiendo cuanta piedrecilla y guijarro veía, creyendo que eran parte de sus tesoros que habían dejado caer los ladrones. En ese lamentable estado, el niño a quien él le había negado ayuda, al compartir con él las limosnas que recogía, era el que le proporcionaba el poco sustento que recibía. Casi al terminar la misiva, el fraile le informa que el anciano acababa de morir: «con los ojos abiertos y los puños cerrados» (Salazar Arboleda 1889, 32) y su tumba permanecía abandonada.

Al ser controlado por el pecado de la codicia, y no poder dejar el camino que había tomado, el anciano debe recibir un castigo ejemplar, que sirva como lección para los receptores de lo relatado. Pierde todo: el dinero, la salud, la cordura y la vida; y el final perpetuo que le había causado terror fue su presente eterno e ineludible.

De esta manera, el mensaje ético que se transmite, guía hacia formas de vida solidaria, de respeto y de mutuo reconocimiento e igualdad; además de la defensa de los vulnerados y débiles. De ahí que el niño le haya profetizado el final que iba a sufrir; pero a su vez, en la postrera parte de la vida del anciano fuera el único que lo había ayudado. Mediante los signos proféticos y las pequeñas acciones y ejemplos realizadas por el niño, se explicita la función simbólica de la ideología religiosa que divulga lo relatado.

La fuerza de la representación de las escenas crudas y violentas cargadas de tremendismo, que se observan en la narración, muestran la manera en que la narrativa iba evolucionando en el Ecuador. En esta novela existe un avance del realismo descarnado a un comienzo de naturalismo abierto; situación que indica una voluntad de romper los moldes y las convenciones de la literatura tradicional. Las desnudas y nauseabundas escenas destacadas están representadas con un vigor impresionante y con muchos detalles que sirven para producir la persuasion narrativa sobre lo relatado.

Del mismo modo, al surgir lo sobrenatural, como estrategia narrativa responde a circunstancias culturales específicas, que destacan aspectos de la mentalidad colectiva. Esta fractura con lo real produce lo fantástico, abundante en la oralidad de la época en los relatos de aparecidos y fantasmas que solían contarse para entretener, educar, moralizar, asustar, etc., y que formaban parte del acervo de tradiciones de la época. Pero a la vez, esta narración enlaza tanto con la novela gótica inglesa del siglo XVIII, como con el cuento fantástico prevalente en la primera mitad del siglo XIX en Francia y Alemania, que tiene como base la relación entre la realidad y la interioridad del ser humano.

El cambio de tipos narrativos dentro de la historia que se relata: novela histórica-novela psicológica, novela fantástica-novela ética muestra la forma en que las literaturas europeas eran asimiladas, adaptadas e innovadas durante el siglo XIX en la narrativa ecuatoriana; pero también la manera en que la novela era un vehículo de difusión ideológica. Así se puede concluir, que la novela es una forma de comunicación dentro de esta sociedad que además de dejar memoria de los sucesos históricos ocurridos funcionando como un «mecanismo de circulación de la información», remplaza al sermón, convirtiéndose en una forma de literatura religiosa para la edificación moral que está destinada a influir sobre las formas de sociabilidad y de sensibilidad colectivas y que muy posiblemente contaría con una forma de apoyo en la distribución que sería la transmisión oral del contenido.

La función de este tipo de novelas en la sociedad ecuatoriana del siglo XIX era la de ser agente para la educación ética del lector, quien debía deducir la enseñanza mediante el acto de lectura. Ya que el mensaje emitido funcionaba como una forma de teoría moral; puesto que, la reflexión ética que se ofrecía en ella no era menos válida porque se hallara imbricada en la ficción y proporcionara un entendimiento moral al lector, quien, mediante estrategias narrativas, se convertía en el elemento crucial en la comprensión de la influencia de la novela como un discurso moral. Se necesitaban sujetos pasivos fueran éstos laicos o religiosos; así la ficción en manos de Salazar Arboleda empleó referentes basados tanto en las incomprensibles fuerzas de la naturaleza como en sucesos que conmocionaban la vida social para difundir mensajes propicios ideológicamente con el proceso garciano.

La literatura representa códigos morales que pueden funcionar como una forma de teoría moral o de teoría secial, según se la vea. La más profunda diferencia de leer una novela por su valor ético y de percibir una novela como ética es el compromiso hermenéutico con el lector, que pretende crear conciencia en él. De esta manera, la ficción cuenta una historia y, en cierto nivel, la historia se vuelve parte de la realidad. Pero gracias a la capacidad de la ficción, proporciona formas específicas de imaginar cómo los aspectos morales del comportamiento humano se pueden vincular con el bienestar o con la desdicha y la manera en que estas conductas se relacionan con la sociedad.

Flor María Rodríguez-Arenas

Bibliografía

Álvarez Barrientos, J. *La novela del siglo XVIII*. Madrid: Ediciones Júcar, 1991.

Ayala Mora, Enrique. «El periodo garciano: Panorama histórico 1860-1875». *Nueva historia del Ecuador. Época republicana. I. El Ecuador: 1830-1895*. vol. 7. Quito: Corporación Editora Nacional / Editorial Grijalbo Ecuatoriana, 1990. 197-233.

_____. «Gabriel García Moreno y la gestación del Estado nacional en el Ecuador». *Crítica & Utopía. Latinoamericana de Ciencias Sociales* (Buenos Aires) 5 (Sept., 1981): 1-16. http://bibliotecavirtual.clacso.org.ar/ar/libros/critica/nro5/AYALA.pdf

_____. «La relación Iglesia-Estado en el Ecuador del siglo XIX». *Procesos. Revista ecuatoriana de historia* 6 (1994): 91-115.

_____. «La relación Iglesia-Estado en el Ecuador del siglo XIX». *Antología de Historia*. Jorge Núñez S. (Comp). Quito - Ecuador: FLACSO, 2000. 65-94.

Avilés Pino, Efrén. «Francisco Javier Salazar». *Diccionario del Ecuador*: Guayaquil: FILANBANCO, [s.f]. http://www.mmrree.gov.ec/mre/documentos/ministerio/cancilleres/francisco%20salazar.htm

Barthes, Roland. «El efecto de realidad». *Lo verosímil*. Roland Barthes et. al. Buenos Aires: Editorial Tiempo Contemporáneo, 1970. 95-101.

Bellah, Robert, Richard Madsen, William M. Sullivan, Ann Swidler y Steven M. Tipton. *The Good Society*. New York: Alfred A. Knopf, 1991.

Bueno, Miguel. «Ética, Sociología y Ciencias Sociales». *Revista Mexicana de Sociología* 19.1 (enero-abril, 1957): 97-115.

Checa Beltrán, José. *Razones de buen gusto*. Madrid: Consejo Superior de Investigaciones Científicas, 1998.

Chevalier, Jean y Alain Gheerbrant. *Diccionario de símbolos*. Barcelona: Editorial Herder, 1988.

Certeau, Michel de. *The Writing of History* [1975]. Trans. Tom Conley. New York: Columbia University Press, 1988.

Cirlot, Juan Eduardo. *Diccionario de símbolos*. Madrid: Ediciones Siruela, 1997.

Ferraras, Juan Ignacio. *Los orígenes de la novela decimonónica (1800-1830)*. Madrid: Taurus, 1973.

Ferrater Mora, José. *Diccionario de filosofía*. Tomo I (A-K). 5ª ed. Buenos Aires: Editorial Sudamericana, 1965.

Freud, Sigmund. «Lo siniestro». *Obras completas*. III. Trad. Luis López Ballesteros y de Torres. Madrid: Editorial Biblioteca Nueva, 1996. 2483-2505.

García Gual, Carlos. «Relaciones entre la novela corta y la novella en la literatura griega y latina». *Faventia: Revista de Filologia Clàssica* 1. Fasc. 2 (1979): 135-154.

Genette, Gerald. *Figuras III*. (Paris: Editions du Seiul, 1972). Trad. Carlos Manzano. Barcelona: Editorial Lumen, 1989.

Gómez Caffarena, José. «Religión y ética». *Isegoría* [Consejo Superior de Investigaciones Científicas (CSIC)] 15 (1997): 227-269.

González Alcázar, Felipe. «*Teorías sobre la novela en los preceptistas españoles del siglo XIX*». *Dicenda. Cuadernos de Filología Hispánica* 23 (2005): 109-124.

Hassaurek, Friedrich. *Four Years Among Spanish-Americans*. London: Samson Low, Son, and Marston - Hurd and Houghton, 1868.

Hurtado, Osvaldo. *Las costumbres de los ecuatorianos*. Quito: Editorial Planeta del Recuador S.A., 2007.

J. A. R. *General don Francisco Javier Salazar Enviado Extraordinario y Ministro Plenipotenciario del Ecuador en el Perú y Chile*. Lima: Imprenta La Equitativa, 1892.

Karras, Valerie A. «Overcoming Greed: An Eastern Christian Perspective». *Buddhist-Christian Studies* Vol. 24 (2004): 47-53.

Kolberg, Joseph. *Hacia el Ecuador. Relatos de viaje*. Quito: Pontificia Universidad Católica del Ecuador – Ediciones Abya-Yala, 1996.

Laboa, Juan María. *La iglesia del siglo XIX: entre la restauración y la revolución*. Madrid: Universidad Pontificia Comillas de Madrid, 1994.

Mardones, José María. *Análisis de la sociedad y fe cristiana*. Madrid: PPC, Editorial y Distribuidora S. A., 1995.

Mestre, Alberto. «Robert Spaemann: ética de la responsabilidad cristiana». *Ecclesia* XXI, n. 3, (2007): 371-385.

Moncayo, Pedro, Carlos E. Moncayo y Luis F. Veloz. *El Ecuador de 1825 a 1875: sus hombres, sus instituciones y sus leyes*. Quito: Imprenta Nacional, 1906.

Pallares P. Vicente y J. Trajano Mera. *La Revista Ecuatoriana*. Vol. III. Quito: Imprenta de la Universidad, 1891.

Polit Lazo, Manuel María (ed). *Escritos y discursos de Gabriel García Moreno. Escritos Oficiales*. Quito: Imprenta del Clero, 1888.

Pérez-Rioja, J. A. *Diccionario de símbolos y mitos*. Madrid: Editorial Tecnos, 1997.

Puga, Miguel A. «Francisco Javier Salazar». *La gente ilustre de Quito*. Quito: Editorial Delta – Sociedad de Amigos de la Genealogía, 1994. 235-239.

Ramírez, Jesús Emilio. *Historia de los terremotos en Colombia*. 2ª ed. Bogotá: Instituto Geográfico Agustín Codazzi, Subdirección de Investigaciones y Divulgación Geográfica, 1975.

Villar Borda, Carlos J. *La pasión del periodismo*. Bogotá: Fundación Universidad de Bogotá Jorge Tadeo Lozano, 2004.

Salazar, Francisco Javier. *El hombre de las ruinas, leyenda fundada en sucesos verdaderos acaecidos en el terremoto de 1868*. Quito: Impr. de «El Debate», 1869. 2⁰. ed. Lima: Imprenta Torres, 1889.

La persuasión de la hagiografía como expresión del romanticismo cristiano en *Plácido* (1871) novela de Francisco Campos

Patricia G. Carrasco
New Mexico State University, Las Cruces

0. Una de las primeras novelas que hasta ahora se conocen que fueron publicadas en el Ecuador durante el siglo XIX es *Plácido, Novela* (1871), de Francisco Campos; considerada hasta ahora la tercera novela que se produjo en el país durante el siglo XIX (véase: Rodríguez-Arenas 2009, p. viii); texto del que se encuentran únicamente menciones, pero ningún estudio. En este ensayo se analizarán tanto aspectos de la estructura, como las posibles intenciones del autor para difundir el texto. Para realizar esta indagación literaria se tendrán en cuenta tanto el género al que se adscribe: la hagiografía, o vida de santos, como algunas situaciones retóricas, que ayudarán a comprender intenciones, resultados y alcances de esta novela.

1. Durante el gobierno de García Moreno, en la segunda mitad del siglo XIX en el Ecuador, se produjo un auge económico importante debido a las exportaciones de caucho, de tabaco, de cascarilla y en especial de cacao; por consiguiente, aumentaron las plantaciones de estos productos en los sectores de la costa. Esto conllevó un aumento de la mano de obra de personas provenientes de la Sierra. El latifundio se especializó en la comercialización y los pequeños propietarios conservaron sus terrenos, pero siempre a merced de los más grandes y poderosos que controlaron las exportaciones y los precios. La administración de García Moreno mejoró las vías de comunicación. Ocurrieron avances en lo intelectual, lo político y se construyeron carreteras. Los ingresos de los impuestos fueron mayores, pero relativamente justos. En 1859 se autorizó al Banco Particular de Luzárraga para la emisión de billetes inconvertibles. 1861 se estableció una estructura administrativa desecentralizada; Para 1862 se produjo la sobre explotación de las tierras lo que trajo como consecuencia el alzamiento de los pueblos indígenas de Cañar. También, se le autorizó al Banco Particular de Circulación y Descuento para la emision de billetes inconvertibles, por la falta de monedas. Además, se subscribió que la religión católica fuese la religión del Estado. Así la Iglesia tuvo todos los poderes para controlar la moral y la vida pública y los conventos fueron reformados para «volverlos a la observancia». A los sacerdotes se les quitó los bienes y no pudieron vivir fuera de los conventos, modificándose fuertemente el convento de Santo Domingo en Quito entre otros. En 1867, el Ecuador participó en la Exposición Mundial de París a raíz de su crecimiento económico. Para 1868, el gobierno adquirió un empréstito con el Banco del Ecuador de ochocientos mil pesos para retirar los billetes inconvertibles. Mientras que en 1869, se redactó la «Carta Negra», carta política donde se reformó el Código Civil y los de enjuiciamiento penal y militar; se promulgó la Ley de Bancos, de Cajas de Ahorro y la Ley electoral. Durante 1869-1871, se centralizó, se modernizó y se elevaron las exigencias de la Enseñanza. Además, se creó el Colegio Normal para la formación de maestros. Al mismo tiempo que se aplicaron enérgicos castigos para los que se oponían a la educación de los niños y los obligaban a trabajar. Finalmente, se creó la Escuela de Artes y Oficios. Importante para García Moreno fue la construcción de caminos para hacer accesible el comercio interno y externo, por ende, su mayor obsesión fue unir la Sierra con la Costa. Para él, la Iglesia podía ser el instrumento de consolidación político-ideológico del programa centralizador y de modernización.

> García Moreno «(...) lo que realizó en seis años es realmente fabuloso. En el campo de la instrucción pública, la educación

de la masa indígena; la gratuidad de la enseñanza; la construcción de escuelas; la reforma total de la Universidad, con la creación de la Facultad de Ciencias o Escuela Politécnica; la creación del observatorio Astronómico, de la Escuela de Bellas Artes y de la Academia Ecuatoriana; la plena libertad académica y científica... En el aspecto económico-social, la completa honradez en el fisco; el aumento de las fuentes de riqueza, favorecido por la creación de carreteras, ferrocarriles y edificios públicos, el incremento de los ingresos de la nación, la utilización de estos ingresos que permitieron reducir los impuestos y nivelar las contribuciones; la liquidación de las deudas exterior e interior; la persecución de vicios sociales, entendiendo por tales «los ebrios de profesión, faltos de probidad, franc-masones y los concubinarios que se nieguen a cortar el escándalo» (Gil Munilla 1959, II: 429).

Sin embargo, para 1870, la deuda externa había alcanzado a un millón doscientos mil pesos y El Banco del Ecuador había pasado a ser el principal acreedor del fisco. Luego se creó el Banco de Crédito; en la Capital y en Cuenca. El sistema bancario controló la emisión de monedas y billetes, las cuentas del Estado y la retención de determinados impuestos, junto con los aranceles de aduana. En 1871 se alzaron los indígenas de Imbabura y Azuay. Para 1872, se dió un alza del nivel de precios, lo cual fue desfavorable para la balanza de pagos internacionales, produciéndose la fuga de monedas metálicas y una devaluación de la misma. En 1873. por decreto oficial y solemne se hizo la «Consagración de la República al Corazón de Jesús».

García Moreno, ejerció absoluto control sobre el país; hubo persecusiones y dispersiones de sus opositores, purgas en el Ejército, la Iglesia y la burocracia, lo que hizo que la represión fuera más efectiva. Sin embargo, nombró directamente a los gobernadores, acrecentó las atribuciones municipales, violó las garantías ciudadanas y fusiló por delitos políticos. Fue el representante del ultramontanismo terrateniente en el Ecuador, por el momento que se vivió en el país se consolidó el Estado oligárquico. Lo que significó no solamente implantar la ley y el orden sino que rompió el fraccionamiento económico para dar paso a las relaciones de intercambio comercial con Europa.

Durante las elecciones de 1875, los religiosos fueron los que más apoyaron a García Moreno. En su gobierno instauró un sistema confesional autoritario y excluyente en el que la Iglesia fue la institución central canalizadora del poder. Por consiguiente, el clero se transformó en la fuerza política más importante del Ecuador. Al final de su segundo período presidencial, ejerció un control absoluto sobre el país (véase: Ayala Mora 1981, 1-16).

2. Ahora, Francisco Campos Coello nació en Guayaquil el 24 de Julio de 1841 y murió en la misma ciudad, a los setenta y cinco años de edad, el 25 de abril de 1916. Sus padres fueron el doctor José Antonio Campos y su madre la señora María de Jesús Coello. Realizó sus primeros estudios en Guayaquil y los continuó en el Colegio Americano de Roma. Terminados sus cursos, recorrió los principales centros científicos del mundo y regresó a su Patria. Alcanzó el título de doctor en Jurisprudencia, en la Universidad de Guayaquil. Durante medio siglo enseñó Latinidad, Matemáticas, Historia, Literatura, Ciencias Naturales e Idiomas. Adquirió fama de catoniana rectitud en los diversos cargos que ejerció y, especialmente en la Magistratura. Versado en las letras, conocía la *Eneida* de memoria y examinaba en actos escolares el gran poema épico en esa forma sin recurrir al texto. Fue políglota, estudió Bellas Letras y alcanzó fama en el periodismo y fue miembro de La Academia Ecuatoriana de la Lengua.

Publicó en diversas áreas: en 1871, difundió la novela *Plácido; A la memoria del doctor Francisco X. Aguirre* (Guayaquil 1883), *A través de los Andes* (Guayaquil, 1887); *En el Gólgota* (1892); *Narraciones fantásticas* (Guayaquil 1894), en 1899, lanzó La Receta, y su obra *Lecturas*, libro póstumo, se editó en 1931 (Donoso Tobar 1976, 301-303). *Viaje por la Provincia de Guayaquil:* historia, tradiciones, crónicas antiguas, biografías, datos estadísticos (1877), *Galería biográfica de hombres célebres ecuatorianos* (1885), *Informes sobre agua potable* (1886), *Compendio Histórico de Guayaquil desde su fundación hasta el año 1820* (1894), *Tradiciones ecuatorianas* (1895); *Elementos de física y astronomía*; *Estudios sobre el calendario*; *Cuadros históricos de los concilios ecuménicos de la Iglesia Católica*; *Viaje de Guayaquil a Cuenca*; *De Guayaquil a Washington*; *Viajes por Inglaterra, Escocia e Irlanda*; *Tradiciones históricas*; *Breve historia sobre las municipalidades* (Campos 1894, 338).

3. Francisco Campos publicó su primera novela:[1] *Plácido*,[2] cuando contaba 30 años de edad y ya había residido durante varios años en Europa. Un narrador omnisciente presenta la historia, cuya época es «el año 79 de la era cristiana, y 832 de la fundación de Roma» (1896, 3). El mundo narrativo cuenta la historia del peregrinar de Plácido, desde los 19 años hasta más o menos los 67 años.

La vida adulta de Plácido transcurre durante los gobiernos de los emperadores romanos: Domiciano, Nerva, Trajano y Adriano. En la erupción del volcán Vesubio pierde al naturalista Plinio, a quien consideraba su padre adoptivo. Ingresa al ejército y sirve fielmente al emperador Domiciano. En las postrimerías del gobierno de Domiciano, adopta la religión católica y cambia su nombre por el de Eustaquio, que quiere decir: «varón fuerte». Poco después de asumir el trono Nerva, lo deja cesante, junto con numerosos oficiales. Debe aprender a ganarse la vida para él y para su familia, pues tenía esposa y dos hijos pequeños. Así, resuelve salir de Italia y dirigirse al África.

En medio de un huracán, Félix el piloto del buque que los lleva a Siria, lo droga y lo abandona en una playa desierta con sus dos hijos y le arrebata a su esposa. Al tratar de atravesar un

---

1   Se ha afirmado que Francisco Campos publicó esta novela originalmente en 1896, lo cual es un error; ya que lo hizo 25 años antes, en 1871:

> Después de realizar la obra del agua, Campos volvió a las letras. Terminó y publicó su novela PLÁCIDO. Poco más tarde, leyó A LA COSTA del ambateño Luis A. Martínez. Se puso rojo. Pero era generoso, y, contra sí mismo, comprendió. La novela, como la vida, tiene que ser verdad: las novelas de los ecuatorianos tienen que ser ecuatorianas (Flores 1943, 17).

2   En este ensayo se distinguirá entre las dos ediciones por sus títulos o por el año de publicación: *Plácido, Novela*, 1ª ed., 1871; *Plácido, novela original*, 2ª ed. 1896

río caudaloso, toma a uno de los niños y lo cruza a la otra orilla, cuando regresa para llevar al otro, ve con espanto e impotencia, cómo un león se lleva al niño que ha dejado atrás; trata de ir con su otro hijo, pero ve cuando una loba también se lo arrebata. Marcha por África con gran pena en el corazón, buscando a su familia y mendigando para poder subsistir, pero lo sostiene la fe.

Luego de años de sufrimiento, ingresa en el gobierno de Trajano nuevamente como militar y su posición se estabiliza. Finalmente, ya en el gobierno de Adriano, encuentra a su esposa Teopista, quien nunca había dejado de buscarlo y a sus hijos Agapito y Teopisto. Eustaquio presenta a sus hijos al emperador Adriano y éste les otorga ascensos en el Ejército y los considera como miembros de la familia imperial; pero los envidiosos le informan al emperador, que lo conocía como Plácido, que es cristiano y que su nombre es Eustaquio. El emperador le pide que reniegue de la fe y se salve; como Eustaquio se niega a hacerlo, lo condena a morir incinerado dentro de un toro de bronce con su esposa, sus hijos y con Athenais, la nieta de Nerva que también se había convertido; esto sucede «El veinte de septiembre, según el calendario Gregoriano y el quinto día después de los idus del mes citado, de conformidad con el calendario romano» (Campos 1871, 331).

4. Como ya se vio, al asumir la presidencia en 1860, Gabriel García Moreno culpó al liberalismo de escindir el país y convencido de que sólo las tradiciones católicas fuertemente arraigadas podrían inspirar un nacionalismo con poder de cohesionar los dispersos grupos políticos, firmó un concordato en 1863 que concedía a la iglesia fuertes poderes sobre el Patronato Real, ampliaba la potestad de los miembros de la Iglesia en el Ecuador y les concedía el monopolio sobre la educación; además constitucionalmente, si no se era católico no se era ciudadano.[3]

Este clima ideológico debió haber sido de total aceptación para Francisco Campos, quien había estudiado en el Colegio Ame-

---

3   Véanse los discursos y diversos escritos de García Moreno y el manejo de información que hace en torno al catolicismo y la Iglesia Católica en ellos, durante sus periodos presidenciales [Polit (ed), 1887].

ricano de Roma (véase: Tobar Donoso 1976, 301), mejor conocido como Pontificio Colegio Pío Latinoamericano de Roma, lugar que era y es el seminario internacional latinoamericano destinado a la formación de sacerdotes. Es decir, en su juventud, como seminarista, se había formado bajo la tutela de los jesuitas en el seminario romano. No se sabe por qué salió de esa vida; permaneció varios años en Europa y posteriormente hizo estudios posteriores de jurisprudencia. Cuando publicó la novela estaba en plena vigencia el gobierno de García Moreno, con su total adhesión a la Iglesia católica en la vida política y sociocultural del país. Además, entre sus funciones: «durante medio siglo dirigió a la juventud por los caminos del saber, enseñándole varias ramas de lo que entonces se llamaba latinidad» (Donoso Tobar 1976, 301). Lo que significa que dejó los estudios sacerdotales que había comenzado, pero no sus ideas religiosas e ideológicas; con lo cual, la escritura y la publicación de *Plácido,* la vida de un mártir de la Iglesia Católica, es una expresión de su pensamiento y un apoyo directo a la restructuración ideológica emprendida por García Moreno.

5. Ahora, por la perspectiva de su educación, de su formación religiosa y del ambiente imperante, se entiende el referente que Campos eligió como tema de su novela. Sin embargo, dentro del sistema de los movimientos literarios que se dieron en el siglo XIX, parece incongruente e incluso anacrónico el escribir una hagiografía. No obstante, hubo en ese siglo e incluso a principios del siglo XX, un fuerte interés de autores reconocidos en distintos países que efectuaron obras literarias sobre vidas de santos o emplearon elementos propios de la hagiografía en su producción literaria, como: James Joyce, Gertrude Stein, T. S. Eliot (véase: Jones 2004; Dombrowski 2008); Rubén Darío, etc. (Abate 1996, 411-418), etc. Ya que los santos y sus vidas ejemplares son un fuerte motivador en todas las épocas bajo diversas circunstancias.

Como género narrativo, la hagiografía se refiere a «aquellas obras en las que se relatan vidas de santos» (Estébanez Calderón

1999, 489), que se erigen como modelos ideológicos de comportamiento que, a su vez, sirven como referente para constituir sujetos ideales. En el pasado, esas vidas seguían patrones estructurales para su escritura.

> Las vidas de santos y las colecciones de milagros apuntan a conformar a los servidores de Dios a modelos, cada uno de los cuales corresponde a una categoría reconocida de la perfección cristiana –mártires, vírgenes, confesores, etc.– y, más allá, a la figura de Cristo. En efecto, cada santo o santa que merece este nombre ha buscado en vida, si no identificarse con la persona del Hijo de Dios, sí, por lo menos, aproximarse lo más posible a esta norma absoluta. (...) Partiendo de los relatos cuyo objetivo preciso es el de borrar las particularidades de los individuos y transformar su vida en fragmentos de eternidad, es difícil imaginar cómo haya podido ser la existencia concreta de esos personajes, que se reduce a menudo a un montón de estereotipos. Así pues, la hagiografía, y luego cierta historiografía, se han inclinado a presentar a los santos, no sólo como seres excepcionales, sino sobre todo como figuras repetitivas, en cuya vida el único elemento susceptible de variación era el marco espacio-temporal en el que se insertaban, marco, por otra parte, esbozado también de forma esquemática, como una especie de escenario apropiado para valorar la perfección del héroe o de la heroína (Vauchez 1991, 325-326).

En la tradición de este cuerpo de escritura se inserta la novela *Plácido*, escrita en una época de cambios económicos y sociales y de desintegración de valores éticos que concernían tanto con lo social como con lo religioso. Hacia la década del sesenta del siglo XIX, un extranjero afirmó: «'Hay pocas personas en cuya palabra se puede confiar cabalmente' dice Hassaurek, apreciación que confirma con el relato de los engaños que tuvo que sufrir en los trabajos que encargó, en los viajes que organizó y en los ofrecimientos que recibió» (en Hurtado 2007, 90).

Esas palabras indicaban una fractura social, donde la ausencia de determinados valores individuales señalaban una situación sociocultural que afectaba a los habitantes; condición que muestra una sociedad en transición a otras formas de pensar y actuar diferentes a las tradicionales. Situación en que los intelectuales conservadores sentían que podían intervenir y ayudar a restablecer; ya que la patria estaba necesitada de guía y de modelos para constituir la nación que ellos deseaban, para que formara parte del concierto de los estados del hemisferio occidental católico.

Con una sólida preparación en latín y en estudios humanísticos adquirida en sus estudios del seminario y posteriormente en la educación universitaria, Francisco Campos tenía conciencia de que para convencer a grupos humanos tenía que dominar y practicar un discurso –oral o escrito, o los dos– mucho más complejo que requería de nociones e ideas explícitas acerca de la conformación y el funcionamiento de comunicados con fines descriptivos, narrativos y argumentativos; discurso que debía persuadir a los receptores mediante la producción de los textos.

Esto es, había que dominar el arte de pensar, la lógica, y el arte de convencer por medio de la retórica, la persuasión. Pero al mismo tiempo, reconocía que la composición étnica, las circunstancias políticas y sociales del Ecuador necesitaban de una dirección para consolidar la nación en el sentido propuesto. Los grupos étnicos no tenían un pasado común; por eso, había que edificar un escenario que constituyese una historia compartida, que inventara un colectivo que se aceptara, para proyectar un ideal nacional; había que estructurar una idea común que pudiera en general ser aceptada.

Lo que se compartía en su presente era el sistema de creencias y prácticas religiosas; de ahí que necesitaba emplear un vehículo que a la vez que permitieraa crear un modelo de escritura que sirviese para convencer, fuera fácilmente aceptado. La novela era un campo no explorado, casi desconocido, pero sumamente útil para la difusión de las ideas, como lo había visto en sus viajes por Europa. Por eso, recurrió a esta forma de escritura para difundir su mensaje y contribuir como intelectual a crear sujetos ideales para el estado nacional. Como versado latinista sabía que la retórica, la poética y la elocuencia se transformaban en literatura, y esto fue lo que se propuso con la escritura de *Plácido*, uno de los mártires de la Iglesia Católica en el siglo I de la era cristiana; pero para poder realizar su objetivo, debía persuadir.

Durante el siglo XIX:

> En España se da un completo panorama de influencias en los diferentes tratados de retórica que son cauce de distintas doctrinas filosóficas (sensualismo, sentimentalismo, espiritualismo, tradicionalismo, idealismo, neoescolasticismo, empirismo, pragmatismo). En cuanto al ámbito de la enseñanza hay una total integración de la retórica en la literatura. En muchos de los textos para universitarios y bachilleres, bajo el nombre genérico de literatura se integran la retórica y la poética, algunos principios de estética, y en ocasiones tratados de versificación. Así (por poner algunos ejemplos) Antonio Gil de Zárate llama *Manual de Literatura* a su libro subtitulándolo Principios generales de Poética y Retórica (Madrid: Boix, 1844). En realidad, de los tres volúmenes del libro, el primero es una retórica (entendida como preceptiva de la escritura literaria) (...) [Pujante 2003, 67].

Si esto sucedía en España, en los países hispanoamericanos pasaba lo mismo, ya que los libros españoles, debido al idioma, se empleaban; además en Ecuador se conocían esos manuales (véase: Tobar 1896, 105). Con estos parámetros hay que acercarse a la persuasión, para saber la manera en que el mundo de *Plácido* se estructuró.

> De los tres modos en que se realiza la persuasión retórica (enseñar, conmover, deleitar), el fundamental y característico de la narración de los hechos es el de **instruir** (*docere*), que, para ser eficaz y logar su fin, debe **deleitar** (*delectare*), esto es, hacerse escuchar con agrado, ser interesante, no aburrir, no fatigar al que sigue el discurso, etc. Todo ello está compendiado en las tres cualidades (*virtutes*) necesarias para la *narratio*: ser **breve** (*brevis*), **clara** (*dilucida*) / *aperta* / *perspicua*), **verosímil**

(*verisimilis / probabilis*) [Mortara Garavelli 1988, 76].

Estos aspectos retóricos permiten ver rasgos muy generales de la estructuración de *Plácido*: La historia central en la que se cruzan y combinan las otras historias que se narran es la de la vida de Plácido, quien al ser bautizado recibió el nombre de Eustaquio. Este protagonista poseía las características generales para promover la hagiografía, mediante la estructuración y difusión de esta vida ejemplar. Él era un personaje en el que sobresalen virtudes admirables: era «humilde sin bajeza, grave sin altanería» (Campos 1896, 291), amado y respetado; prestaba atención y sabía oír con mansedumbre.

Esa característica lo sacó de la vida que había llevado en el ejército al servicio del emperador Domiciano, cuando escuchó las palabras de anuncio de Domicia, sobre una vida espiritual mejor. Ella le había dicho: «Si queréis seguir el consejo que voy a daros; seguidle. Salid, de este palacio; salid sin mirar atrás, porque este palacio está maldito» (Campos 1896, 67). Él así lo hizo. Este aspecto es el motivo que lo lanzó a un peregrinar, que al principio tenía que ver con alejarse del mal. Este movimiento espacio-temporal del personaje dentro de la novela de Campos es una búsqueda del desarrollo espiritual que lo conduce cada vez más cerca a su destino final: la muerte terrenal, para alcanzar la vida eterna.

Plácido como ser histórico real vivió en un tiempo cronológico y dejó una huella en la historia que fue recogida por la tradición oral que transmitió la esencia de los hechos. Plácido como ser de la ficción que Campos creó se ha construido como un modelo hagiográfico[4] con una función didáctica, moralizante y ejemplar para construir sujetos ideales para la nación; éste es el esquema de pensamiento que se persigue con esa construcción narrativa. Con la historia de las aventuras y las desventuras, de las pérdidas y de los triunfos de Plácido se entretiene, se distrae al lector, se lo *deleita*; a la vez que se lo instruye social y moralmente.

Para no aburrir, su vida se cruza con la de otros personajes que son algunos igualmente edificantes (Ignacio,[5] Apolonio[6]), quienes le sirven de ejemplo y de apoyo en momentos importantes de su existencia; o que como él van en un viaje de búsqueda para alcanzar la perfección espiritual (Calpurnio).[7] En esa tra-

---

[4] Existen diferentes versiones sobre la leyenda de san Eustaquio, la más conocida, es la que difundió Jacobo de la Vorágine en el capítulo CLXI de su libro *La leyenda dorada:* Plácido un general de los ejércitos de Trajano en una cacería fue a dispararle a un ciervo, cuando se dio cuenta de que entre las astas tenía una imagen de Cristo. Su sorpresa fue mayor cuando el animal le habló y lo exhortó a que se hiciera cristiano y se bautizara. Al día siguiente, Cristo le anunció que iba a perder todo lo que tenía y padecería muchas desventuras. Así sucede, pierde todas sus posesiones, debe abandonar el hogar, un marino le secuestra a la esposa, una loba y un león, respectivamente se llevan a cada uno de sus hijos, debe pedir limosna para ganarse la vida. Quince años después, unos soldados lo reconocen y vuelve a ocupar su cargo en el ejército; sus hijos se enlistan en el mismo ejército. Se reencuentran cuando la madre oye a los hijos contando sus historias y las extrañas circunstancias de la separación; además, reconoce a su esposo en el general romano. El emperador los condena a morir en el circo de Roma, escapan de la sentencia, pero el emperador ordena construir un buey de bronce para incinerarlos dentro, castigo al que también sobreviven (véase: Lozano-Renieblas 2003, 76-77).

[5] En la novela de Campos, Ignacio es un anciano que conoce a Plácido en casa de Salustia; comparten un par de horas, mientras Plácido, Dión y Calpurnio esperan a Apolonio. Ignacio es un hombre de corazón noble, uno de los héroes del cristianismo que fue enviado a predicar en Antioquía y llegó a obispo de aquella ciudad. La fama de sus milagros y la autoridad que todos sienten por él, le atraen la aversión de Trajano. Ignacio pasa a llamarse Teóforo, que significa: llevar a Dios en el corazón. Para él, la muerte es un gran triunfo y Trajano lo manda a matar:

> Dos meses después, en el circo, delante de un inmenso pueblo, aparece el mártir de Antioquía. Una plegaria sale de sus labios, dos leones se precipitan sobre él le destrozan con sus garras, despedazan con sus carnes (sic), trituran sus huesos y aquella alma pura sube al cielo, embellecida con la corona del martirio (Campos 1871, 285).

[6] Apolonio es un predicador de gran reputación, seguidor de la filosofía de Pitágoras, pero las palabras de Ignacio lo hacen vacilar en sus creencias. Posteriormente bautiza a Dión y le cambia el nombre a Dión Crisóstomo.

[7] Calpurnio, noble de Pompeya, recorre Grecia, Galia; visita Germania. Salva a una joven, Velleda, de ser atacada por un lobo y seis meses después se casa con ella; juntos viajan a Massalia. A la muerte de ella, vive aislado del bullicio y sumergido en el dolor. El mismo día en que decide partir a Oriente se produce la erupción del Vesubio, escapa milagrosamente para iniciar su primera misión: un peregrinar en busca de Dionisio porque así se lo hace saber una dama velada. Conoce a Plácido en Roma por medio de Dión, allí permanecen juntos por dos días. Encuentra al hermano de Velleda moribundo, que como gladiador sucumbe por las heridas recibidas en un combate. Posteriormente, es testigo de la muerte de Dionisio y de su milagro: Dionisio al ser decapitado, recoge su propia cabeza y se la entrega a Calpurnio:

> Deposité con religioso respeto la santa cabeza del mártir, al lado del cuerpo, y acompañado de algunos cristianos, cuando la noche hubo llegado, fuimos á esconder el tesoro en una de las bóvedas de las catacumbas. Allí delante

yectoria, estos se entrecruzan con otros personajes que son pasajeros, por tanto secundarios, pero importantes para la misión que desarrollan o para el destino que les espera: Plinio,[8] Fabio,[9] Domicia,[10] Dion,[11] Dionisio,[12] Félix,[13] Athenais,[14] Adriano[15]. Con

    de esas preciosas reliquias del hombre justo, he orado y llorado mucho, y Dios ha oído mi oración, y ha tenido piedad de mis lagrimas, porque soy otro hombre y el consuelo visitó mi alma (Campos 1896, 236-237).
Luego se bautiza en la fe cristiana. Después de muchos años se encuentra con Eustaquio, para entonces ambos son cristianos y hombres solitarios, permanecen juntos por un par de horas. En su segunda misión, por sus conocimientos de medicina atiende a Athenais que está moribunda y le salva la vida.

8   Plinio, el naturalista. Padre adoptivo de Plácido; viven juntos aproximadamente diecinueve años. Dieciséis años después llega en su barco nuevamente a Pompeya, deseoso de ver y estudiar el fenómeno de la erupción del volcán, pero muere en su intento.

9   Fabio, romano de sangre noble; testigo del horror de la guerra en Jerusalén; también observó el entierro de Miriam, la madre del Nazareno y de la ascensión de ella a los cielos. Amigo de Dionisio, a quién amaba como a un hermano; y amigo de Plinio, juntos iban camino a Pompeya cuando escucharon la noticia de que el volcán Vesubio había hecho erupción por primera vez.

10   Domicia esposa del emperador Domiciano. Tiene algún conocimiento sobre la ciencia de las predicciones; lee en el vaso del oráculo el nombre del sucesor de Domiciano (Nerva) y es quién planea y gesta la muerte del emperador, al enterarse de que su esposo la tiene en una lista para asesinarla junto con un grupo de senadores. Pero, siguiendo las creencias, introduce en la boca de Domiciano un Triente, y así, asegura su entrada en los Campos Elíseos; para ello, le pide ayuda a Plácido, quien está al lado del cuerpo.

11   Dión acompaña a Plácido y a Calpurnio en busca de Dionisio; juntos en este proceso pasan unos días. También, es un orador que en el momento en que Nerva asume el poder y el pueblo enardecido quiere su vida para vengar a Domiciano, el emperador muerto, él, con voz vibrante, se dirige al pueblo, lo aplaca con el don de la palabra y Nerva asume como emperador. Apolonio lo oye y al bautizarlo lo llama Dión Crisóstomo (Boca de oro) [Campos 1896, 80].

12   Dionisio es un modelo de santidad para Calpurnio. Es un anciano de barba blanca y fisonomía venerable. La única vez que Plácido lo ve, es cuando acude a darle el bautismo al hermano de Velleda en su lecho de muerte. Después, el Pontífice Clemente lo envía a la Galia a bautizar, instruir, predicar, apacentar aquel rebaño, y para que sea el pastor del área. Él parte a evangelizar, pero un día: «el augusto anciano, es arrebatado de aquel lugar de paz y de oración, y llevado ignominiosamente frente a los tribunales, que le condenaron porque era justo, y le sentenciaron a muerte porque era santo» (Campos 1896, 233). Después de ser torturado, fue decapitado.

    Pero entonces sucedió una cosa inaudita y que hizo retroceder a las masas dominadas por un terror santo. Aquel cuerpo sin cabeza, (...) aquel cuerpo muerto á la vida terrestre, aquel cuerpo sangriento y destrozado, se puso en pie en medio de aquel inmenso pueblo, adelantó algunos pasos, se inclinó, recogió con las manos la pálida y yerta cabeza, y en medio de un solemne silencio, avanzó en dirección á mí, con paso tranquilo, grave uniforme. Estremecido, palpitante, lleno de lágrimas mis ojos, salí al encuentro de aquel cadáver vivo, y recibí en mis manos el precioso depósito; ofrenda sagrada que debía conservar como un precioso y santo recuerdo (Campos 1896, 235).

el tejido narrativo que forman estas vidas textuales se deleita, se instruye y se persuade. Pero el modelo narrativo para presentar esta vida, la hagiografía, expone dramáticamente los valores que personifica el personaje a través de imágenes básicas que van dirigidas a reacciones emotivas de tristeza, empatía, dolor, sufrimiento, etc.

En todas las sociedades existen unas formas de control social institucionalizadas; existen unas normas, unos valores, unas costumbres que se tienen que aprender a cumplir. Siempre existe un proceso de socialización, de duración variable según las sociedades, a través del cual el niño, el adolescente y, a veces el joven, va adquiriendo las pautas de comportamiento que le van a ser necesarias con el fin de desarrollar la futura actividad social plenamente integrada.

Pero además de esta interiorización de unos esquemas codi-

13 Félix, un piloto de barco, enormemente rico con palacios en Grecia. Lleva a Eustaquio y a su familia con rumbo al Oriente; él se enamora de Teopista, la esposa de Plácido, y para quedarse con ella, por la noche planea con Vindex, drogar a Eustaquio y abandonarlo en una ensenada de África, dejándolo en la playa con sus dos pequeños hijos. Sin embargo, Teopista lo rechaza y arremete contra él por haberle arrebatado al esposo y los hijos. Después, un huracán azota el barco, Teopista se lanza al mar y Félix tras ella, la salva de morir, se aferran a un madero para tratar de sobrevivir, pero él muere por el huracán.

14 Athenais, joven de extraordinaria belleza, hija adoptiva del emperador Nerva, quien después descubre que ella es su nieta. Sabe que su padre Marco, a quien conoce únicamente el día en que va a contraer matrimonio, y su madre son cristianos. Ella salva la vida de Nerva al interponerse entre él y un cuchillo, preciso momento en que Plácido llega y evita los asesinatos. Bajo la protección de Nerva, va a vivir a Timelia; allí reconoce a Plácido-Eustaquio, le da posada por una noche. Luego por orden de Nerva, ella vuelve a Roma para contraer matrimonio con Trajano. Marco impide la boda, porque el matrimonio es forzado, porque ella ama al soldado Escipión. Más tarde, Nerva en su lecho de muerte, decide que ella y Escipión se casen; pero este muere en el campo de batalla tratando de conquistar el triunfo romano para merecerla. La pena hace que ella se recluya en Tibelia, por muchos años. Finalmente, vuelve a Roma para solicitar un favor, que nunca llega a decir. Al saber que Eustaquio y su familia se van a proclamar cristianos ante el emperador Adriano, ella decide hacerlo también; todos mueren.

15 Adriano, emperador de Roma, sucesor de Trajano. Le da ascenso a los hijos de Eustaquio, considerando a toda la familia como parte de la familia imperial. Al saber que Eustaquio es cristiano se produce una lucha en su corazón entre la amistad, los servicios prestados, la abnegación, vs. la razón de estado. Finalmente, ordena la muerte de Eustaquio, Teopista, Agapito, Teopisto y Athenais; al final se arrepiente, a pesar de que ya es tarde el perdón; desde entonces, preso del remordimiento, recorre a pie y con la cabeza descubierta, todas las provincias del imperio; viaje que dura trece años y a su regreso, se encierra en el palacio de Bayes; allí publica el *Edicto Perpetuo*, y las leyes que prohíben los sacrificios humanos y el comercio de esclavos.

ficados de comportamiento, siempre hay, en toda sociedad,
unas instituciones que regulan externamente la conducta y
la armonizan, a escala global, de acuerdo con unos puntos de
vista, unos condicionamientos y unos intereses sociales. Las
normas que los individuos hacen suyas regulan su actuación
en términos generales, pero continuamente se producen contingencias que precisan acciones adicionales para que la conducta individual o colectiva se realice según unos determinados intereses (Berrio 1983, 9).

Como construcción escritural, este mundo ficticio se adscribió a las estructuras ideológicas imperantes, para difundir esquemas de comportamiento, que ayudaran al gobierno a regular y controlar conductas. De esta forma, se condicionaba a los ecuatorianos según los intereses sociales de sus gobernantes.

Ahora, el libro en su edición de 1896 está dividido en tres secciones[16] con un total de 36 capítulos; presenta historias aparentemente inconexas, cuya única relación que, al parecer, tienen con la historia principal, es la de entrecruzarse con la vida de Plácido y ser un motivo para una acción, un desencadenante de una situación o para complementar un aspecto del personaje. Sin embargo, todas ofrecen al lector una mirada panorámica de una sociedad desconocida, pero que tenía diversos puntos en común con el lector ecuatoriano del siglo XIX que el autor tenía en mente. Receptor que a través de la comprensión del mundo de la novela, se le daban modelos para que se constituyera en uno de los sujetos ideales representados, sujetos dóciles anhelados por el estado, para que fuera un ciudadano ideal más de la nueva nación ejemplar.

---

16 INTRODUCCIÓN: I. El viaje a Capua, II. Pompeya, III. La erupción del Vesubio. PRIMERA PARTE: I. La última cena de Domiciano, II. El enigma, III. El triente, IV. El pueblo rey, V. El combate de los gladiadores, VI. Dos filosofías, VII. El Pontífice Clemente, VIII. Él pacto entre dos demonios, IX. Primer dolor, X. El dedo de Dios, XI. XII. Segundo dolor, XIII. Historia antigua siempre nueva, XIV. La nieta de un emperador. SEGUNDA PARTE: I. Fe, II. El último de los Escipiones, III. Tarde siempre, IV. La última lágrima, V. En las Galias, VI. El iris después de la tormenta, VII. La muerte de Nerva, VIII. Los funerales, IX. El amo del mundo, X. El sueño de Trajano, XI. Omma vincit amor, XII. Un capítulo de historia, XIII. El sucesor de Trajano, XIV. Dicha - La madre, XV. La última nube, XVI. Confesión de la fe, XVII. La nueva cristiana, XVIII. La cruz, XIX. El toro de Bronce.

Para entender mejor esta intención, debe verse la primera edición de la novela (Campos 1871). En ella hay una dedicatoria del autor para su padre donde explicita claramente dos intenciones:

> A mi querido padre, el señor Doctor Don José Antonio Campos,
> Dedicar a U. las páginas que hoy doy a luz, y ofrecerle mi trabajo, imperfecto sin duda, es la mayor de mis glorias, porque es la manifestación pública del cariño profundo que a U. profeso. (...) Describir el triunfo del cristianismo en su marcha progresiva desde el primer siglo de su fundación; verle derribando poco a poco, y uno por uno, los templos del hombre, y elevando también uno por uno los templos de Dios (...) es el cuadro más hermoso, es el espectáculo más sublime que es dado contemplar a la raza humana. De este cuadro de inmensas dimensiones, he tomado uno de sus interesantes episodios, y sobre él he escrito algunas páginas, que doy al público. Si ellas nada valen bajo el punto de vista literario, si tiene valor bajo el punto de vista religioso, porque ellas son la ofrenda del alma, cuya fe está intacta, cuya creencia no ha vacilado...
>
> Reciba U., pues, querido padre mío, ésta débil muestra del profundo e inalterable cariño que le profesa su amante hijo,
>
> Francisco
> (Campos 1871, 1-2). [La ortografía se ha modernizado].

Abiertamente, Francisco Campos señaló en ese texto que una de sus metas era hacer una exposición de los valores católicos por medio de la narración de una vida. Al efectuar esto empleó uno de los géneros más difundidos y conocidos que tiene sus orígenes ya desde los primeros siglos del cristianismo y que surgió desde que los emperadores hicieron grandes persecuciones por abrazar el cristianismo.

Esos textos se escribían como archivos para documentar nombres, hechos y torturas. A partir del siglo IV, comenzaron ya las vidas en las que aparecen los elementos sobrenaturales y enfatizan el sufrimiento físico del biografiado (véase: Deyermon 1975, 231-259). La tradición hagiográfica pasó a las diversas lenguas. En español se difundieron varios libros, entre los que sobresale el *Flos Sanctorum*.[17] Los textos impresos más difundidos fueron: el *Flos sanctorum* de Alonso de Villegas (1588) y el *Flos sanctorum. Libro de las vidas de los santos* de Pedro de Ribadeneira (1599). La intención de contar este tipo de vida era la de dar testimonio y la de difundir la piedad y los actos hechos en esas existencias; textos para los que hubo una gran demanda; como sucedió con la vida de Plácido: «Eustaquio (sobre este santo-guerrero el de la visión del ciervo y la cruz, consta tan solo que era un famoso general y muy poco más, aunque su figura fue tan atractiva que incluso llegó a colarse en el folklore de ciertas zonas de Asia» (Gómez Moreno 2008, 32).

En las páginas del *Flos Sanctorum o Libro de las vidas de los santos* de Ribadeneira (1675), aparecen con más o menos los lineamientos que se dan en *Plácido* de Campos las siguientes historias: Eustaquio (FS: 521 a la 524), mientras que en *Plácido*, contada por él mismo su vida aparece condensada en las páginas 190 a la 214; la vida de Dionisio (FS: 574 a la 577) y en la novela, va de las páginas 232 a la 236; la existencia de Ignacio (FS: 145), en *Plácido*, de las páginas 93 a la 104 y de la 283 a la 285. Además, los pasajes bíblicos sobre Myriam o la Virgen María (FS: de la 60 a la 63 y de la 445 a la 446); mientras que en la novela está en la página 10. Lo mismo sucede con el pasaje de Lázaro (FS: de la 14 a la 15), que en la novela se halla en las páginas 28 y 29.

---

17 *Flos sanctorum*: existen 14 manuscritos que se conocen con este título; todos ellos derivan de la *Legenda aurea* de Jacobo de Vorágine escrita en Latín en el siglo XIII. «Aunque las colecciones romances derivan de la de Vorágine, ninguno de los santorales castellanos pueden considerarse sin más una traducción de la *Legenda aurea*, pues ninguno la reproduce por entero, ni siquiera hay ninguno que abarque todo el año litúrgico; en cambio, presentan adiciones de vidas de santos que responden a intereses locales o de la orden religiosa a la que pertenece el hagiógrafo (...). Así que la variedad de criterios supuso resultados bien diversos, pues algunos compiladores siguieron con fidelidad la *Legenda*, aunque se limitaran a una parte, otros seleccionaron lo que les interesó y algunos de ellos interpolaron lo que les pareció» (Alvar y Megías 2002, 568).

6. Con *Plácido*, Francisco Campos empleó la realidad y la ficción; tomó de las vidas de santos la historia, que ya de por sí tenía bastante ficción y agregó nuevas vidas; algunas de ellas sacadas de las mismas colecciones de santos, como la de Ignacio y la de Dionisio: También usó nombre históricos conocidos (Calpurnio, Escipión) para personajes ficcionales; y en un eje temporal, cruzó otras vidas ficticias para consolidar a su Plácido-Eustaquio que termina por ser un modelo ideológico religioso y un paradigma de ciudadano ideal, con las características esenciales de ser un gran hombre de familia, serio en su deber y respetado por todos.

La recepción de esta novela, en el ambiente cultural ecuatoriano del momento, debió ser de tres clases, teniendo en cuenta la autoridad que le otorgaran al autor. Algunos creerían en la veracidad y aceptarían que los hechos narrados eran «reales», que habrían ocurrido; potencialmente alguno habría deseado emular a los personajes. Otros lo leerían como entre la frontera de la verdad y la ficción al aceptar que los santos habían existido, que los milagros también se podían producir y que hubo y había seres con una conducta ejemplarizante. Estos ya leerían el relato como literaturizado, pero la lectura seguiría siendo ejemplar. En estos dos grupos se aceptaría que lo interpretado podía modificar conductas. Pero también habría un tercer grupo que consideraría total ficción lo representado; posiblemente sería el grupo más reducido.

No debe olvidarse que el ambiente cultural circundante impulsado, vivido y aceptado por muchos estaba impregnado de religión y de percepciones religiosas donde el mundo de Plácido no sólo era verosímil, sino, para algunos, verdadero.

> Religión es la empresa humana por la que un cosmos sacralizado queda establecido. Dicho de otro modo, religión es una cosmización de tipo sacralizante. Por sagrado entendemos aquí un tipo de poder misterioso e imponente, distinto del hombre y sin embargo relacionado con él, que se cree que reside en ciertos objetos de experiencia... Podemos pues

afirmar que la religión ha desempeñado un papel estratégico en la empresa humana de construcción del mundo (Berger 1971, 46-47, 50).

Desde esta perspectiva, en la sociedad ecuatoriana de la década del setenta del siglo XIX donde se había impuesto una realidad en la que predominaba el catolicismo como *la* religión que estructuraba la experiencia, y que controlaba la construcción social de la realidad, *Plácido*, ofrece una prueba más del peso del campo religioso en la vida social.

Como novela dentro de esta situación social, *Plácido* presentaba el tipo de trama dramática que atraía al lector interesado en dejarse convencer e implicar mediante la lectura, porque lo interpretado en cada historia relatada, le proporcionaba las pruebas y los argumentos, que al llegar a la conclusión, que ya sabía desde el comienzo, le permitía desahogar la tensión acumulada en cada escena.

Regresando a la retórica, en cada capítulo se narra una historia que cumple las tres cualidades necesarias para la *narratio*: son breves, claras y verosímiles; y a ellas se aplican los criterios de la *dispositio* retórica: (o sea la colocación de las partes «o de la colocación de las ideas en exordios, narraciones, confirmaciones y epílogos» (Sánchez Salor 1991, 303).

> Cuando Aristóteles previó esta receta [...] sabía muy bien que los parámetros de aceptabilidad e inaceptabilidad de una trama no residen en la trama misma, sino también en el sistema de opiniones que regulan la vida social. Para resultar aceptable, la trama debe ser verosímil, y lo verosímil no es más que la adhesión a un sistema de expectativas compartido habitualmente por la audiencia (Eco en: Mortara Garavelli 1988, 83).

Es decir, Francisco Campos empleó creencias y valores internalizados para ejercer una influencia considerable en el pensamiento y en la actuación de la sociedad (no debe olvidarse que fue maestro de numerosas generaciones de ecuatorianos); utilizó aspectos de la retórica que entendía y manejaba gracias a sus estudios en el seminario y, luego, como abogado, y conscientemente los aprovechó para persuadir a los lectores y receptores. Jugó con la elaboración imaginaria, para construir un mundo, que aunque utópico, era comprendido, aceptado y hasta anhelado por muchos de sus compatriotas, debido al imaginario social que se había establecido. Su escritura fue una forma de articular el pensamiento para promover la acción social, con específicos fines ideológicos, que hacían frente y combatían las dificultades de su realidad social, y era un medio para influenciar la manera de afrontar la vida en sociedad.

Ahora, por ubicar el referente narrativo en una época tan remota, para exaltar valores y promover conceptos éticos y religiosos del cristianismo enraizó la novela con el romanticismo temprano alemán de los hermanos Schlegel, que difundió por toda Europa la percepción de la literatura romántica como medieval y cristiana. En este sentido, su ideología lo lleva hacia atrás, al siglo XVIII para buscar la filosofía idealista alemana «que conduce al sujeto a su máxima potencia, al pretender reducir el universo y la realidad entera al «yo pienso» (Tollinchi en: Roche Cárcel 2005, 20). Para Campos, la expresión de creencias y costumbres sociales contribuían a forjar el carácter que se deseaba en la población; de ahí que con su mundo ficcional aconsejara un regreso a los principios morales más sanos y asociara Romanticismo con cristianismo. Esta implicación religiosa del papel del escritor y la vinculación de la literatura como un medio para establecer vínculos con la sociedad servía para estimular el mejoramiento moral colectivo. Campos era un educador imbuido en las ideologías conservadora y cristiana, que quiso colaborar en la construcción de sujetos ideales; así, con *Plácido* ofreció su contribución al desarrollo de la novela en el Ecuador.

Patricia G. Carrasco

Bibliografía

Abate, Sandro. «Elementos hagiográficos en la obra de Rubén Darío: poesía y cuento». *Hispania* vol. 79, No. 3 (Sept., 1996): 411-418.
Alvar Carlos Alvar y José Manuel Lucía Megías. *Diccionario filológico de literatura medieval español*. Madrid: Editorial Castalia, 2002.
Ayala Mora, Enrique. «Gabriel García Moreno - la Gestación del Estado nacional en Ecuador». *Crítica y Utopía* N° 5 (septiembre de 1981): 1-16.
Berger, Peter. *Para una teoría sociológica de la religión*. Barcelona: Kairós, 1971.
Berrio, Jordi. *Teoría social de la persuasión*. Barcelona: Editorial Mitre, 1983.
Boyer, Régis, «An attempt to Define the Typology of Medieval Hagiography». *Hagiography and Medieval Literature*. Boulder: Odense University Press, 1981. 27-36.
Campos, Francisco. *Narraciones fantásticas*. Guayaquil: Empresa Editorial Olmedo, 1894.
_____. *Plácido, Novela*. Guayaquil: Imprenta i Encuadernación de Calvo i Ca., 1871.
_____. 2ª ed., *Plácido, novela original*. Guayaquil: Empresa Editorial Pichincha, 1896.
Deyermond, Alan. «The Lost Genre of Medieval Spanish Literature». *Hispanic Review* Núm. 43 (1975): 231-259.
Estébanez Calderón, Demetrio. *Diccionario de términos literarios*. Madrid: Alianza Editorial, 1999.
Flores, Carlos Alberto. *Apuntes biográficos del Dr. Francisco Campos*. Guayaquil: Tall. Gráf. de Educación, 1943.
Gómez Moreno, Ángel. *Claves hagiográficas de la literatura española del Cantar de mio Cid a Cervantes*. Madrid / Frankfurt: Iberoamericana Editorial, 2008.

Hurtado, Osvaldo. *Las costumbres de los ecuatorianos*. Quito: Editorial Planeta, 2007.

Jones, Melissa R. *Modernist* hagiography*: Saints in the writings of Joyce, Stein, Eliot, and H.D*. Kent State University, 2004. [Disertación doctoral].

Lozano-Renieblas, Isabel. «La leyenda de san Eustaquio». *Novelas de aventuras medievales: Género y traducción en la edad Media hispánica*. Kassel: Edition Reichenberger, 2003. 76-77.

Mortara Garavelli, Bice. *Manual de retórica*. Madrid: Cátedra, 1988.

Polit, Manuel María. (Ed.). *Escritos y discursos de Gabriel García Moreno*. Quito: Imprenta del Clero, 1887.

Rapp Dombrowski, Christine. *The making of a Romantic female hagiography*. University of Pennsylvania, 2008. [Disertación doctoral].

Riofrío, Miguel. *La emancipada*. Flor María Rodríguez-Arenas (ed.). Doral, Florida, USA: Stockcero, 2009.

Ribadeneira, Pedro de. *Flos Sanctorum o libro de las vidas de los santos*. Primera Parte. Madrid: Imprenta Real, 1675.

Roche Cárcel, Juan A. «La construcción cultural de la realidad social en la Modernidad». *Papers: Revista de Sociología* 77(2005): 11-42.

Rodríguez-Arenas, Flor María. «Representación y escritura: el realismo en *La emancipada* de Miguel Riofrío (1863)». *La emancipada*. Miguel Riofrío. (Segunda edición crítica revisada y aumentada). Doral, Florida, USA: Stockcero, 2009. Iv-lxxii. Notas: 1-50.

Sánchez Salor, Eustaquio. «El Numerus Naturalis en la estética del XVI». *Mnemosynum: C. Codoñer a discipulis oblatum*. Agustín Ramos Guerreira, (Ed.). Salamanca: Universidad de Salamanca, 1991. 298-308.

Tobar, Carlos Rodolfo. *De todo un poco*. Quito: Imprenta de la Universidad Central, 1896.

Tobar Donoso, Julio. «Francisco Campos». *Los miembros de número de la academia ecuatoriana muertos en el primer siglo de su existencia*. Quito: Editorial Ecuatoriana, 1976. 301-303.

Vauchez, André. «El santo». *El hombre medieval*. Jacques Le Goff (Ed.). Madrid: Alianza Editorial, 1991. 323-358.

Del romanticismo al realismo en *Soledad* (1885), novela de José Peralta

Flor María Rodríguez-Arenas
Colorado State University

1. Durante el siglo XVIII se produjo en España una agitada polémica sobre los alcances de la retórica y de la poética que condicionaron la escritura de ficción y la limitaron. Para 1786, se concebía la historia literaria como un campo inmenso que «se extiende a todos los siglos, a todas las Naciones; y comprende todos los conocimientos humanos; todas las ciencias, todas las obras de arte, y de la naturaleza, todos los seres existentes, posibles y aún imaginables» (Meseguer y Manuel en Aradra Sánchez 1997, 168). Mientras que por literatura se entendía la poesía que estaba regida por las normas de la poética; la retórica regulaba los géneros en prosa. De esta manera, la novela durante ese siglo sufrió de una indefinición que casi la hizo desaparecer. Junto a esto, este tipo de escritura no tenía un nombre fijo, se la denominaba: «historia fingida», «ficción imposible», «novela», «romance», «leyenda», «cuento inverosímil», «pequeños romances», «sátira menipea o varrónica» (Checa Beltrán 1998, 264). Como también: «historia de...», «lectura(s)», «folletín», «leyenda», «episodios», «ficciones», «historia», «obra», «producción», «texto» (Botrel 2001, 38). Así cuando en 1874, Pedro Antonio de Alarcón escribió *El sombrero de tres picos*; Juan Valera se refirió al texto como «una excelente novela», al tiempo que Emilia Pardo Bazán, lo llamó «el rey de los cuentos» (Rubio Cremades 2001, 105). Situación que se extendió hasta pasado el siglo, pues ya en 1900, Leopoldo Alas Clarín todavía no precisaba entre cuento y novela corta para clasificar varios de sus textos (Lissorgues 1989, 18).

Del mismo modo, la denominación «novela corta» apareció en México por primera vez sólo en 1892 y hacia 1900 comenzaron a difundirse los de «novelita», «pequeña novela», «esbozo de novela», «proyecto de novela», «esquema de novela», «tentativa de novela», «ensayo de novela», con otras designaciones como: «leyenda de costumbres», «apuntes para una novela», «datos para una novela», «novelín», «novelas y bocetos de ese género», «esbozos a la brocha», «esbozos contemporáneos» (1919), «esqueleto de novela» (1927) (Matta 1999, 33).

Lo mismo hizo Gaspar Gómez de la Serna con textos publicados entre 1913 y 1934; ya que «agrupa bajo novela corta algunas narraciones breves que en su primera edición carecen de denominación genérica o aparecen bajo la clasificación de novela, pero son relativamente de poca extensión. Luego cuando registra su presencia en colecciones, las califica como novela, lleve la colección en su publicación original dicho distintivo genérico o no» (Charpentier Saitz 1990, 15).

> Es tal la indefinición que se ha afirmado: «[E]l vocablo novela corta apenas lo encontramos en el paratexto, ni en el uso designativo de los autores y del ámbito literario. Incluso en las denominaciones que adoptan las numerosas revistas literarias, aparecidas entre 1909 y 1936, sólo en un caso se hace uso del término: *La Novela Corta;* y las variantes no son más de tres: *La Novela Breve, La Novela Chica y La Novela Pequeña* (Martínez Arnaldos, 1988). Y paradójicamente, en aquella, *La Novela Corta*, todas las obras que se publican son calificadas en el paratexto como novelas. También los marbetes terminológicos propuestos por los autores (intento de novela", "boceto de novela", etc.), de los que son ejemplo elocuente V. Díez de Tejada y R. Gómez de la Serna, son reconducidos por el marco (Martínez Arnaldos 1996, 58).

Como se observa, la ahora tajante división entre lo que se considera: cuento, leyenda, novela corta, novela, etc., no existía ni en España ni en los países hispanoamericanos durante el siglo XIX, como tampoco durante las décadas iniciales del siglo XX. En esas épocas se encontraba una indeterminación para los géneros de ficción, que no se vino a precisar sino a partir de la segunda mitad del siglo XX. De ahí que en la literatura ecuatoriana decimonónica se encuentren entre los títulos de las novelas, las palabras: "novela", "leyenda", "drama", "dibujos", "apuntes", "escenas"; como se demuestra en: *El hombre de las ruinas, leyenda fundada en sucesos verdaderos acaecidos en el terremoto de 1868* (1869) de Francisco Javier Salazar Arboleda; *Plácido*. Novela (1871) de Francisco Campos; *La muerte de Seniergues, leyenda histórica* (1871) de Manuel Coronel; *Chumbera, Leyenda original* (1876) de José Peralta; *Cumandá o Un drama entre salvajes* (1879) de Juan León Mera; *Soledad (apuntes para una leyenda)* (1885) de José Peralta; *Entre el amor y el deber. Escenas de la campaña de 1882-1883 en el Ecuador* (1886) de Teófilo Pozo Monsalve; «Timoleón Coloma. Dibujos de costumbres quiteñas» (1888) o *Un matrimonio inconveniente. Apuntes para una novela psicológica* (1893) de Juan León Mera.

Sobre la novela como género se sabe que:

> [L]a novela es un relato de cierta extensión que, tomando como centro de referencias la figura fingida de un narrador, presenta acciones, personajes, tiempos y espacios, convirtiendo a alguna de estas categorías en la «dominante» en torno a la cual se organizan las relaciones de las demás en un esquema cerrado o abierto, o simplemente se superponen sin más relación que la espacial del texto. El narrador es el centro para señalar las distancias, las voces, los modos y los aspectos en la presentación de todas las unidades y categorías narrativas, siguiendo un esquema de relaciones o negándolo.
> Hay críticos que, ante la parcialidad de las definiciones tienen en cuenta solamente uno de los rasgos, cuando el género parece ser tan amplio y tan permeable a cualquier forma de organización de sus categorías y cuando es posible considerar novelas a obras que prescinden de alguna de las unidades o de los esquemas de relaciones, siguen un camino de reducción al absurdo y apoyan su definición sobre un rasgo superficial e irrelevante, como puede ser la extensión del texto.

A. Chevalley define la novela como «una ficción en prosa de cierta extensión». Forster, que recoge esta definición del autor francés, precisa que la extensión no debe ser menor de cincuenta mil palabras[1] (Forster, 1983: 12), lo cual parece más bien un límite atrabiliario (Boves Naves 1993, 14-15).

Los autores de novelas en Ecuador, como en Europa, no precisaban la extensión de lo relatado, ni especificaban el género en el título. De este modo, *Soledad (apuntes para una leyenda)* de José Peralta, a pesar de las indicaciones del subtítulo, es una novela ecuatoriana del siglo XIX.

2. Ahora, sobre la vida de José Bartolomé Peralta se ha informado que:

> [N]ació en una cueva ubicada en el sector la Merced al que la tradición denomina "el Socorro" de Chaupiyunga. Actual jurisdicción de San Antonio de Paguancay, y que en aquel tiempo fue extensa parroquia que incluyó a Gualleturo, en la jurisdicción de la provincia de Cuenca. (...) En cuanto a la fecha de su nacimiento se la ubicará entre los años 1859 a 1864, en que según el libro de Registro de Párrocos de Gualleturo (...) el doctor José Serrano Naranjo, jesuita prestó servicios de dicha parroquia y comunidad (UTJP [s.f]).

> Sobre la madre:
> Joaquina Peralta, joven soltera y hábil en la cocina, además diestra en la manufactura del carbón vegetal. Dadas sus habilidades no tarda en ingresar en calidad de trabajadora en la casa parroquial, quedando tiempo después embarazada. En esa época en la que una muchacha soltera qued[ara] embarazada (...) dicho embarazo aludía [a que el padre de la criatura era] un sacerdote de la comunidad con mayor influencia en el contexto político y económico de la zona (UTJP [s.f]).

> Partida de nacimiento:
> [U]na tradición de Gualleturo, mencionada por el padre José Gallardo actual párroco de la zona, asegura que José Peralta

---

1   E. M. Forster emitió esa cifra en su libro *Aspects of the Novel*, formado por una serie de conferencia que dictó sobre la novela inglesa en Trinity College, Cambridge en 1927.

fue bautizado con jurisdicción de esta parroquia, y su padre asentó el registro de bautismo. Tiempo después (...) llegaron unos supuestos familiares de José Peralta a Gualleturo, pidieron revisar el libro de bautismos e inscripciones sin que el sacerdote de ese entonces se d[iera] cuenta[,] mutilaron las hojas del registro de bautismos, en lo referente al niño José Peralta. (...)[el] mutilar y finalmente convertir en inaccesible el registro del bautismo de José Bartolomé Peralta, (...) [era para] poner a buen recaudo la imagen de la iglesia católica de cualquier historiógrafo anticlerical que pretend[iera] esculcar en sus dominios. La razón nos permite colegir, que la fecha de su nacimiento se situará (...) el año 1.861. (...) [A]lrededor de 1863 o 64, (...) el niño fue trasladado a la ciudad de Cuenca, siendo recibido como expósito en el colegio de los Jesuitas del Azuay (UTJP [s.f]).

Con esa comunidad religiosa, Peralta estudió la secundaria y posteriormente en la Universidad de Cuenca se recibió en jurisprudencia (1880); Negada la incorporación como abogado en Cuenca, la Corte Superior de Justicia de Loja lo incorporó al Colegio de Abogados de los Tribunales de la República. Fue el creador del Partido Liberal del Azuay. Como periodista fundó varios periódicos: *El Deber* (Cuenca, 1877), *El Escalpelo* (Cuenca, 1877), *La Verdad* (Cuenca, 1889), *La Linterna* (Cuenca, 1889), *La Razón* (Cuenca, 1889), *El Constitucional* (Quito, 1889), *La Época* (Cuenca, 1889), *La Tribuna* (Cuenca, 1891), *El Observador* (1891), *La Regeneración* (Cuenca, 1895), *La Razón* (Cuenca, 1895), *El Atalaya* (Cuenca, 1895), *El Rebenque* (Cuenca, 1896), *El Independiente* (Cuenca, 1902) y *El Popular* (1912). Del mismo modo, colaboró en *La Luciérnaga* (1875-1876); y en 1888, lo hizo en el periódico cuencano *La Libertad*, con el seudónimo Ayax, del que Manuel J. Calle era editor; a partir del No. 12 de esa publicación, Peralta se hizo cargo de la dirección. En 1889, colaboró con el seudónimo Junius en *El Diario de Avisos* de Guayaquil. En 1894, lo hizo en el *Boletín Popular*; mientras que en 1895, colaboró con el periódico *La Candela* y en 1896, escribió en Guayaquil para *La*

Nación y *El Grito del Pueblo*.

Personalmente sufrió sinsabores a causa de sus ideas; en mayo de 1877, fue encarcelado por luchar contra la dictadura de Veintemilla. En 1882, fue desterrado al Perú. En 1883, radicó en Zaruma como abogado de la Gran Compañía inglesa de Minas; pero regresó a Cuenca en 1884. En 1885, fue elegido concejal suplente del cantón Cuenca y en marzo de 1887, fue candidato a Diputado. En febrero de 1888, lo acusaron de conspirar contra el gobierno de Caamaño.

En 1895, lo nombraron profesor y rector del Colegio San Luis de Cuenca; renunció al puesto en 1896 por desacuerdos con el gobernador del Azuay, Leonidas Plaza. En el mismo año fue elegido presidente del Consejo Cantonal de Cuenca. En julio de ese año, se produjo una revuelta conservadora en Cuenca, lo tomaron preso y lo condenaron a muerte; la sentencia no se cumplió. Salió de la cárcel en agosto. En octubre, participó en la Asamblea Nacional Constituyente de Guayaquil como diputado por el Azuay. En octubre de 1898, asumió las carteras de Relaciones Exteriores y Negocios Eclesiásticos, Justicia, Culto, Instrucción Pública. En 1902, se retiró de la vida pública. Pero en 1906, lo nombraron Jefe Civil y Militar de la Provincia del Azuay; en octubre del mismo año, participó en la Asamblea Constituyente como diputado por la provincia de Cañar hasta el término de la Convención el 30 de enero de 1907. En marzo de 1907, lo designaron Gobernador de la provincia del Azuay, cargo que terminó en 1910. En abril de ese año, asumió la cartera de Relaciones Exteriores, a la que renunció en 1911. En agosto de ese año lo desterraron nuevamente con motivo de la caída del presidente Alfaro; viajó a Europa, de donde regresó en 1912. En 1914, se exilió en Lima. En 1916, recibió el cargo de Ministro Plenipotenciario del Ecuador en Lima para resolver cuestiones limítrofes; posición de la que dimitió en 1920. En enero de 1923, fue nombrado rector de la Universidad del Azuay, cargo que desempeñó hasta agosto de 1925. En 1933, ocupó el cargo de presidente interino de la directiva del Partido Liberal. Falleció en Quito el 26 de diciembre de 1937 (véase: Cárdenas Reyes 1988, 87-96).

Obra literaria y publicaciones políticas: en 1872, Peralta escribió y publicó sus primeras leyendas, varios artículos periodísticos de orientación literaria, poesía e incluso bosquejos de obras teatrales. En 1876, colaboró en *La Luciérnaga*, publicación literaria del Liceo del Azuay, con los poemas: «La cruz vencedora», «La música militar» y las narraciones históricas: «Chumbera», publicada después como folleto con el título: *Chumbera, leyenda original*; y reeditada posteriormente en *Álbum Ecuatoriano* (1898); y «Yumblas», reeditada posteriormente en 1898 en la misma revista. En 1881, dio comienzo a la publicación de *Soledad*, pero se interrumpió, publicada completamente en 1885 y posteriormente en folleto en 1887.

En 1895, publicó su obra *Raza de víboras*. En 1896 en *La Razón* salió su narración: «Las tres cruces». En 1898, colaboró en *Álbum Ecuatoriano* con la narración: «Sebastián Pinillos». Entre mayo y junio de ese año, publicó en 4 entregas la primera edición de *El casus belli del clero azuayo,* en *Revista de Quito*, luego lo imprimió como folleto. En 1900, sacó la segunda edición en Quito. En 1901, salió *La cuestión religiosa y el poder público en el Ecuador.* En 1904, divulgó *¿Ineptitud o traición?* con el seudónimo «Un ecuatoriano». En folleto difundió: *La venta del territorio y los peculados* (1906). Posteriormente, salieron: *El régimen liberal y el régimen conservador juzgados por sus obras* (1911); *Eloy Alfaro y sus victimarios* (1918); *Compte rendu* (1920, Guayaquil). En *El Día* de Quito, con el seudónimo Veritas, publicó los artículos reunidos bajo el titulo: «¿Por qué ha fracasado el canciller Ponce?» (1924), luego los editó como folleto. Ese mismo año, publicó el folleto *Una plumada más sobre el protocolo Ponce-Castro-Oyanguren*. En 1927 en *Llamarada* en Quito, se difundió «La fuente del socialismo». Mientras que en 1930, aparecieron diversos artículos suyos en periódicos del país, los cuales reflejaron tendencias del Socialismo Utópico; entre ellos: «El liberalismo ecuatoriano». En

1931 en París, salió *El Monaquismo* (Cárdenas Reyes 1988, 87-96).
Entre las obras que se publicaron póstumamente están: *Ensayos filosóficos* (1961, Cuenca); *La moral teológica*, 2 vols. (1974, Cuenca); *La naturaleza ante la teología y la* ciencia (1974, Cuenca); Tipos *de mi tierra* (1974, Cuenca); *Años de lucha*, colección de artículos publicados en *El Constitucional, La Libertad* y *La Razón* (1974, Cuenca); *Pensamiento filosófico y político* (1981, Quito) (véase: Cárdenas Reyes 1988, 87-96).

3. Peralta comenzó a publicar su novela: *Soledad* el 28 junio de 1881 en Cuenca en *El Correo del Azuay* (Núm. 19), páginas 150-152, pero la publicación no concluyó. El texto de la novela se publicó en varias emisiones en 1885 con el título: *Soledad (Apuntes para una leyenda)*, en la revista literaria *El Progreso,* en los números: 19 (5 de marzo); 20 (18 de marzo); 21 (31 de marzo); 22 (10 de abril); 23 (26 de abril); 26 (2 de mayo); 25 (19 de mayo); 26 (14 de junio); 27 (26 de junio); 29 (22 de julio); 31 (15 de agosto); 38 (8 de noviembre); 39 (16 de noviembre); 40 (23 de noviembre). En 1887, la emitió en folleto[2] con el título: *Soledad o leyenda histórica* (véase: Cárdenas Reyes 1988, 26 y 304).

Las posiciones de biógrafos, historiadores y críticos sobre la novela de José Peralta son pocas y a la vez polarizadas, como se observa en las siguientes aseveraciones: Manuel J. Calle afirmó: «Nada quiero decir de SOLEDAD, de José Peralta (...) porque (...), al lado de recomendables aciertos, la inexperiencia juvenil de su autor ha puesto cosas que no entran en los terrenos del Arte» (en Rojas 2004, 155). Al extremo opuesto se hallan las palabras de Cordero Estrella: «En su adolescencia y juventud, Peralta compuso algunas novelas entre ellas *Soledad*, de la que los escritores contemporáneos hicieron los más elogiosos comentarios» (1989, 331). Otra opinión, la compara con textos de otros géneros de escritura que produjo Peralta; además asume que el inicio de la novela ecuatoriana fue en la década del ochenta del siglo XIX y que todas esas novelas se adscribieron al romanticismo:

---

2   Folleto: obra impresa, no periódica, generalmente sin encuadernar y de tamaño pequeño.

En los inicios romanticones y costumbristas de la novela en el Ecuador, asoma por allí, una novela de José Peralta, que, fiel a la moda de la época, tiene nombre femenino, *Soledad*, pero que evidentemente merece un modestísimo segundo plano en el contexto de las grandes obras filosóficas y políticas que escribió el pensador azuayo (Aguilar Aguilar 2007, 113).

Estas perspectivas desconocen tanto el proceso que siguió la prosa de ficción en el Ecuador, como la historia de la novela como género en el país. Para comprender la novela de José Peralta, se deben aclarar los términos: folletín, novela folletinesca y novela por entregas. La sección de folletín de periódicos y revistas, en el siglo XIX, se marcaba con una línea en la parte inferior de la página y entregaba narraciones o artículos que por lo general no tenían relación con el contenido de la publicación; pero en casos como en las revistas literarias, en esa sección, se difundían textos de ficción que contribuían a su difusión. Muchas veces, la distribución en folletín era más efectiva para la circulación de las publicaciones periódicas, porque permitía que los lectores pudieran adquirir los textos pagándolos en módicas sumas durante un periodo extendido de tiempo; hecho que, a la vez, contribuía a sostener la publicación periódica, por lo menos mientras duraba la emisión de la narración.

La novela folletinesca se caracterizaba por el tono melodramático, cargado de sentimentalismo y reacciones emotivas elementales que surgían ante la violencia, la venganza, la felicidad, el amor, etc., situaciones que llevaban a ofrecer una trama llena de truculencias y transida de suspenso, la cual presentaba un esquema de valores que tenía en cuenta las expectativas del público lector. Para atraer a los lectores los capítulos terminaban dejando en suspenso la acción. Además, los temas estaban: «destinados a satisfacer las inquietudes que parec[ía] manifestar ese público, pero en un nivel de generalización que concili[aba] los antagonismos sociales, buscando defender lo que, a primera vista, los autores cre[ían] que e[ra] el sentimiento mayoritario» (Epple 1980,

150-151). Este tipo de novela se halla durante el Romanticismo, el Realismo, El Naturalismo y llega al siglo XX.

Mientras que la novela por entregas se publicaba por cuadernos o pliegos. «La publicación por entregas supone, la distribución por fragmentos o unidades de extensión variable de una obra acabada o en vías de creación, con arreglo a una periodicidad mensual, bimensual o semanal» (Botrel 1974, 111). «Consideremos a la novela por entregas, no solamente como un objeto literario o paraliterario, sino también como una mercancía bien caracterizada; para ello tengamos en cuenta que esta novela obedece a una serie de factores que podemos llamar leyes del mercado: venta a plazos, nivel de demanda, etc.» (Ferraras 1972, 31).

Ahora *Soledad*,[3] fue ofrecida en 14 números en la sección «Folletín» de la revista literaria *El Progreso* (Cuenca). Una de las características evidentes de su universo ficcional es la manera en que cada final de emisión e incluso, casi todas las conclusiones de capítulo, cierran dejando la acción en suspenso, creando así incertidumbre, anticipación y curiosidad en el lector sobre lo representado. Si a esto se suma el hecho de la truculencia de algunas de las acciones, los misterios que encierra la historia y que controlan la situación de los personajes y la intriga que se crea con ellos, *Soledad* es una novela con rasgos provenientes de la novela folletinesca francesa, que tuvo su apogeo a mediados del siglo XIX.

El mundo narrativo, dividido en 18 capítulos, argumentalmente relata el noviazgo de Ricardo y de Soledad y las circunstancias que terminan con la muerte de la pareja de jóvenes a manos de Julio, el mejor amigo de Ricardo, quien cumplía órdenes de los francmasones peruanos. Ambientado en Lima en un contexto mercantil, ese mundo está controlado tanto por el «tiempo de la escritura» como por el «tiempo de la narración». El primero es la época en que la obra se escribió, obviamente el siglo XIX, pero más concretamente hacia 1881, cuando comenzó su publicación en Cuenca. Mientras que el segundo, el de la narración, carece de precisión, pero al designar el conflicto narrativo

---

[3] Todas las citas de la novela se harán por la edición de 1885.

como causado por los masones, designa el siglo XIX como época; ya que la presencia masónica en Ecuador y en Perú se da en las estribaciones de la época colonial y las primeras décadas del siglo XIX (véanse: de la Torre 1996, 127-129; Cruz Saco 2006 y Guzmán Villena 2009).

A esta situación discursiva, debe agregarse que el espacio narrativo está ubicado en el Perú, concretamente en el área urbana de la capital, Lima, que dentro de lo relatado encarna la síntesis de la representación de todo el país, mostrando extremos sociales. Junto a esto, las acciones ocurren en la calle de los Polvos Azules, en la pileta de la Merced, y en otras calles y plazas limeñas; del mismo modo que en el interior de las viviendas y en el recinto de la Logia Estrella Polar del Perú. Todos los personajes son de clase alta y orientados hacia los valores de uso; viven en una sociedad degradada y marcada por la fatalidad, en la cual fracasan como individuos.

La intriga comienza a desarrollarse exactamente al toque de las doce campanada que indican la medianoche, cuando un hombre encubierto camina largo trecho por la calle de los Polvos Azules,[4] hasta llegar a «una casita blanca»; allí empieza a tocar una serenata, pero bruscamente es interrumpido por la joven homenajeada que le avisa que el padre está en vela. Dentro de la vivienda se hallan: el comerciante Sir William Witt, su hija Soledad y Jorge, esclavo negro que ha estado con el hombre de negocios por más de cuarenta años. Sir William angustiadamente hace planes y deja recomendaciones al esclavo para que su hija esté tranquila mientras él viaja a Valparaíso para huir de la persecución masónica que lo ha hecho perder mucho dinero y lo tiene al borde de la ruina.

En esta presentación se ofrecen diversas estrategias narrativas para captar la atención del lector; ya que se crea un estado de incertidumbre y anticipación sobre por qué el joven no puede dar su serenata; por qué los Witt se hallan en esa situación; qué es lo que ha pasado y por qué no pueden evitar que esto les suceda.

---

4   Lugar existente en Lima ya desde la época colonial cerca a la plaza de armas y con vista al río Rímac y a la que Ricardo Palma en la tradición: «Un caballero de hábito» al hablar de las calles anota: «De Polvos Azules llamóse la calle en donde se vendía el añil» (Palma 1893, 319).

Todo eso crea curiosidad en el lector para continuar con la lectura; es decir, existe un elemento crucial completamente evidente en la narración que es el suspenso.

De William Witt y de su hija Soledad se sabe un poco del pasado, mediante un diálogo que sostienen entre ellos:

> —¡Soledad! ¡Soledad! ¡No comprendes el efecto de tu mágico canto en el muerto corazón mío! ¡Cuántos recuerdos despiertan en mi alma las notas de tu piano!... Los días de la infancia, los sueños de la juventud, la imagen de la patria, mi amor, mi pasada dicha, tu madre sacrificada por mí; todo, todo se me presenta, como en un *optorama*, y gozo con el recuerdo, y al mismo tiempo lloro por lo que ya pasó... (...) Hija mía, yo he visto desaparecer toda esperanza; heme quedado solo en el mundo; y —como el agua arrebatada por las olas del océano— ¡Tú sabes cuánto he vagado!.. ¡Tú sola has visto mis lágrimas y has contado mis gemidos!... Tú eres mi solo bien, sin ti, sin tus caricias me moriría.
> —¡Sí, sí, mucho hemos padecido! —contestó la bella Soledad— pero por fin, la fortuna nos sonríe: ¡ya nadie nos persigue, vamos a ser felices!
> —¡Desconfía, hija mía, de esa felicidad que nos sonríe; en el destierro no hay más que abrojos que hieren las plantas del viajero!
> —¡Ah!, papá, ¡también yo suspiro por nuestra amada Londres!... Ni este cielo tan hermoso me puede hacer olvidar las brumas y la nieve, que cubren y embellecen mi tierra natal. ¡Cuántas veces he soñado que me sentaba en la playa de nuestro mar y hollaba el amarillento musgo de los patios de nuestra abandonada casa!... (Peralta, 31 de marzo de 1885, [s.p]).

En estos parlamentos de los personajes se destaca una sensación de carencia, de situaciones fragmentaria que producen la imposibilidad de entender lo que existe detrás de lo que se presenta, porque no hay claves completas para la comprensión; sólo que hay un drama latente y continuo que los obliga a continuar una incesante huida para la autopreservación. De esta manera se produce una reacción emocional de incertidumbre por la anticipación de situaciones o de resultados negativos para los personajes, causados por fuerzas oscuras y poderosas. Narrativamente se encuentra un conflicto, la situación de los personajes y sus características crean el interés; además, el peligro inminente que los acecha, por desconocido, incrementa la expectativa.

Esta situación narrativa correspondería en esencia a lo que Roland Barthes ha denominado código hermenéutico: «conjunto de unidades que tienen la función de articular, de diversas maneras, una pregunta, su respuesta y los variados accidentes que pueden preparar la pregunta o retrasar la respuesta, o también formular un enigma y llevar a su desciframiento» (Barthes 2004, 12). Situación que sirve para que la búsqueda narrativa lleve a un develamiento de una verdad que se desconoce, pero que al irse comprendiendo lleva a aclarar y a descifrar el enigma y el silencio que se ha tejido alrededor y que no permite la rápida comprensión de lo relatado. El manejo de la intriga produce el interés que despierta este código, porque aplaza o pospone el desenlace por la manera en que trata la información, proporcionando datos que gradualmente van a llevar a la comprensión del misterio.

Se sabe que el padre debe continuar huyendo, por lo que la persecución ha sido prolongada. Es decir, ellos han sido y siguen siendo víctimas de un incesante acoso que los desterró de Inglaterra y los tiene proscritos en el Perú; pero el peligro es tan inminente, que el progenitor de Soledad se ve ahora obligado a abandonar rápidamente ese país para refugiarse en Chile. Al parecer en ningún lado encuentra tranquilidad, porque la fuerza masónica que lo persigue es más fuerte que el gobierno de cualquier país al que pueda acogerse para buscar protección o refugio.

En este mundo ficcional, los espacios interiores juegan un papel decisivo pero polarizado para señalar codificar y calificar los partidos que ocupan los personajes: en el recinto de la Logia Estrella Polar del Perú, aunque hubiera luz, «En este lúgubre recinto, todo era funesto y misterioso» (Peralta, 18 de marzo de

1885, [s.p]); mientras que el interior de las casas de Witt, en especial en el del cuarto de Soledad, la sensación que se transmite es diferente: «un aposento digno de un hada; tal era el gusto de los adornos y la riqueza de los muebles» (Peralta, 26 de abril de 1885, [s.p]); lo mismo sucede con la «hermosa casa de arquitectónica portada (...), los embaldosados patios (...), las suntuosas galerías» de los Bolzani (Peralta, 6 de junio de 1885, [s.p]), recintos que son placenteros y acogedores. De esta manera lo bueno y lo malo se van cargando de valores: oscuridad, maldad, fatalidad, misterio vs. claridad, gusto, hermosura, armonía, lujo.

Durante el día, tres jóvenes: Ricardo Bolzani, su hermano Pablo y Julio, el mejor amigo del primero, caminan por la calle, Ricardo recibe una carta en donde le dan una orden que debe cumplir y que revela que por haber aceptado pertenecer a la logia masónica tendrá que eliminar a Soledad, con quien planea contraer matrimonio en un mes, como castigo al padre de la joven por ser tránsfuga de una Logia.

Para Barthes, la situación hermenéutica o la proposición de verdad está compuesta por "hermeneutemas" o núcleos presentes en distintos momentos del discurso (Barthes 2004, 70); eso es lo que sucede en *Soledad*. Se sabe que los Witt huyen porque constantemente están en peligro, pero poco a poco se va conociendo en el relato el origen de esa inacabable fuga: tanto el padre como Soledad han desertado de la masonería, como se confirma en la segunda comunicación que Ricardo recibe de un embozado que lo ha seguido, al tratar de engañar a los perseguidores para evitar obedecer la orden que recibió:

> H∴ Bolzani:
> Te encargamos que borraras del Gran Libro, el nombre de Soledad Witt, tránsfuga de la Logia «Perfecto Amor»; por haberte designado la suerte para obra tan meritoria. No ignoras el castigo que te espera, si no cumples con tu deber. Hasta aquí hemos seguido tus pasos ¿Lo entiendes? Si mañana no está servido el Grande Oriente, tu asiento en el Taller lo ocupará un cadáver.

El Caballero Kadosch.
(Peralta, 16 de noviembre de 1885, [s.p]).

De esta manera, el proceso del sentido del texto se va completando y se tiene un escenario más coherente que ofrece la idea de que cuando padre e hija comienzan a sentirse más estables, casi a salvo, las circunstancias se vuelven nuevamente peligrosas, porque los perseguidores se hallan en todas partes. El peligro es completamente real, ya que como lo prueban las palabras de Soledad, la madre fue la primera de las víctimas de las decisiones del pasado: «—¡Como mi madre!... ¡Como mi madre! ¡Huyendo de las Logias moriré en desiertas playas, sin que una lágrima amiga caiga sobre el polvo de la solitaria huesa!» (Peralta, 8 de noviembre de 1885, [s.p]).

En esta situación, las vidas de Ricardo y Soledad se entrecruzan. Ellos se aman y Soledad confía en él: «El amor de Ricardo era para ella el arco de nubes brillantes, la columna de fuego, que debía guiarla a través de la vida» (Peralta, 26 de abril de 1885, [s.p]). Pero, sin saber nada del pasado de la familia Witt ni del peligro que se cernía sobre ellos, Ricardo atraído por el misterio y las promesas de la masonería, se asocia a una Logia. Como prueba de lealtad a la Hermandad le piden, coincidencia o no, que acabe con la vida de Soledad. El joven, al recibir la orden, se encierra en su escritorio a pensar en cómo salvar a su amada y, a la vez, evadir el mandato recibido; mientras intenta solucionar el dilema, recibe de ella un mensaje para que vaya a verla; al hacerlo, le entrega la misiva donde le han ordenado aniquilarla:

> Y extendió Bolzani la orden fatal de la Logia, a la espantada joven.
> Temblorosa leyó su sentencia la hermosa Soledad y un frío de muerte heló su sangre; sus ojos se oscurecieron, y, casi desvanecida, dejóse caer en un sillón.
> —¡Soledad, Soledad, adorada mía! –exclamó Ricardo, con el acento de la desesperación– ¡anímate!... ¡Te salvaré a costa de mi vida!... ¡Dios mío! ¡Qué diluvio de penas has descargado sobre mí!... ¡Perdón!, ¡Perdón!... ¡yo solo te ofendí,

> Señor!, ¡Soledad es inocente!...
> Así decía el afligido Bolzani, y bañaba con lágrimas de fuego las manos trémulas de Soledad.
> —¡Infeliz de mí! –exclamó la virgen ahogándose en llanto– ¡voy a morir cuando más dichosa me creía!
> ¡No morirás!, ¡no morirás! –le interrumpió Ricardo– ¡Mañana debes estar lejos, muy lejos de Lima!
> Jamás consentiré en tu sacrificio, Los masones te matarán sin remedio. Los masones no perdonan nunca. ¡Ni las selvas ni las ciudades, ni los mares ni los desiertos, han podido guardarnos de su furia!... No, no, yo soy la que debe morir...
> —¿Y de qué me serviría la vida sin ti?... ¿Por qué quieres condenarme al mayor de los tormentos?...
> —¡Sálvate, Ricardo, sálvate!...
> —¡Nos salvaremos todos, Soledad!... Y, sin embargo, no puedo acompañarte en la fuga; ¡porque la Logia sigue mis pasos, como una sombra invisible! Mi presencia en Lima engañará a los asesinos; ¡y después te seguiré hasta el confín del universo! (8 de noviembre de 1885, [s.p]).

El protagonista del mundo ficcional o «[e]l héroe, muy a menudo se trata de un hombre solo que recorre un itinerario lleno de obstáculos. El héroe siempre oculta algún secreto» (Merlo Morat 2000, 611). Esta función la cumple Ricardo, pues es el único que rechaza, que quiere proteger y que prefiere perecer para intentar salvar a Soledad; así, trata de enfrentar a los que lo vigilan, pero no puede olvidar que por haber aceptado entrar en la masonería, se halla en esas circunstancias y al parecer debe expiar lo hecho con su propia vida.

El tiempo rápido en que se suceden las acciones y las reacciones de los personajes, lo señaló Barthes como código proairético: que es la «facultad de deliberar sobre el resultado de una conducta, (...), [es el] código de las acciones y de los comportamientos» (Barthes 2004, 13). Otros como Lotman mencionan esta misma situación como la narratividad del texto, o la forma como los comportamientos de los personajes se organizan en secuencias diversas, que jalonan la narración (Lotman 1982, 113-116).

Mediante éste aspecto se observa la decisión razonada y consciente en la que se unen el deseo y el pensamiento para realizar los hechos. En el pasado, la familia Witt tomó decisiones y llevó a efecto acciones, cuyas consecuencias los pusieron en la situación en que se encuentran en ese preciso momento. Lo mismo ha sucedido con Ricardo Bolzani, quien ahora debe tanto tratar de salvar la vida de la joven con quien pensaba contraer matrimonio, como la suya propia, ya que sobre él pesa la sentencia de muerte al negarse a obedecer.

De este modo, el tiempo influye en lo relatado en cuanto a la sucesión de acciones producto de situaciones donde la voluntad ha actuado, pero que han causado consecuencias imprevistas y, en este caso, funestas. El eje temporal también ejerce influencia en el significado que poco a poco va tomando el relato, cuando se sabe que los Witt llevan tiempo en esta fuga inacabable, en la que ya ha sucumbido la madre de Soledad; persecución de la que no pueden escapar, cuyo destino final decretado por la masonería es: la extinción económica, primero y la de la existencia, en último término. El apremio que los acucia es una carrera contra el tiempo por la prolongación de lo que les queda de vida.

En este momento cabe preguntarse por qué Soledad se halla en esa situación, lo mismo que por qué un personaje inglés, hija de Sir William Witt, lleva ese nombre nada común en lengua inglesa. Barthes dice:

> [E]l sema va unido a una ideología de la persona (inventariar los semas de un texto clásico no es por lo tanto, sino observar esa ideología): la persona no es más que una colección de semas (...). Lo que da la ilusión de que la suma está complementada por un valioso resto (algo así como la *individualidad* que, cualitativa e inefable, escapara a la vulgar contabilidad de los caracteres que la componen) es el Nombre Propio, es decir, la diferencia llena de su *propio*. El nombre propio permite a la persona existir fuera de los semas, aunque la suma de ellos constituya par entero. Desde el momento en que existe un Nombre (aunque sea un pronombre) hacia el

que afluir y en el que fijarse, los semas se convierten en predicados, inductores de verdad, y el Nombre se convierte en sujeto. Se puede decir que lo propio del relato no es la acción, sino el personaje como nombre propio: el material sémico (correspondiente a un cierto momento de nuestra historia del relato) viene a *llenar* lo propio del ser, el nombre de adjetivos (Barthes 2004, 160-161).

En las circunstancias narrativas que se presentan caben las preguntas anteriores. Soledad, como su nombre y sus circunstancias en el relato lo indican, está marcada por la desintegración de su familia: es huérfana (la madre murió, el padre se halla en peligro inminente), y como al parecer va a suceder, no podrá cumplir sus ideales de poseer una familia propia al casarse con Ricardo. Del mismo modo, en su vida persiste una constante melancolía por las ausencias y las carencias que las circunstancias le han creado. Ella, por el destino que le ha tocado, por la fatalidad, es un ser emocionalmente vacío; puesto que en ningún momento puede ver o hacer concreto ninguno de sus anhelos. Ahora más que antes, su nombre es emblema evidente que anticipa lo que se avecina: el vacío, la negación, la nada.

Por momentos, Soledad ha estado sola al tener que dejar lugares y situaciones conocidos y tener que escapar; ésta ha sido una circunstancia dolorosa, pero ha sido transitoria, porque ha sabido hacer amistades serias y decididas como Carolina, su amiga y confidente, e incluso ha encontrado a un hombre que la quiere y con el que va a contraer matrimonio. Pero ahora, con el alejamiento del padre, con la noticia de su ominosa e inaplazable extinción, que acaba de recibir de manos de Ricardo, la invade una sensación interna poderosa, siente que va a perder todo lo que más le importa: el amor y la vida, por lo cual derrotada, pide: «hiere mi pecho, cumple tu mandato de sangre, y acabe así mi tormento» (Peralta, 8 de noviembre de 1885, [s.p]). Así, el sema más fuerte que se desprende de las circunstancias producidas y de lo que representa su nombre es la negación de lo positivo debido a la impotencia; éste se convierte, como lo ha señalado Barthes, en un inductor de verdad.

Ahora, la causa de toda la persecución es la masonería. Ésta aparece representada ya desde el capítulo III, cuando en horas de la noche dos embozados comentan con extrañeza la ausencia de Ricardo a una *Tenida*[5] a la que se había comprometido a asistir. En el capítulo IV, la narración lleva al recinto de la Logia Estrella Polar del Perú, donde un grupo de masones caminan de dos en dos por un pasillo, llevando delantales blancos;[6] van a un banquete,[7] en el lugar efectúan diversos brindis.[8]

Lentamente se describen los hechos, los lugares, las situaciones, las acciones, que por desconocidas se hacen incomprensibles, ya que no se entiende su significado o su función. Esta incapacidad de comprensión producida por el secreto de la ceremonia crea la idea de misterio y acrecienta la tensión y la sensación de peligro causada por el empleo de expresiones como: «cebad los cañones», «apunten», «fuego», «mano a la espada y ataquen» que emiten[9] diversos personajes dentro del recinto. Todo esto acompaña el rito de una comida a la que asisten miembros de la logia. La voz narrativa cierra la escena con estas palabras:

Los hermanos maestros, que son los verdaderos masones, lle-

---

5 «Reunión o asamblea de masones que se realiza dentro del marco del ritual masónico correspondiente al grado en que se ha de realizar la tenida, y de los usos y costumbres del trabajo masónico. (...) Ninguna tenida puede celebrarse sin la participación de un mínimo de siete hermanos de los cuales, al menos, tres han de ser maestros y dos compañeros. (...) La presencia de los hermanos asistentes (incluidos los visitantes) se verifica por su registro en el Libro de Presencia» (Daza 1997, 370).

6 En los masones también se denomina a esta prenda "mandil". «Es uno de los símbolos más destacados de la Masonería, cuyo simbolismo general es el del trabajo. (...) En los grados de aprendiz y compañero es blanco y de piel de cordero» (Daza 1997, 250).

7 «El Banquete (llamado "Tenida de mesa") es la ceremonia ritual en la que los masones, con sentido simbólico, preparan y comen determinados alimentos. Con ellos se celebran sucesos y fechas conmemorativas de la Orden; es un símbolo de comunión y alianza entre los hermanos» (Daza 1997, 51).

8 «Existe ritual en los brindis, se utilizan las expresiones de cargar y hacer fuego. Se diferencia la masticación del brindis, y éstos deben hacerse "a cubierto", es decir, sin presencia de profanos. Actualmente han quedado muy reducidas las formas ceremoniales de los banquetes que llegaron a ser muy complejas y ordenadas» (Perales 1985, 58).

9 Este tipo de brindis y el vocabulario empleado se explica en Cassard (1861, 82-84).

varon la mano a la frente, abriéndola en forma de escuadra, y salieron del salón, dejando en la orgía a los aprendices y compañeros, masones de grado inferior, que ignoran completamente los horrendos misterios de las logias. (...)
A una señal del G.·., M.·., todos desenvainaron sus puñales e hirieron los bustos del Rey y del Pontífice, ratificando el terrible juramento de «guerra a toda autoridad». Después apagáronse las ceras y se encendió una calavera linterna, que despedía una luz funeraria por los agujeros de los ojos y de las narices. Entonces cada Hermano dio cuenta de su misión, y recibió nuevas órdenes, para ejercer influencia directa en la política, en la religión y hasta en el hogar doméstico (Peralta, 18 de marzo, [s.p]).

Con las descripciones de ritos masónicos, la narración crea total suspenso, producido por el misterio y el secreto que involucraba ese tipo de ceremonias, y que el narrador muestra como peligrosas a la sociedad. Rechazo que era incentivo para continuar leyendo, porque la curiosidad no se podía satisfacer sino mediante la develación de los secretos; sólo así se resolvía la tensión narrativa que se había creado con lo relatado.

A esto se agrega, en el capítulo V, la presentación de la sala que era el Templo reservado donde: «*El altar de los juramentos* ocupaba el centro; allí estaba entre ceras encendidas, una biblia abierta, *la copa de la purificación y la espada de las imprecaciones*» (Peralta, 18 de marzo de 1885, [s.p]). Completaba la escena un esqueleto dentro de un ataúd, que se hallaba cubierto con paños mortuorios. Estas representaciones tétricas tenían por objetivo crear sensación y espanto y mover al lector en la dirección que se deseaba mediante lo relatado. Pero para poder controlar la recepción y aún crear más expectativa, la voz narrativa expresa lo siguiente: «La Masonería va mostrándose por grados, corramos el telón, y ocultemos negras escenas, para que no se horroricen nuestros lectores» (Peralta, 18 de marzo de 1885, [s.p]).

No se debe olvidar que la novela folletinesca tiene como función, página tras página, exaltar la imaginación del lector, mantener el suspenso y continuar con la historia mediante las desventuras que deben sufrir los personajes, y los lances que deben sortear hasta llegar a un final que no necesariamente es satisfactorio. Para convencer, se emplean tintes extremos y palabras cargadas de significado que complementan el sentido que se quiere emitir; de esta manera se manipulaba al inocente lector decimonónico:

> En este lúgubre recinto, todo era funesto y misterioso: un profundo silencio guardaban los masones iniciados, que llevaban un delantal negro con una calavera amarilla, bordada sobre el pecho, y la rodilla derecha y el brazo izquierdo descubiertos.
> Todas las seductoras apariencias habían desaparecido: la fraternidad y la igualdad se habían convertido aquí en el más horrible despotismo, la filantropía en odio, el progreso en muerte, la algaraza del convite en silencio sepulcral y la luz en tinieblas (Peralta, 18 de marzo de 1885, [s.p]).

Durante el siglo XIX, hubo un abierto rechazo a las sociedades secretas porque para muchos simbolizaban una alianza satánica; de ahí que por lo general los ataques fueran cargados de tintas oscuras mediante el empleo de sustantivos y adjetivos que significaban lo aciago, lo ominoso, lo pavoroso, lo terrible, el sigilo, la condenación. De esta manera se trataba de convencer al aportar pruebas psicológicas que pudieran emocionar a curiosos lectores inocentes y descuidados. La argumentación que presentan estos textos tiene fines persuasivos; pero muchas veces las pruebas no son lógicas ni verdaderas, sino únicamente en apariencia; ya que el objetivo final es la manipulación de la recepción. Con el escrito se pretende lograr que el receptor adopte una posición específica recurriendo a aserciones dirigidas a demostrar la validez de lo emitido.

De esta forma, el fragmento destacado de la novela procura ofrecer hechos conocidos y difundidos por la propaganda con que se impugnaba la masonería; la cual se había recrudecido desde finales del siglo XVIII. En Francia, el rey Luis XV en 1737 declaró sospechoso el misterio con que se reunían los masones, así prohibió a la gente tener relación con ellos. Luego en el Vaticano: el Papa Clemente XII emitió la encíclica[10] «In eminente» del 28 de abril de 1738; en mayo de 1751 el Papa Benedicto XIV promulgó la encíclica «Providas» en la que confirmó la posición de Clemente XII; el Papa Pío VII emitió la encíclica «Ecclesiam» el 13 de Septiembre de 1821; El Papa León XII proclamó la Constitución apostólica «Quo Graviora» el 13 de marzo de 1826; el Papa Pío VIII emitió la encíclica «Traditi» el 24 de mayo de 1829; el Papa Gregorio XVI, difundió la encíclica «Mirari Vos» el 15 de agosto de 1832; el Papa Pío IX publicó la encíclica «Qui Pluribus» el 9 de noviembre de 1846; el Papa Pío IX emitió la encíclica «Quanta Cura» el 8 de diciembre de 1864 y el Papa Pío IX difundió el documento «Apostolicae Sedis» el 12 de octubre de 1869 y la encíclica «Etsi Multa» el 21 de noviembre de 1873, entre otros documentos oficiales de la Iglesia contra la masonería donde se castigaba la asociación con la excomunión (véanse: Ferrer Benimeli 1998, 269-282 y 1981, 57-138). Además, el 20 de abril de 1884, León XIII con la encíclica *Humanum Genus* agravó la situación, porque renovó la acusación de satanismo y agregó aspectos como:

> Los afiliados deben, además, dar palabra y garantías de ciega y absoluta obediencia a sus jefes y maestros; deben estar preparados a la menor señal e indicación de éstos para ejecutar sus órdenes; de no hacerlo así, deben aceptar los más duros castigos, incluso la misma muerte. De hecho, cuando la masonería juzga que algunos de sus seguidores han traicionado el secreto o han desobedecido las órdenes recibidas, no es raro

---

10 «Aunque los católicos están moralmente obligados a asentir al contenido doctrinal y moral de las encíclicas papales, tres aspectos son importantes para la recepción. Primero, las encíclicas papales poseen menos autoridad que los pronunciamientos dogmáticos hechos por el infalible magisterio extraordinario, sea que el Papa actúe en nombre de toda la Iglesia o que provenga de un Concilio ecuménico. Segundo, porque las encíclicas no contienen normalmente enseñanzas definitivas o infalibles, el asentimiento de los católicos permanece condicionado y se permiten algunas formas de disentimiento. Finalmente, la publicación de una encíclica no implica que los aspectos teológicos examinados en la encíclica se hayan concluido. Una encíclica necesariamente expresa un punto de vista teológico particular, pero no es generalmente una valoración definitiva. (...) Aunque una encíclica puede ser escrita por un Papa, normalmente es el producto de un esfuerzo colaborativo de un grupo» (McBriden 1995, 465). [Todas las traducciones pertenecen a la autora de este ensayo].

que éstos reciban la muerte con tanta audacia y destreza, que
el asesino burla muy a menudo las pesquisas de la policía y
el castigo de la justicia (León XIII, 1884).

Esas palabras papales parecieran ser la esencia de la trama que guía los hechos que se explicitan como referentes en la narración de Peralta tanto con la familia de los Witt, como con las órdenes que reciben Ricardo y Julio y que conducen al desenlace con que cierra el mundo narrativo; donde ninguno de los implicados tiene salvación, ya que el poder de la sociedad secreta a la que se vincularon es más fuerte que cualquier razón lógica y humana.

La representación de los ritos masónicos que se efectúa en el mundo ficcional de *Soledad* entra en los dominios de lo que se denomina razón contingente, donde no se hallan verdades ni mentiras absolutas sino relativas; en pocas palabras: se está en el campo de la verosimilitud. Lo que se dice de los ritos que sirven de referente se basa en realidades y en lecturas de obras masónicas que circulaban, pero no necesariamente corresponden a la representación que de ellas se hace en el mundo ficcional; ya que en el último fragmento destacado antes, cuando se usan los vocablos «despotismo», «odio», «muerte», «silencio sepulcral», «tinieblas» se hace uso abundante del lenguaje emotivo, que es un empleo retórico que conlleva una estrategia adecuada, por medio de la que se trata de administrar razones probantes para convencer al lector; pero la naturaleza de las afirmaciones y de los razonamientos utilizados se basa en la verosimilitud como criterio de verdad.

Para poder convencer al receptor de un mensaje que se emite, el persuasor debe poseer una competencia superior en lo que respecta al tema objeto de la persuasión. De ahí que al difundir aspectos concretos de los rituales, tergiversados o no, al citar fuentes comprobables como Felix Antoine Philibert Dupanloup, arzobispo de Orleans[11] y Louis Gaston de Segur,[12] y al dedicar los capítulos III, IV, V, IX, X completamente a la presentación de rituales masónicos y a la descripción de lugares y objetos especiales

---

11 Su libro había sido traducido e impreso en Bogotá (véase: Dupanloup 1875).
12 Este libro publicado en Francia en 1867, había sido rápidamente traducido y lo habían editado en Chile y Bolivia: (véanse: de Ségur, 1868 y 1878).

de las Logias se trata de mostrar retóricamente la fuerza de la representación, porque, para el desconocedor, se aportaban razones probantes con el fin de convencer tanto de que se sabía de qué se hablaba; de este modo, se controlaba y manipulaba a la audiencia. Con esos capítulos, el emisor parecía ofrecer pruebas éticas. Esas representaciones al ser aceptadas como verdaderas le otorgaban credibilidad e integridad. No debe olvidarse, que lo que se proporcionaba eran argumentos verosímiles, no necesariamente verdaderos, lo cual, a la vez, también formaban parte de las pruebas lógicas. De esta manera se condicionaba emocionalmente a los receptores; lo cual era una prueba emocional.

La novela folletinesca emplea estrategias narrativas que tienden a persuadir al lector, cuando se vale de argumentos que producen reacciones de indignación, compasión, miedo, odio, calma, confianza, agradecimiento, etc. De ahí, la vívida representación de la masonería y de rituales masónicos en 5 capítulos completos de los 18 que componen *Soledad*. En este mundo narrativo se parte de la conclusión que se quiere imponer: la masonería es negativa, maléfica e inclemente. Luego se proporcionan las razones probantes: la familia Witt tiene que huir constantemente, la madre ha perecido a causa de la persecución; ahora el padre debe proteger su vida escabulléndose sigilosamente a Chile; la hija ha sido condenada a muerte; Ricardo está obligado a asesinarla, para salvarse él; toda esta destrucción y aniquilamiento se debe a que han desertado como miembros de una Logia masónica en Inglaterra. Cada uno de los hechos narrativos impone una perspectiva en la lectura y explicita una intención: persuadir al receptor contra la masonería, al mostrar los usos paganos y satánicos de los herejes que formaban esas sociedades que eran un peligro social y moral.

De esta manera, en la historia se destaca el aspecto ético; no importa que la narración y la intención del mensaje se muevan en el terreno de la ambigüedad o de la decepción porque el objetivo persuasivo que se persigue en la novela folletinesca con los misterios, los enigmas y la veloz sucesión de acciones, acelera el desarrollo de la historia, pero evitando llegar a un final rápido; por eso la fragmentación de la presentación de actos, situaciones y resultados.

Con esto en mente, la dilación, la reticencia, la parquedad, lo inconcluso que caracteriza lo folletinesco de *Soledad* causa un efecto que involucra directamente al lector; de esta forma, lo relatado comienza a cargarse de significado, porque posee una intencionalidad consciente, que pretende provocar efectos al ser descifrada en la lectura; ya que tiene en cuenta los dispositivos intencionales y convencionales que domina el receptor para entender lo que se transmite, como son las concepciones de lo bueno y lo malo, lo justo y lo injusto, la vida y la muerte, la salvación y la condenación, etc.

Sin embargo, aunque muchas de las intenciones se explicitan en el relato, también existen otras que se desconocen. Si todos están en peligro porque se han fugado de una Logia, ¿cómo puede el padre preparar viaje de huida para él, y dejar a la hija en Lima?, ¿por qué piensa que su viaje será por poco tiempo?, ¿cómo sabe que ella estará a salvo, que él regresará? Existen hechos no explicados, desconocidos y nunca revelados, pero constantemente manifestados o insinuados:

—¿Y la niña sabe ya la marcha de U?
—No he querido comunicarla aún: tiene tanto miedo después de lo que ha padecido, que no quiere separarse de mí.
—Va a llorar mucho desde que sepa que U. la deja.
—No, ella se consolará, porque mi ausencia será corta (Peralta, 5 de marzo de 1885, [s.p]).

Con los acontecimientos explicitados y los silenciados, los evidentes y los insinuados se crea el conflicto, se produce la anticipación, se hace concreta la sorpresa; a una situación sin explicación, se sucede otra que complica con mayor densidad la trama. La tensión narrativa es total, cuando en la historia se sabe que

Julio, el amigo más cercano y confidente de Ricardo, se convierte en maestro masón; pero recibe el mandato de seguir a Bolzani y de asesinarlo si no obedece en el tiempo indicado. Esta complejidad narrativa se vuelve más densa cuando se mezclan las emociones de angustia y ansiedad, los sentimientos de desesperación y tortura por los acontecimientos incontrolables, por la impotencia para cambiar la situación y por el resultado último de lo que debía suceder. Así, tanto Ricardo como Julio se debaten en sentimientos de malestar agitado, causados por el temor de lo que va a ocurrir, por la duda de cómo actuar, por la espera de que algo inesperado acontezca para que impida el desenlace. Se observa en ellos una aceleración de los procesos psíquicos; ya no son los alegres jóvenes que expresaban alegría y desinhibición, esperanza y jovialidad; ahora en ellos hay nerviosismo y agitación, intranquilidad, inquietud e impaciencia; existe una atención mental esforzada que les produce disgusto y pesadumbre. Las escenas donde ambos se muestran perturbados física y moralmente son intensas, a tal punto que los otros personajes allegados se preocupan (para Ricardo, la madre; para Julio, la hermana) e intentan proponer soluciones, desconociendo la causa del problema que observan.

En la novela folletinesca muchas veces la resolución positiva de lo relatado no sucede: «—Maldito, maldito el poder satánico que me domina –repitió la voz– ¡Y no hay remedio!... ¡Cúmplanse pues los negros decretos de mi fortuna!... Resbaladiza es la pendiente... ¿Cómo pudiera yo detener mi planta?» (Peralta, 14 de junio de 1885, [s.p]). Palabras de Julio, quien por su adhesión a la masonería y a pesar de la cercana amistad con Ricardo, cumple la sentencia de asesinar a su amigo, porque sobre él pesaba el mismo dictamen. En su lucha contra el bien y el mal, prevaleció el último, impulsado por un egoísmo utilitario; era la vida propia o la del amigo.

> La súbita detonación de un arma de fuego, interrumpió el canto sagrado y los gemidos; silbó el proyectil, y cayeron los dos amantes, atravesados por el plomo.

—¡Soledad! –murmuró Ricardo y expiró.
Soledad bañada en su propia sangre y en la de su amante, respiraba aún; prestóle el capellán, los auxilios supremos, mientras los demás corrieron tras el asesino, que desapareció, como por encanto.
—¡Tarde! ¡Demasiado tarde! –gritó una mujer que entró precipitadamente en la sala.
Era Carolina, la bella hermana de Julio, que había seguido los pasos de éste, para detenerle en el camino del crimen (Peralta, 23 de noviembre de 1885, [s.p]).

Aunque el lector sabe lo que va a pasar, todavía tiene la esperanza de que no suceda; es una necesidad del ser humano conocer vidas, descifrar los misterios que encierran; no obstante, cuando el amigo traiciona y aniquila al amigo, el lector se halla mediante la representación ante la expresión de una idea. Los contenidos emitidos modelan a los lectores en el momento de la interpretación. Esta comunicación realizaba un propósito, tenía una finalidad: cumplía la necesidad de plasmar la sinrazón, el sufrimiento y la amargura de los perseguidos; la miseria y la melancolía de las víctimas y la brutalidad de las asociaciones secretas; así mediante estrategias de insinuación, reticencia, silencios, representación, la narración afirma determinados valores morales que explicitan que es mejor ser bueno que malo, y en este caso, que la masonería es una asociación satánica que tiene el poder de controlar existencias y decidir su destino final.

De este modo, se exponen algunas de las cuestiones que son de preocupación colectiva. La sociedad ecuatoriana comenzaba a sufrir transformaciones por el impacto de la revolución industrial, por el deseo de mantener una tradición, donde se ansiaba que el cambio que se produjera, fuera en forma imperceptible y no causara trauma a la colectividad. Pero por la cerrada concepción religiosa que imperaba en el Ecuador, los mensajes religiosos que se emitían y se difundían eran eficaces, la patria y la familia estaban en peligro a causa de esas asociaciones. Por eso, al efectuar este tipo de representación ficcional se manipulaba la sensibilidad del lector pasivo y se manifestaba, al mismo tiempo, la opinión sobre un aspecto social.

Es fácil imaginar el impacto que un texto como *Soledad* causaría en el cerrado ambiente imperante y falto de comunicación de las poblaciones ecuatorianas durante el siglo XIX, situación que explicitó Hurtado, al afirmar:

> Mayores eran las deficiencias en otras ciudades, de lo que Hassaurek deja constancia al decir que sus habitantes «vivían sus vidas en una cándida ignorancia, del mundo exterior, de los grandes eventos y de los grandes personajes», ya que ni siquiera los blancos que sabían leer y escribir conocían libros y periódicos (Hurtado 2007, 115-116).

Desde esta posición, el contenido debió haber sido intolerable y haber provocado indignación. No debe olvidarse que el objetivo de la mayoría de los folletinistas era que hubiera leyes más humanas, que se corrigieran los abusos, que se solucionaran las injusticias. De esta manera, el autor llevaba al lector de la mano por los efectos y la intención de los mismos, que quería alcanzar con su texto. Los propósitos primarios de la intencionalidad de la novela de folletín eran: el entretenimiento y la distracción; pero también se intentaba persuadir al ejercer influencia sobre el lector en un determinado ángulo social o tema; para ello se empleaban estrategias como las ya mencionadas para producir reacciones inmediatas y alcanzar efectos a corto plazo, como la evocación de sensaciones afectivas y la experimentación de emociones básicas, como la angustia, la tristeza, el miedo, el horror, etc. Pero la lectura también permitía efectos a largo plazo como reacción al acto de interpretación: se adquirían ideas, se creaban opiniones, se reforzaban actitudes y comportamientos sociales y se influía en las creencias sobre el mundo social; así se estructuraban y se solidificaban los imaginarios culturales.

Teniendo en cuenta todo lo anterior, *Soledad* como novela folletinesca es una crítica de aspectos de la sociedad, que a su vez explicita valores que dominaban al cuerpo social ecuatoriano; de este modo, posee un discurso ideológico, que muestra a José Peralta entre el momento de escritura que comenzó en 1881 y el momento de la publicación completa, 1885, ya como un intelectual preocupado por la sociedad y sus problemas. En 1881, colaboró en *El Correo del Azuay,* «junto con Remigio Crespo Toral, Honorato Vásquez, Miguel Moreno, Alberto Muñoz Vernaza, Juan León Mera. La intención del periódico fue culturizar al pueblo, rendir culto a Dios y no intervenir en política» (Cordero Iñíguez 1988, 17). Para 1885, sus convicciones religiosas no se habían modificado por la manera en que adaptó en su novela los mensajes emitidos en *Humanum Genus.*

Peralta «se inició como periodista católico fervoroso y en plan de recio combatiente adverso al seudo liberalismo exhibido por Ignacio de Veintemilla» (Montúfar 1989, 31); además, empleó su habilidad para escribir «andanadas furiosas contra los impíos, los herejes y los liberales» (Montúfar 1989, 31). «En sus propias memorias recuerda que el fanatismo jesuita se había infiltrado también en su alma juvenil, sin otro pensamiento que sostener la religión hasta el sacrificio. (...) y él mismo formó parte de un club revolucionario de entusiastas defensores de Cristo» (Paz y Miño Cepeda 1989, 44).

Pero al sufrir la censura en carne propia, la persecución de los religiosos, al ser encarcelado, y con las lecturas efectuadas en la biblioteca de José Fernández de Córdova, escribió: «Por primera vez me avergoncé de haber desempeñado el papel de apologista de una religión que nadie atacaba ni tenía necesidad de defensores imberbes e ignorantes» (Monsalve Pozo en J. J. Paz y Miño Cepeda 1989, 45). Por la experiencia, el raciocinio y la comprensión de la situación social y cultural ecuatoriana, gradualmente se hizo liberal, hasta llegar a convertirse «en el ideólogo más anticlerical del liberalismo» radical ecuatoriano (Monsalve Pozo en J. J. Paz y Miño Cepeda 1989, 61) y, como se afirma en diversas fuentes, perteneció a la masonería (véanse: de la Torre 1996, 123; Núñez Sánchez 2007, [s.p]).

En *Soledad*, el autor tomó las técnicas folletinescas que prevalecían en la novela social del medio siglo francés. Este tipo de novela fue un vehículo ideológico que le permitió a Peralta defender la ideología que poseía en ese momento. Como novelista, a él le importaba la tesis más que la forma y los efectos logrados, más que el movimiento literario. Sin embargo, por el contenido tendencioso de vituperar a los masones, de modo tal que esa sociedad quedó solidificada dentro de la narración en su papel negativo; así como por la evolución tanto de Soledad como de Ricardo, de jóvenes despreocupados y enamorados, a seres responsables que aceptan las consecuencias de sus actos; como también por el hecho de que todos los personajes son de clases altas, se enfatiza la manera en que a Peralta le importaba la diatriba contra clases sociales determinadas, que se movían en preocupaciones de prestigio y de poder económico y político, y por ellas ponían en peligro hasta la propia familia. Era una denuncia de las injusticas, de los egoísmos y de las contradicciones sociales internas, producidas por quienes en esas clases se asociaban a ese peligroso enemigo organizado.

Así, *Soledad* es una acusación contra fallas que conmocionaban la sociedad y causaban destrucción. Desde este punto de vista, en la novela se observa un alejamiento del romanticismo idealista, con el rechazo a los intereses burgueses, y una entrada en la condición del arte realista que mostraba causas y efectos de una sociedad desintegrada. Es un Realismo que buscaba soluciones a problemas sociales.[13] *Soledad*, como novela toma aspectos del Romanticismo y se ancla en el Realismo; como tal, es un eslabón serio que muestra la manera en que el género novelístico se fue consolidando en el Ecuador del siglo XIX.

Flor María Rodríguez-Arenas

---

13 Sobre la relación del folletín con el Realismo ver: Epple 1980, 155; para el folletín y su vinculación con el Naturalismo, ver: Fernández 1995, 139-144.

Bibliografía

Aguilar Aguilar, Felipe. «Novela, sin novelistas». *Universidad - Verdad* [Revista de la Universidad del Azuay] 43 (agosto, 2007): 110-129.

Aradra Sánchez, Rosa María. *De la retórica a la teoría de la literatura (siglos XVIII y XIX)*. Murcia: Servicio de Publicaciones – Universidad de Murcia, 1997.

Barthes, Roland. *S/Z*. 1970. Trad. Nicolás Rosa. Buenos Aires: Siglo XXI Editores, 2004.

Bobes Naves, María del Carmen. *La novela*. Madrid: Editorial Síntesis S. A., 1993.

Botrel, Jean-François. «La novela, género editorial (España, 1830-1930)». *La novela en España (siglos XIX-XX). Coloquio internacional celebrado en la Casa de Velázquez (17-19 de abril de 1995)*. Paul Aubert (Ed.). Madrid: Casa de Velázquez, 2001. 35-52.

_____.«La novela por entregas: Unidad de creación y de consumo». *Creación y público en la literatura española*. J-F Botrel y S. Salaün (eds). Madrid: Castalia, 1974. 111-155.

Cárdenas Reyes, María Cristina. *José Peralta y el liberalismo*. Quito: Banco Central del Ecuador, 1988.

Cassard, Andrés. *Manual de la masonería, o sea El tejador de los ritos antiguo escocés, francés y de adopción*. New York: Macoy y Sickles, 1861.

Charpentier Saitz, Herlinda. *Las novelle de Ramón Gómez de la Serna*. London: Tamesis Books, 1990.

Checa Beltrán, José. *Razones de buen gusto*. Madrid: Consejo Superior de Investigaciones Científicas, 1998.

Cordero Estrella, Vicente. «José Peralta Redivivo». *Visión actual de José Peralta*. Quito: Fundación Friedrich Naumann, 1989. 329-376.

Cordero Iñíguez, Juan. «Estudio». *Pensamiento filosófico y político de José Peralta*. 2ª ed. Quito: Banco Central del Ecuador-Corporación Editora Nacional, 1988. 11-65.

Cruz Saco, César. «Apuntes de la historia de la masonería peruana». *Fénix. Journal Masónico del Perú para América y el mundo* (9 de octubre del 2006). http://fenix137rls.blogspot.com/2006/10/apuntes-de-la-historia-de-la-masoneria.html

Daza, Juan Carlos. *Diccionario de la Francmasonería*. Madrid: AKAL Ediciones, 1997.

de la Torre, Patricia. «El poder simbólico de la Junta de Beneficencia de Guayaquil». *Procesos. Revista Ecuatoriana de Historia* 8 (1996): 119-138.

Epple, Juan Armando. «Notas sobre la estructura del folletín». *Cuadernos Hispanoamericanos* Núm. 358 (1980): 147-155.

Fernández, Pura. *Eduardo López Bago y el Naturalismo Radical. La novela y el mercado literario en el siglo XIX*. Ámsterdam – Atlanta, GA.: Editions Rodopi, B. V., 1995.

Ferrer Benimeli, José A. «El discurso masónico y la Inquisición en el paso del siglo XVIII al XIX». *Revista de la Inquisición*: (intolerancia y derechos humanos) N° 7 (1998): 269-282.

_____.«Un caso de política interior: Femando VI y la masonería». *La época de Fernando VI*. Oviedo: Cátedra Feijoo-Centro de Estudios del Siglo XVIII, 1981. 57-138.

Ferraras, Juan Ignacio. *La novela por entregas 1840-1900 (Concentración obrera y economía editorial)*. Madrid; Taurus, 1972.

Guzmán Villena, Víctor Manuel. «Historia del origen de la masonería en el Ecuador». *Fénix. Journal Masónico del Perú para América y el mundo* (22 de marzo de 2009). http://fenix137rls.blogspot.com/2009/03/historia-del-origen-de-la-masoneria-en.html

Hurtado, Osvaldo. *Las costumbres de los ecuatorianos.* Quito: Editorial Planeta, 2007.

León XIII. *Humanum Genus.* (20 de abril de 1884) http://www.statveritas.com.ar/Magisterio%20de%20la%20Iglesia/Magisterio%20de%20los%20Papas/Magisterio%20Leon%20XIII/Humanum%20Genus.htm

Lissorgues, Yvan (Ed). *Leopoldo Alas. Narraciones breves.* Barcelona: Anthropos, 1989.

Lotman, Yuri M. *La estructura del texto artístico.* Madrid: Ediciones Istmo, 1982.

Martínez Arnaldos, Manuel. «Deslinde teórico de la novela corta». *Monteagudo* [Universidad de Murcia] 3ª época 1(1996): 47-66.

_____.*Usos amorosos de la postguerra española.* Barcelona: Anagrama, 1988.

Matta, Óscar. *La novela corta mexicana en el siglo XIX.* México: Universidad Nacional Autónoma de México, Coord. Humanidades, Programa Editorial, 1999.

McBriden, Richard P. (Ed. general). *The HarperCollins Encyclopedia of Catholicism.* New York: HarperCollins Publishers, 1995.

Merlo Morat, Philippe. «El folletín moderno. El regreso a un género decimonónico». *RILCE: Revista de Filología Hispánica* Vol. 16, N° 3 (2000) : 607-624.

Montúfar, Yolanda. «Ensayo histórico-biográfico sobre la vida y obra de José Peralta». *AFESE* 16 (1989): 29-79.

Núñez Sánchez, Jorge. «Alfarismo, masonería y estado republicano, parte 1». *Fénix. Journal Masónico del Perú para América y el mundo* (2 de noviembre de 2007). http://fenix137rls.blogspot.com/2007/11/alfarismo-masonera-y-estado-republicano.html

Palma, Ricardo. *Tradiciones peruanas.* Cuarta serie. Tomo II. Barcelona: Montaner y Simón, 1893.

Paz y Miño Cepeda, Juan J. «La historicidad de José Peralta». Varios Autores. *Visión actual de José Peralta*. Quito: Fundación Friedrich Naumann, 1989. pp. 41-62.

Perales, Manuel. *Cuadernos de Masonería*. Alicante: Asociación Amigos Giner de los Ríos, 1985.

Peralta, José. «*Soledad (Apuntes para una leyenda)*». *El Progreso* (Cuenca) Núm. 19 (5 de marzo): [s.p]. Núm. 20 (18 de marzo): [s.p]. Núm. 21 (31 de marzo): [s.p]. Núm. 22 (10 de abril): [s.p]. Núm. 23 (26 de abril): [s.p]. Núm. 26 (2 de mayo): [s.p]. Núm. 25 (19 de mayo): [s.p]. Núm. 26 (14 de junio): [s.p]. Núm. 27 (26 de junio): [s.p]. Núm. 29 (22 de julio): [s.p]. Núm. 31 (15 de agosto): [s.p]. Núm. 38 (8 de noviembre): [s.p]. Núm. 39 (16 de noviembre): [s.p]. Núm. 40 (23 de noviembre): [s.p].

Rojas, Ángel F. «La novela ecuatoriana». *Obras Completas. III. Ensayo*. Edición: Fausto Aguirre Tirado. Loja: Universidad Técnica Particular de Loja - La Universidad Católica de Loja. 2004. 51-113.

Rubio Cremades, Enrique. *Panorama crítico de la novela realista-naturalista española*. Madrid: Editorial Castalia, 2001.

Salazar Tamariz, Lucio. *Una Comarca y sus Destellos. Cuenca: semblanzas instantáneas* Casa de la Cultura de Cuenca, 1965.

UTJP (Universidad Técnica José Peralta). «Biografía. José Peralta en la Historia Nacional». http://www.utjp.edu.ec/site/index.php?option=com_content&view=section&layout=blog&id=30&Itemid=82

Los petrarquismos en *Entre el amor y el deber: escenas de la campaña de 1882 y 1883 en el Ecuador* (1886), como expresión romántica

Christen Picicci
Colorado State University

Una de las novelas del siglo XIX olvidadas por la crítica literaria es *Entre el Amor y el Deber: Escenas de la Campaña de 1882 y 1883 en el Ecuador (1886)* de Teófilo Pozo Monsalve; obra que es un aporte de la novela ecuatoriana al Romanticismo, por sus principios de historicismo, por su tendencia hacia el nacionalismo y por la condición orgánica entre el presente y el pasado. «Antes del Romanticismo, el Renacimiento fue el gran momento histórico de eclosión del individuo. Por eso sería bueno retener, de manera permanente al juzgar la formación del pensamiento moderno, la idea de que el Romanticismo fue en gran parte renacentista» (Argullol 1999, 13).

Francesco Petrarca (1304-1374) lleva el calificativo de «Padre del Humanismo» por su erudita escritura, meditado pensamiento y modernidad. En este ensayo voy a analizar la presencia visible de la literatura italiana, específicamente los petrarquismos de la tradición lírica italiana con sus novedades frente al lenguaje *estilnovista*, en la novela *Entre el Amor y el Deber: Escenas de la Campaña de 1882 y 1883 en el Ecuador (1886)* de Teófilo Pozo Monsalve. Aunque el *Cancionero* de Petrarca en su forma última y definitiva sea una epístola métrica de 366 rimas; la obra de Pozo Monsalve, en prosa, con algunos componentes líricos en versos, muestra a través del talento cultivado y el estilo refinado de su autor, la influencia petrarquista en sus lecturas.

En el apéndice de la última edición de la novela de Pozo Monsalve, el director de la publicación, Antonio Lloret Bastidas, presenta la causa de la muerte trágica del autor: «Es probable que [Pozo Monsalve] milit[ara] en las filas del partido liberal (...) [y esta] militancia o simpatía y el deseo ferviente de defender a su patria de los oprobios y abusos del poder le llevó a publicar algunas «volantes» contra el Gobernador de Cañar, Antonio José Flores. (...) Esas «hojas» a la larga fueron las que motivaron su [confinamiento] y su muerte» (Lloret Bastida 1986, 100-101). Un fallecimiento prematuro a manos de irascibles empleados de gobierno (véase: Lloret Bastida 1986, 90) no solamente cortó lo que seguramente habría sido una exitosa carrera literaria, sino que también impidió una difusión más rigurosa y duradera de su novela.

Se puede considerar la narración de Pozo Monsalve una novela de guerra que cubre el período que hace referencia a la Campaña de la Restauración de 1882 y 1883 con las conocidas batallas de Quito y de Guayaquil que pusieron fin a la dictadura del caudillo militar Ignacio de Veintemilla.

> Eloy Alfaro lanzó operaciones guerrilleras en Esmeraldas. Landázuri en las provincias del norte de la sierra y Sarasti en las centrales comenzaron también con unas pocas acciones de sorpresa y fueron constituyendo, poco a poco, ejércitos más o menos respetables. Finalmente, un grupo encabezado por el general Francisco Javier Salazar y formado, sobre todo, por militares y políticos exilados en Lima, formaron una columna que, avanzando desde el Perú, penetró por la frontera sur; esta pequeña fuerza contaba con ayuda de los pueblos y ciudades que tocaba, por lo que fue engrosándose en su avance por las provincias del sur y del centro de la sierra. Luego de atacar, coordinadamente, a Quito y tomar esa plaza (10 de enero de 1883), los grupos que operaban en la sierra se juntaron con las tropas de Alfaro para dar el asalto final a Guayaquil (9 de julio de 1883) (Ortiz Crespo 1990, 245).

La mayor parte de los hechos del mundo de ficción los ofrece una voz narrativa omnisciente que emplea una narración en tercera persona, presentando una trama ambientada en un contexto histórico verdadero: las batallas de Quito y de Guayaquil que concluyeron la dictadura de Veintemilla. Ahora, con esta aclaración del contexto histórico, vamos a profundizar en la importancia y en la influencia de los petrarquismos que se encuentran en esta novela ecuatoriana.

Del autor se sabe muy poco, Lloret Bastida informa:

> Probablemente nació en Azogues, (...) [el 8 de enero de 1859]. Teófilo Pozo Monsalve fue hijo único de don Juan de Jesús Pozo Carrasco y de doña Dolores Monsalve Pozo (emparentados entre sí). (...) Pozo Monsalve vivió en una de las haciendas de su padre, en Cañar, bajo la férula de éste (1986, 14-15).

Pozo Monsalve estuvo indudablemente versado en la tradición europea; ya que existe una fuerte presencia de petrarquismos en las descripciones de los personajes femeninos principales que aparecen en el texto: Ángela y Lucila. En *Entre el Amor y el Deber...* , un lector conocedor encuentra la patente intertextualidad con la tradición italiana del soneto y la poética de Petrarca.

Este poeta Humanista italiano, escritor e intelectual, escribió sobre su amor y el sufrimiento que padeció por Laura, modelo de virtudes, en su *Cancionero* (1336-1374); obra que es como una «novela en verso», compuesta por 317 sonetos, 29 canciones, 9 sextinas, 7 baladas y 4 madrigales. En ella, Laura es inalcanzable para el poeta; aun muerta, la amada juega un rol activo en su poesía. Él la caracteriza con dimensiones afectivas y espirituales en la vida de ultratumba.

Ahora, en *Entre el Amor y el Deber...* , aunque el canto de Reinaldo, el protagonista, tiene una fuerte presencia de petrarquismos, no se adhiere a la forma poética antiquísima de la literatura italiana del soneto; sin embargo, la palabra misma parece provenir del provenzal *sonet* que significa melodía.

El protagonista Reinaldo de San Miguel, es un joven médico que estudió en Europa y cuando regresa a su casa materna experimenta una profunda e inexplicada melancolía. Un día a sugerencia de su madre, hace una visita a algunos amigos de la familia en una villa de Gualaceo; lugar idílico con su río encantador, en el que el joven encuentra a Ángela de Sandoval y se enamora a primera vista de ella con una ardiente pasión que lo controla:

> (...) [E]n este momento se encontraron los ojos de Ángela con los de Reinaldo, como pueden encontrarse los polos de una pila galvánica, y un rápido estremecimiento circuló por las venas de aquella pareja encantadora.
> Un instante había bastado para que los dos comprendieran que podían amarse, estableciéndose entre ellos, desde luego, una corriente de simpatías. *Por una extrañeza incomprensible, no se llamaron mutua atención*, mientras se hicieron los cumplimientos de estilo, cuando Reinaldo ocupó el batel; mas desde el momento en que sus ojos se encontraron, Ángela apenas se fijaba en el encantado río, y Reinaldo ni aún lo miraba. Un incendio sin duda iba a brotar de este encuentro magnético y fascinador (Pozo Monsalve 1986, 29). [Las palabras en bastardilla son énfasis agregado].

En este pasaje se nota que Reinaldo experimenta un sentimiento amoroso hacia Ángela semejante al encuentro de Dante Alighieri[1] con Beatriz o al de Francesco Petrarca con Laura en la literatura italiana; sin embargo, aquí hay algo extraño que deja el episodio envuelto en inexplicable misterio; ya que el río, al centro del encuentro, aumenta esa sensación. En su estudio comprensivo de imágenes petrarquistas, Manero Sorolla revela que «[l]a imagen del río en la obra de Petrarca corresponde también, preponderantemente, a la referencia de los lloros y las lágrimas» (1990, 620). De este modo, parece que ya en el primer encuentro entre Reinaldo y Ángela, con la presencia del río, hay un presentimiento de su imprevisible futuro condenado al fracaso o por lo menos a la imposibilidad de su amor.[2] Los nombres de los dos protagonistas no son

---

1 En *La divina comedia* de Dante Alighieri (1265-1321), epopeya alegórica en tercetos encadenados, Beatriz encuentra al peregrino Dante en el Purgatorio y lo acompaña en el Paraíso; el poeta al tiempo que exalta su belleza, le atribuye cualidades sobrehumanas.

2 Debe recordarse que Reinaldo habló con su madre en el primer capítulo y le dijo: «No soy fatalista, pero creo que algo que está reservado en los tesoros del porvenir, va a amargar mi existencia, y va a amargaros también a vos, madre querida. Esto es lo que he podido divisar a través de las brumas de mi cielo: podré engañarme, mas entonces yo no sabré deciros qué otra causa exista para mi pesar» (Pozo Monsalve 1986, 24).

una casualidad; son denominaciones que engloban una larga tradición literaria medieval y renacentista italiana. Ya presentes en los cantares y en los romances de caballería de Matteo María Boiardo (1441-1494) y de Ludovico Ariosto (1474-1533).

Según la filosofía neoplatónica, la belleza externa de la mujer es un eco de su belleza interior y ambas reflejan la hermosura divina. De ahí que en *Entre el Amor y el Deber...* , Reinaldo hable de estos efectos divinos que experimenta frente a su amada:

> Esa mujer ideal, no inspiraba jamás un amor mundano: hablaba al corazón, no a los sentidos, al espíritu, nunca a la materia. ¡Ay, de aquellos para quienes el amor está reducido a la pequeña y vil esfera de la pasión terrestre! (Pozo Monsalve 1986, 56).

El amor que él siente por ella va mucho más allá de un sentimiento carnal; es una sublimación divina del deseo amoroso de Reinaldo, que no se satisface físicamente; así, su principal objetivo es elevar el espíritu.

En su introducción al *Cancionero* de Petrarca, Ángel Crespo describe cómo el poeta utiliza los efectos del amor que siente por Laura para cantar el estado elevado de su alma y, a fin de cuentas, la salvación de su espíritu; además, encuentra que la imaginería petrarquista de una amada que se sacrifica por la salvación de ambos es un tema frecuente; de ahí que Crespo describa este concepto detalladamente:

> Nos encontramos, pues, ante la tragedia cristiana del amor humano, que los estilnovistas trataron de resolver mediante el expediente de la *donna angelicata* (la mujer angelical) a partir de la estupenda canción de Guido Guinizelli [c.1230-1276] «Al cor gentil rempaira sempre Amore» y que Dante sublimó en la figura, entre real y alegórica, de Beatriz. Y no es que Petrarca diese un paso atrás respecto a sus predecesores, sino que, siendo sus planteamientos profundos distintos de los de éstos, el problema —dado que su amor no revestía un carácter alegórico, aunque se encontrase, por así decirlo, en simbiosis con la alegoría del laurel-, sólo queda resuelto con la

muerte y la beatitud de Laura, una beatitud en la que se atenúa el aparato alegórico mencionado y sólo queda el alma de una mujer que ha amado y cuya virtud, movida por el deseo de su propia salvación y la de su amante, ha sacrificado a ella la satisfacción de sus instintos (Crespo 1995, 101).

Los efectos del amor que Reinaldo siente por Ángela, poseen características semejantes a los que se hallan en la poesía estilnovista y petrarquista con su asunto de un amor espiritual e interiorizado; pero tal vez, la semejanza más importante sea el considerar a la mujer como una figura celestial que provoca un estado de sufrimiento porque nunca puede lograr totalmente su divinidad. De esta manera, el amor que Reinaldo muestra por Ángela funciona para elevar su estado espiritual.

En el *Cancionero* de Petrarca existen indiscutiblemente varias alusiones textuales a la figura de Laura. Martínez Fernández revela la importancia de esta intertextualidad: «Cualquier texto previo puede ser utilizado en la producción del nuevo texto, pero entra dentro de la práctica lógica el uso alusivo de textos conocidos para facilitar la interacción comunicativa con el receptor» (Martínez 2001, 40). Desde esta perspectiva, Pozo Monsalve implementa los tropos de la Laura de Petrarca en el personaje de Ángela, utilizando la técnica de la alusión textual.

Del mismo modo, existen otras referencias posibles a Petrarca en *Entre el Amor y el Deber*..., una de ellas se encuentra en el momento en que Federico y Lucila se despiden para que él pueda regresar a luchar en la guerra. El joven le dice a su amada: «Tú fuiste, Lucila, mi puerto de salvación en las tempestades de la vida, cuando próximo me hallaba a naufragar en el mar del infortunio» (Pozo Monsalve 1986, 62). En estas palabras se encuentra una referencia a Petrarca y a las tradiciones clásica, medieval y renacentista con la imagen del puerto.[3] Así, ella funciona como el *locus* de paz en el mar tempestuoso que es la vida de Federico; ya que éste encuentra en su amada la tranquilidad que no existe en otro sitio. Situación que se halla en el soneto

---

3   Para más información sobre tempestades y puertos (véase: Sorolla 1990, 225-230). «Aunque, de nuevo, la imagen implícita de la tempestad y de la idea del puerto como refugio, aparecerá, aparte de los casos señalados de la obra latina del escritor aretino, donde hemos visto que la imagen y el tema resultan recurrentísimos» (Sorolla 1990, 226-227).

CCCXVII del *Cancionero*, donde Petrarca escribe: «Seguro puerto había mostrado Amor / a mi tediosa tempestad funesta» (versos 1-2) [Petarca en Crespo 1995, 532]. El puerto es el lugar de tranquilidad y de seguridad para la voz poética. De este modo, el hombre sobrevive las miserias y el sufrimiento de la vida gracias a la amada.

Existen varios estudios de la presencia de los petrarquismos en las letras mundiales a través de los siglos, y *Entre El Amor y El Deber...* posee aspectos de este hecho. No hay manera de demostrar que Pozo Monsalve fuera lector de Petrarca, pero la presencia del estilo petrarquesco en algunos episodios y estrofas de su novela es incuestionable. Es posible que haya tenido acceso a los más conocidos seguidores e imitadores de Petrarca: Boscán, Gracilaso de la Vega, etc., y que haya aprendido las técnicas y la tradición petrarquista de esas obras. Martínez Fernández afirma sobre la posibilidad de esas influencias:

> Convención y tradición van más allá del rasgo insólito o singular y atañen al uso colectivo. No se trata de un autor, de una obra, sino de sistemas. Decir, pongo por caso, que Petrarca o Sannazaro influyeron en Garcilaso es insuficiente, porque tales influencias previas, singulares y hasta genéticas que no se ocultan forman parte del funcionamiento de muchos otros elementos en un «campo» o «sistema» total que podemos llamar el petrarquismo y dentro del cual no era preciso (...) que un petrarquista leyera a Petrarca para componer sonetos petrarquistas, siendo posible incluso el caso del poeta que petrarquizara sin saberlo (Martínez 2001, 50).

Así, lo que importa aquí es identificar dónde hay resonancias de la poética de Petrarca en la novela de Pozo Monsalve y, además, ver cómo el autor utiliza técnicas y elementos que fortalecen el uso de los petrarquismos. La lectura atenta destaca la manera en que la poética de Petrarca emerge diacrónicamente en la novela de Pozo Monsalve junto con sus tropos típicos de la mujer idealizada. Martínez Fernández elabora al respecto:

Otra operación fundamental es el estudio del texto dentro del conjunto de aquellos a los que está ligado (un poema de un cancionero, por ejemplo). Las relaciones entre textos se estudiaron en torno a las «fuentes»; hoy se habla de intertextualidad (cada obra transparenta todas aquellas que la precedieron, etc.), de dialogismo, polifonía, términos de Bajtin (Martínez 2001, 31).

La voz narrativa de *Entre El Amor y El Deber*... desarrolla el tema de la imposibilidad de un amor cumplido entre Reinaldo y Ángela y Federico y Lucila. De manera parecida, muchas composiciones poéticas en el *Cancionero* de Petrarca muestran la incapacidad del hablante poético para expresarse completamente a causa de la inefabilidad de describir la totalidad de su amada Laura. Además, éste expresa una constante imposibilidad de poseerla completamente. Massimo Lollini explica este fenómeno:

> Lo ético de la escritura apunta a mostrar no sólo cómo el sujeto que escribe no se da nunca en su plenitud, sino también como el objeto de su representación se problematiza en el interior del acto mismo de la escritura sin nunca poderse comprender de una manera completa (2001, 78).

La imposibilidad de visualizar la plenitud de la amada, junto con su deliberada fragmentación, crean una situación que hace imposible que el hablante poético pueda tomar posesión de ella.

El uso de los petrarquismos se difunde en las descripciones de Ángela y Lucila a través de algunos episodios memorables en la novela. De este modo, la impronta de la poética de Petrarca en el Ecuador es innegable, y la difusión de esta tradición de imágenes poéticas es resonante en su literatura. De ahí que Roland Greene reconozca que los petrarquismos juegan un rol fundamental en la formación del discurso colonial en los distintos países americanos:

> El discurso de amor no es simplemente interpersonal, como se podría esperar, sino político e imperial, y el petrarquismo, la convención de la escritura del amor no correspondido (...) es uno de los discursos coloniales originales (1999, 1).

Entonces, la tradición petrarquista crea tanto una lírica y una prosa en el «Nuevo Mundo» que es una expresión del colonialismo literario. De ahí que, la concepción de la mujer ideal, en numerosos textos de literatura transatlántica, utilice las descripciones de la belleza femenina idealizada que provienen de Petrarca.

De esta manera, el narrador de la novela de Pozo Monsalve incorpora el lenguaje petrarquesco en el siguiente canto de Reinaldo dirigido a su amada; en él observa numerosas referencias al sistema lingüístico que conforma este fenómeno:

> Más bella eres que la luna
> Que da luz a tu balcón,
> Y como el astro del día[4]
> Alegras mi corazón.
>
> Ángela, por quien suspiro,
> Por quien modulo mis cantos:
> Pon bálsamo en mis pesares
> Que son amargos y tantos.
>
> En esos plateados rayos
> La luna su luz te envía;
> Y para ti van con ellos
> Ternuras del alma mía.
>
> Despierta, dueño adorado,
> A tus balcones asoma,
> Y veré feliz tu imagen
> Cual de cándida paloma.[5]
>
> Ansío por un momento
> Mirar tu serena frente;
> Tu mirada en mi mirada,
> Tu mano en mi mano ardiente.
>
> Por contemplar esos ojos,
> Esos luceros del día,
> Regara mi sangre toda
> A tus plantas, vida mía.

---

4   Para más información sobre el sol véase: Sorolla (1990, 495-510). «Con frecuencia se registra en las *Rime* petrarquescas la presentación, alusión y comparación de Laura, como término real, con la imagen del sol» (Sorolla 1990, 495).

5   Para más información sobre la paloma véase: Sorolla (1990, 317-321).

Fuera dichoso, dichoso,
Si en vez de espinas y abrojos
Me hirieras, triunfadora,
Con los dardos de tus ojos.

Si supieras las congojas
Que llenan de horror mi vida,
No por amor, por consuelo,
Lloraras enternecida.

Y si una lágrima sola
Por mí vertieras piadosa,
Entonces mi vida fuera
Como tu vida, dichosa.

Ya los albores del día
Asoman por el oriente,
Ya la rosada mañana
Muestra radiosa su frente.

Y tú insensible a mis quejas,
Feliz so el paterno techo,
No te ablandas, aunque escuches
Tristes ayes de mi pecho.

Iré a cantar a otras puertas,
A la luz de otros luceros,
A pedir dulces caricias
A otros ojos hechiceros.

Quizá en extranjeras playas,
Halle tras lejanos mares,
En un nido otra paloma
Que mitigue mis pesares. (Pozo Monsalve 1986, 51-53).

La presencia de la guitarra y el canto es importante porque fortalece la musicalidad de las estrofas. Las varias composiciones poéticas en el *Cancionero* de Petrarca debieron haber sido acompañados con música. Así, la amada de las estrofas aparece como la mujer ideal petrarquesca. Los ecos petrarquistas reverberan fuertemente en todas estas estrofas; la hermosura de Ángela es divina; ella brilla como el sol y es más bella que la luna. El joven invoca a su amada más de una vez, y la llama por su nombre en la segunda estrofa. Reinaldo, como Petrarca en el *Cancionero*, quiere alivio de sus penas amorosas; para él la amada es como una paloma, pájaro blanco y símbolo de la pureza; la quiere «mirar» y ver a los ojos; moriría por ella si fuera necesario; pero a la vez, quiere misericordia y comprensión de parte de ella. La presencia de vocablos como: «espinas», «abrojos» y «dardos» muestra un uso de intertextualidad de las características petrarquescas y de los tropos comunes que el poeta implementa abundantemente en su escritura.[6]

Como sucede en diversos momentos en el *Cancionero*, la amada es insensible a las quejas del hablante poético. Así, en el soneto CXXXIII, en el cuarto verso de la prima cuarteta, el hablante dice: «vos, mi señora, no hacéis caso de esto».[7] De ahí que en *Entre El Amor y El Deber*... , la mujer se vuelva triunfadora sobre los sentimientos de Reinaldo y muestre un amor no correspondido. En las últimas estrofas de este canto, Reinaldo expone frustración e indignación hacia su amada y la amenaza con ir a buscar otra «paloma» que pueda consolarlo. Las dos últimas estrofas cambian el tono del canto. Reinaldo siente desesperación y le lanza la intimidación de abandonarla.

Otro soneto significativo en el *Cancionero* que describe la felicidad del enamoramiento del hablante poético, y que es parecido a los efectos que Ángela produce en Reinaldo, es el número XIII.[8] En éste, Laura es la personificación del amor y su semblante es

---

6   El soneto CXXXIII, «Amor m'à posto come segno a strale» es particularmente relevante aquí (véase: Crespo 1995, 324).

7   «Donna, mercé chiamando, et voi non cale» CXXXIII, verso 4 (Petrarca en Crespo 1995).

8   «Cuando, entre las demás, de mi señora / viene, a veces, Amor en el semblante, / cuanto en belleza va ella por delante, / tanto crece el afán que me enamora. // Yo bendigo el lugar, y el tiempo y hora, / En que miré a una altura semejante. / y digo: «Da las gracias, alma amante, / por ser de tanto honor merecedora. // De ella es el amoroso pensamiento / que, siguiéndolo, al sumo bien te envía, / teniendo en poco lo que el vulgo ansía; // de ella viene la osada gallardía / que te encamina al cielo, con aliento / tal que, esperando, ufano ya me siento» (Petrarca en Crespo 1995, 151).

lo más bello en todo el mundo; así ella emite una luz como aquella del sol y los rostros de las otras mujeres son como estrellas comparados al de ella; de ahí que el enamorado bendiga el tiempo, el lugar y la hora en que se enamoró de ella. Petrarca quiere un amor casto y puro que pueda preparar su alma para una recompensa espiritual y eterna. Semejante a lo que hace Dante para su amor por Beatriz, es decir, el amor por ella dirige el poeta a Dios.[9]

La poética petrarquista representa una gran fuente de posibilidades para la creatividad literaria. Petrarca utilizaba la técnica de la fragmentación de las varias partes del cuerpo femenino en su poesía.[10] En muchos poemas, el hablante poético de la obra de Petrarca hace una enumeración de los típicos rasgos de la belleza femenina ideal. En *Entre el amor y el deber...*, en una escena en el segundo libro, Reinaldo describe varias partes físicas de su amada:

> Ella arrancaba al piano acordes celestiales, mientras sus labios brotaban melodías empapadas de amor; sus manos finas y bellas, rivalizaban en blancura con las teclas de marfil del instrumento: eran un ampo de nieve; rubias guedejas, perfumadas y ondulantes, caían sobre sus espaldas admirablemente modeladas. Su voz argentina se dejaba oír en raudales de dulzura (...) Estar al lado de la mujer amada, aspirando su aliento, mirando el fulgor de sus amados ojos, la voluptuosa ondulación de su casto seno (Pozo Monsalve 1986, 55-56).[11]

Es evidente que Reinaldo identifica a su amada no como

---

9   «Beatriz en muchos sentidos es el opuesto de Laura. Ella es una mediadora, continuamente indicando más allá de si misma a Dios. En casi todo el Paraíso, por ejemplo, el peregrino mira en sus ojos sólo oblicuamente para que él vea lo que se queda más allá de ella. Los ojos de Laura, en comparación, son «espejos homicidas» en los cuales su amante narcisista encuentra la muerte espiritual. Cuando se traduce el tema en términos poéticos, se llega a la conclusión de que la mujer celebrada por Petrarca es una superficie brillante, un puro significante cuya exterioridad momentánea al poeta sirve como un punto de Arquímedes desde que se puede crearse» (Freccero 1986, 29-30). Por supuesto utilizando a Laura para mostrar su talento poético.

10 Véase el artículo de Nancy Vickers (1981, 265-279), donde la autora presenta una discusión profunda del tema de la fragmentación.

11 John Freccero escribe al respecto: «Las virtudes [de Laura] y sus bellezas son esparcidas como los objetos de adoración fetiche: sus ojos y cabello son como oro y topacio sobre la nieve, mientras el perfil de su cara está perdido; sus dedos son como marfil y rosas o perlas orientales, sus ojos son las estrellas de los polos, sus brazos son ramas de diamantes. Como la poesía que la celebra, ella consigue inmortalidad al precio de la vitalidad e historicidad. Cada parte de ella tiene la importancia de su totalidad como persona; se queda la tarea del lector para hilar sus cualidades preciosas en una unidad idealizada» (1986, 29).

figura completa sino más con sus partes individuales. De ella describe en un párrafo: los labios, las manos, las guedejas, la espalda, la voz, el aliento, los ojos y el seno. Todas estas descripciones permiten deconstruir a la mujer y no verla en su totalidad. Ángela, como Laura en el *Cancionero*, está presentada por partes. Siguiendo la tradición petrarquesca, la descripción de Reinaldo fortalece la importancia de dar ciertas características a la mujer idealizada, como en el soneto XC del *Cancionero*,[12] en él, Petrarca ofrece tropos comunes de la mujer idealizada; pelo rubio como el oro, ojos como luces, una cara educada, un paso divino y una voz sobrehumana.

En estas páginas he presentado un breve análisis de la presencia de una de las más importantes tradiciones líricas italianas en *Entre el Amor y el Deber: Escenas de la Campaña de 1882 y 1883 en el Ecuador (1886)* de Teófilo Pozo Monsalve. Los petrarquismos contribuyen a realzar el amor representado en la novela ecuatoriana entre Reinaldo y Ángela a la vez que muestran la imitación y la recreación de las imágenes poéticas de la Laura del *Cancionero* de Petrarca. De esta manera, la presencia de la tradición lírica italiana reverbera en toda la obra, por lo que se puede inferir que Pozo Monsalve era un lector y estaba versado con el fenómeno de los petrarquismos. La novela posee un vínculo estrecho con el canon literario italiano y la poesía italianizante. El uso de la poética petrarquesca, los nombres de los protagonistas, Reinaldo y Ángela, vienen directamente de los poemas épicos de caballería renacentistas italianas. Además, la fuerte resonancia del amante apasionado que busca significado en su existencia atormentada nos hace recordar del personaje Reinaldo. A fin de cuentas, él quiere serenidad y expiación para sus aflicciones amorosas.

CHRISTEN PICICCI

---

12 «Al aura el pelo de oro vi esparcido / que en mil sedosos bucles lo volvía; / la dulce luz sobremanera ardía / de aquellos ojos que hoy tanta han perdido; // el rostro de cortés color teñido, / no sé si es cierto o falso, ver creía: / si en mi pecho amorosa yesca había, / ¿quién, porque ardió, se siente sorprendido? // No era su caminar cosa mortal, / sino de forma angélica; y sonaba / su voz como no suena voz humana. // A un celestial espíritu miraba, / A un sol vivo; y si ya no fuese igual, / Porque distienda el arco no me sana» (Petrarca en Crespo (1995, 262).

Bibliografía

Agoglia, Rodolfo. *Pensamiento romántico ecuatoriano Estudio Introductorio y Selección: Dr. Rodolfo Agoglia*. Quito: Banco Central del Ecuador, 1980.

Argullol, Rafael. *El Héroe y el Único. El espíritu trágico del Romanticismo*. Madrid: Taurus, Grupo Santillana de Ediciones S. A., 1999.

Crespo, Ángel. Introducción. *Cancionero*. Francesco Petrarca, Trans. Crespo. Madrid: Alianza Editorial, 1995.

Martínez Fernández, José Enrique. *La intertextualidad literaria: (Base teórica y práctica textual)*. Madrid: Cátedra, 2001.

Freccero, John. «The Fig Tree and the Laurel: Petrarch's Poetics». *Literary Theory/Renaissance Texts*. Patricia Parker and David Quint (eds.). Baltimore: Johns Hopkins University Press, 1986. 20-32.

Genette, Gérard. *Palimpsests: Literature in the Second Degree*. Trans. Channa Newman and Claude Doubinsky. Lincoln: University of Nebraska Press, 1997.

Greene, Roland. *Unrequited Conquests. Love and Empire in the Colonial Americas*. Chicago: Chicago University Press, 1999.

Lollini, Massimo. «Scrittura e alterità in Francesco Petrarca». *Annali d'Italianistica* 19 (2001). 71-91.

Lloret Bastida, Antonio. «Apéndice». *Entre El Amor y El Deber: Escenas de la Campaña de 1882 y 1883 en el Ecuador*. Teófilo Pozo Monsalve. Cuenca: Municipalidad de Cuenca, 1986. 99-106.

_____. «En el centenario de la novela cuencana de la Restauración». *Entre El Amor y El Deber: Escenas de la Campaña de 1882 y 1883 en el Ecuador*. Teófilo Pozo Monsalve. Cuenca: Municipalidad de Cuenca, 1986. 7-16.

Martínez, José Enrique. *La intertextualidad literaria*. Madrid: Cátedra, 2001.

Navarrete, Ignacio. *Los Huérfanos De Petrarca: Poesía y Teoría En La España Renacentista*. Madrid: Editorial Gredos, 1997.

Ortiz Crespo, Gonzalo. «De Borrero a Veintemilla: una salida militar». *Nueva Historia del Ecuador. Época republicana 1*. vol. 7 Quito: Corporación Editora Nacional – Grajalbo, 1990. 242-247.

Petrarca, Francesco. *Canzoniere*. Intro. Alberto Chiari. Milano: Oscar Mondadori, 1985.

Petrarca, Francesco. *Cancionero*. Trans. Ángel Crespo. Madrid: Alianza Editorial, 1995.

Pozo Monsalve, Teófilo. *Entre El Amor y El Deber: Escenas de la Campaña de 1882 y 1883 en el Ecuador*. Antonio Lloret Bastidas (ed.). Cuenca: Municipalidad de Cuenca, 1986.

Sorolla, M. Pilar Manero. *Imágenes Petrarquistas en la Lírica Española del Renacimiento Repertorio*. Barcelona: Promociones y Publicaciones Universitarias, 1990.

Vickers, Nancy J. «Diana Described: Scattered Woman and Scattered Rhyme». *Critical Inquiry* 8.2 *Writing and Sexual Difference* (Winter, 1981): 265-279.

La ficcionalidad y la estructura narrativa en función del realismo en *Timoleón Coloma* (1887) de Carlos R. Tobar

Raúl Neira
Buffalo State College

Tras el asesinato de García Moreno en 1875, comenzó un periodo de incertidumbre y de luchas internas que culminó con la revolución del 8 de septiembre de 1876, que impulsó el ascenso de Ignacio de Veintemilla al poder con apoyo del liberalismo. Sin embargo, el despotismo y la corrupción convirtieron el nuevo régimen en dictadura sostenida por el ejército; de esta manera, abrió la década del 80 del siglo XIX en el Ecuador. En junio de 1883, se dio la toma de Guayaquil y se proclamó a Eloy Alfaro como Jefe Supremo de la República (véanse: Ayala Mora 1988, 130-176; Quintero y Silva 1991, 175-192).

Mientras esto sucedía políticamente, la educación fue uno de los campos de lucha ideológica más importante en Ecuador durante esa época; porque la iglesia y los grupos conservadores habían basado buena parte de su influencia sobre la población en el monopolio del sistema escolar. Ángel F. Rojas informó sobre el estado de la educación:

> Había (...) una especie de subversión de objetivos culturales en el criterio gobernante. En vez de propiciar una política educacional que difundiera la enseñanza de las primeras letras en la masa analfabeta del Ecuador, el Estado creyó estar obligado a financiar las enseñanzas secundaria y superior, las dos, entonces, privilegio de escasísima minoría de la población.
> Muestra del interés que tenía para el Estado la escuela primaria es que sus locales servían de alojamiento cada vez que hacía falta, a la tropa. Antes que locales que servían eventual-

mente de cuarteles podían llamarse cuarteles que, cuando estaban desocupados, se utilizaban como locales de escuela (Rojas 1948, 20-21).

Lo mismo hizo Osvaldo Hurtado:

Los religiosos encargados de orientar la educación y que se desempeñaron como maestros en los establecimientos de enseñanza, no se distinguieron por tener méritos académicos, apertura intelectual, ni usar el razonamiento cuando dictaban las clases. A decir de dos observadores extranjeros, «los monjes de Quito eran increíblemente ignorantes» (Hassaurek, 122) y la instrucción que impartían adolecía de «un vicio particular», que impedía que se desarrollara «en modo alguno la inteligencia del niño, sino únicamente su memoria» al estilo de la escuela europea del siglo XVI (Wiener, 459). El historiador van Aken considera que en los primeros años de la república «el monopolio del clero sobre la educación tuvo mucho que ver en las desgraciadas condiciones de las escuelas», pues la «mayoría de los eclesiásticos eran pobremente entrenados en seminarios de calidad mediocre en el mejor de los casos» (van Aken, 45). Mediocridad general de la que únicamente escapaban los jesuitas, pues según varios autores La Compañía era una orden religiosa de costumbres austeras, con inclinación a los estudios serios y vocación por la enseñanza. (...)
Hassaurek señala que las escuelas no eran gratuitas, pues el gobierno daba «muy poca atención a la educación elemental, mientras apoyaba colegios y universidades. En ellas se enseñaba, escritura, lectura, religión y aritmética y en la secundaria el latín y el griego monopolizaban el tiempo del estudiante», el cual aprendía geografía sin mapas, y mientras se descuidaban las ciencias naturales y las matemáticas, se ponía mucha atención en la intolerancia religiosa (Hassaurek, 234-235). En la universidad había las facultades de medicina, jurisprudencia, teología, química y ciencias naturales. A mediados de siglo en Quito había doce escuelas primarias, dos colegios, una universidad, una escuela de dibujo y pintura y otra de escultura (Cicala, 44).
(...) Hassaurek afirma que los conocimientos de latín que

tenían los clérigos era «terriblemente pobres», que la historia y la ciencia «les eran desconocidas», que las bibliotecas se hallaban en tal estado de abandono que los libros se encontraban «llenos de capas de polvo y telarañas», ya que «nunca eran consultados», pues su «principal ocupación» era divertirse de manera nada santa (Hassaurek, 83) [Hurtado 2007, 112-114].

Esta era la situación de la educación existente en el Ecuador durante el siglo XIX, ambiente explicitado por testigos presenciales y por estudiosos de la cultura. Esas circunstancias sirven de trasfondo a la novela *Timoleón Coloma*, en cuyo texto se prestará atención a dos planos diferentes: la historia (el plano de los contenidos narrados, lo que se cuenta) y el discurso (el plano de la expresión de esos mismos contenidos o cómo se cuenta) [véase: Genette en Reis y Lopes 1995, 66-67]. En el discurso, se estudiarán las estrategias textuales con que el mundo ficcional llama la atención sobre sí mismo y las dimensiones de la problemática relación: realidad-ficción que se explicitan en él.

Carlos Rodolfo Tobar (Quito, 4 de noviembre de 1853-Barcelona, España, 19 de abril de 1920) fue un polifacético intelectual: escritor, político y diplomático. Hijo de Manuel Tobar y Lasso y de Francisca Guarderas Villacís, cuyo padre fue gobernador de la provincia de Imbabura en 1830. Tobar contrajo matrimonio en 1878 con María Eva Borgoño Fernández, joven chilena de sociedad y notable pianista.

Cursó todos sus estudios en Quito, se graduó de Bachiller del Colegio San Gabriel en 1871. Posteriormente pasó a estudiar ciencias naturales en la Politécnica; viajó a Chile y allá estudió medicina donde se graduó en 1877. Siendo todavía joven, obtuvo la cátedra de Literatura en la Universidad Central, así comenzó su carrera académica; fue decano de la Facultad de Filosofía y Letras dos veces; en 1892 fue elegido Rector de La Universidad Central, cargo que desempeñó durante once años. Inició entonces la publicación de los *Anales de la Universidad*, una de las mejores colecciones seriadas que se ha editado en el país

En 1883, empezó su carrera política como diputado a la Asamblea Constituyente. Posteriormente desempeñó varios cargos políticos y diplomáticos: fue Encargado de negocios en Chile, Subsecretario del Ministerio de Relaciones Exteriores en la administración de Caamaño y Ministro en la de Flores. Más tarde fue Senador, Consejero de Estado, Presidente de la Junta de Beneficencia y Ministro Plenipotenciario en Chile, Brasil, España y Argentina. Fue Canciller de la República en dos oportunidades. También fue candidato a la Presidencia de la República en 1901 y en 1912. Fue autor de la llamada «Doctrina Tobar» que propuso medidas para evitar las guerras civiles y los gobiernos militares. Esta doctrina se ha considerado provechosa para la estabilidad de los países, por lo que algunas naciones la han consagrado en tratados públicos. En 1883, junto a Ángel Polivio Chávez, Quintiliano Sánchez, Roberto Espinoza y Clemente Ponce participó en las luchas contra la dictadura del Gral. Ignacio de Veintemilla, y al año siguiente, luego de la caída del dictador fue nombrado Rector de la Universidad. A pesar de su ideología conservadora, en 1900 fue llamado por el presidente Alfaro para desempeñar el cargo de Ministro de Gobierno. Se marchó definitivamente del país para radicar en la ciudad de Barcelona, España donde murió.

Como intelectual y hombre de letras, fue miembro de la Real Academia de Historia de Madrid, y por varios años presidió la Academia Ecuatoriana de la Lengua. Fue condecorado con la Cruz de San Gregorio Magno y nombrado Caballero de la Legión de Honor. Publicó dos obras de carácter científico: *Mamíferos del Ecuador* (1877) y *Memorias Sobre la Hipocondría*. Sin embargo, nunca ejerció la profesión de médico.

Otras obras: *Brochadas. Artículos* (1885), *Más Brochadas. Malos dibujos. Tres Discursos* (1888), *Relación de un veterano de la Independencia*, comenzada a publicar en 1891 por entregas en la *Re-*

vista Ecuatoriana; después en dos volúmenes (1895); *Ecuador: Leyes y estatutos, en colaboración con Rafael Cáceres* (1892), en los *Anales de la Universidad*, publicó: «Viaje imaginario por las provincias limítrofes de Quito» (Tomo IV y V) [agosto de 1892], *De todo un poco* (1896), *Consultas al Diccionario de la Lengua* (1900); *Breves consideraciones acerca de educación: conf*erencia (1902); *A la Nación*; *Asunto Digno de ser Tratado en el Congreso de La Haya* (1907), *La Palabra de un Ex-Ministro del Ecuador en el Brasil; El mensaje del Señor Dr. D. Francisco Andrade Marín al congreso ecuatoriano de 1912* (1912); *Calumnias y calumnias* (1916); *Quand Viendra la Paix* (Cuándo Vendrá la Paz) (1918) [véanse: Avilés Pino [s.f]; Gallo Almeida 1938, 180-185; Tobar Donoso 1976, 206-213; Puga 1994, 358-360].

El texto de *Timoleón Coloma* comenzó a darse a conocer ya en 1886, cuando su autor publicó uno de los capítulos, el VIII, en la *Revista de La Escuela de Literatura* (Quito) Núm. 3 de julio de 1886: 156-165, bajo el título: «Mi primer baile [Capítulo de una novela]». Al parecer salió completa por primera vez en Lima en 1887 en *El Perú Ilustrado* (véase: Dillón 1895). En 1888, Tobar la recogió en el libro: *Más brochadas, malos dibujos. Tres discursos,* publicado en Barcelona – España, con el título: «Timoleón Coloma. Dibujos de costumbres quiteñas». Ha tenido dos ediciones modernas en Quito: en Ediciones Ariel (1972) y en la Editorial El Conejo (1984), ésta última con múltiples reimpresiones. Sin embargo, en estas dos editoriales, el texto de la novela ha sido mutilado, puesto que carece de los epígrafes y de las 3 páginas de «Advertencia», que se hallan en la edición dirigida por el autor en España.

Los epígrafes como paratextos son manifestaciones de la voz extraficcional que cumplen el propósito de comentar desde una posición específica sobre lo enunciado (véase: Sniader Lanser 1981, 120-130); como técnica narrativa, los epígrafes se emplean para revelar información tanto sobre el conocimiento que posee el escritor, como para ampararse bajo la autoridad que proporcionan los autores seleccionados. Pero, la presencia de estas estrategias narrativas marca además la época, el género y el tono de la narración que se ofrece (véase: Genette 1997, 158-160). Así mismo, se emplean para sugerir relaciones con la diégesis (la historia o el contenido narrativo o el universo espacio-temporal designado por el relato) (Genette 1989, 334); como también entre la diégesis y la mimesis («representación y redescripción, entendida como creación artística de una nueva realidad, o como recreación metafórica de la misma») [Estébanez Calderón 1999, 674].

Ahora, esta novela presenta dos epígrafes como apertura para la narración. El primero «Dificile est proprie commis dicere» de Horacio = «Resulta difícil decir como propias las cosas comunes», que señala la impotencia de poder adjudicarle valor a hechos y circunstancias habituales a todos; y el segundo: «¡Salud, salud, memorias candorosas / de mi antigua inocencia! / ¡Oh trompos! ¡Oh muñecas¡ ¡Grandes cosas! / ¡Las más grandes tal vez de la existencia!» de Ramón de Campoamor, (1879, 220), que indica el valor que tienen diversas circunstancias de la infancia en la vida del ser humano.

Como autor, Tobar, en esos dos epígrafes se asocia con la autoridad que proviene de las palabras de los dos escritores reconocidos que emplea; pero a la vez, revela la fuerte relación que existe entre la historia y el discurso de su novela, comunicando la reciprocidad que se halla entre su texto y la tradición literaria pasada (Horacio) y la contemporánea (Campoamor) y, a la vez, proporcionando a los receptores una imagen sobre la intención lúdica de la composición y de su contenido al estar relacionado con recuerdos que conforman el pasado del ser humano.

Esta técnica señala la época y el tono de esta narración; ya que al emplearla comenta definiendo y anticipando aspectos intrínsecos del significado de la historia que va a relatar; enfatizando, con el primero, que no se puede adjudicar propiedad y pertenencia a circunstancias que son comunes a todos; mientras que con el segundo, destaca la cualidad lúdica de lo representado. Al mismo tiempo marca el texto general con rasgos temporales; puesto que el epígrafe, como estrategia narrativa, se empleaba más en el pasado que en el presente. No obstante, su uso le permite a Tobar hacer que esos breves textos transmitan un estatus ontológico a la historia, atribuyéndole autoridad y anticipando sobre su estructuración; pero a la vez manipulando con ellos el punto de vista narrativo en que se sitúa el narrador para emitir lo enunciado.

Ahora, los textos como los prefacios, las introducciones, etc., ubicados antes del comienzo de los hechos narrados, como en la retórica clásica, tienen la función de llamar la atención sobre el texto al que anticipan; por tanto, preparan el ánimo y la atención de los oyentes o lectores y, a la vez, captan su atención hacia la estructura y el significado de lo presentado. Es decir, con ellos se trata de influenciar las expectativas de los lectores sobre los textos y la respuesta que deben tener sobre la ficción.

Sin embargo, muchos de estos textos que funcionan como preámbulos son estrategias narrativas presentadas por los personajes del mundo de ficción, que explican la novela de la misma forma en que lo hiciera un autor, ser social. Esta situación no sólo es ambigua sino complicada de discernir; ya que no se sabe, a primera vista, si esos textos son del autor real del texto (auténticos) o de un personaje (fictivos o actoriales) [Genette 1997, 178-179]. No obstante, el originador sea real o ficticio, este tipo de escrito deja huellas y tiene un destinatario claro en el cual pretenden suscitar una reacción; puesto que «pone en escena» a una persona [real]/un personaje [ficticio] que tiene en nuestro caso una meta específica: explicar el género literario al cual pertenece lo relatado posteriormente, guiando así su significación; pero marcando la narración con aspectos fictivos que se deben comprender para dilucidar la intención del juego narrativo propuesto. «Por lo general el personaje ascendido al rol del autor-escritor del prefacio es el héroe narrador de una narración en primera persona, la que por vía del mismo prefacio sostiene haberla escrito» (Genette 1997, 190).[1]

Ésa es la situación que se observa con la «Advertencia» que precede el mundo narrativo de *Timoleón Coloma*; porque el mensaje que conlleva habla directamente tanto del género de la narración como del viaje que es la existencia humana, texto que cierra con la fecha: «Quito, a 17 de octubre de 1882» (Tobar 1888, 53):

> No me he propuesto escribir una novela.
> No.
> Propúseme, relatando la vida de un hombre, bosquejar unos cuantos cuadritos de costumbres.
> En la novela es preciso, como en el drama, presentar siempre los mismos personajes con los mismos defectos y pasiones, con las mismas virtudes y costumbres; esto es, con los mismos caracteres.
> Y nótese que aquello de no mostrar al lector sino los propios personajes durante el desenvolvimiento de una novela, no es verosímil. Hablo de una novela de costumbres tal cual Timoleón Coloma, si Timoleón Coloma fuese una novela (Tobar 1888, 52).

Estas palabras de la «Advertencia» destacan el juego narrativo con que se quiere disuadir al lector tanto sobre el género del escrito que tiene al frente, como sobre la intencionalidad del texto. De esta manera, esta información que está en el umbral de la narración ilumina el *status* de este discurso que a la vez que intenta manipular el punto de vista de lo narrado, lo determina en el nivel paratextual (en el sentido de Genette), reconfirmando que es lo que dice que no es. Como texto ubicado poco antes de la apertura directa del mundo narrativo trata de influir en la experiencia del lector, revelando la relación que el escritor quiere tener con los lectores a través de su texto.

A primera vista parece que no hubiera duda sobre la iden-

---

[1] Todas las traducciones pertenecen al autor del ensayo.

tidad de su emisor; sin prestar atención a las peculiaridades de su escritura y a las características que se explicitan en lo relatado, un lector descuidado adjudicaría inmediatamente su autoría a Carlos R. Tobar.[2] Sin embargo, al leer cuidadosamente *Timoleón Coloma*, se observa que Coloma-narrador es el autor de la «Advertencia», porque a lo largo de la historia se hace presente la manera en que se fue desarrollando en él la vocación a la escritura; puesto que ya desde los trece años escribía ficción; dejando constancia de lo que hacía y cómo lo hacía en varias partes del texto (véase: Tobar 1888, 86; 97; 145; 159; 163; 177).

Además, lo que quiere alcanzar con la publicación de su escrito, formado por «dibujos de costumbres enteramente locales», es corregir los recuerdos tergiversados o evitar que se pierda la memoria de ciertos aspectos. Situación que enuncia en la «Advertencia»: «Propúseme, relatando la vida de un hombre, bosquejar unos cuantos cuadritos de costumbres» (Tobar 1888, 51). A esto se debe agregar que el tono, la intención y el estilo de ese preámbulo son idénticos al del personaje Coloma, que narra el mundo ficcional.

Con estas marcas: intención, estilo y tono, se hace evidente que hay un deseo abierto de que se reconozca la naturaleza ficticia total del texto. Así, en la «Advertencia» lo ficcional impregna la narración, fusionando su marco narrativo e insertándolo dentro de la ficción. Por lo cual, no se establece el puente habitual entre el mundo imaginado y el mundo real; ya que después de los epígrafes se entra directamente en la diégesis narrativa.

---

2   «La definición del concepto de narrador debe partir de la distinción inequívoca con relación al concepto de autor, con frecuencia susceptible de ser confundido con aquel, pero realmente dotado de diferente estatuto ontológico y ficcional. Si el autor corresponde a una entidad real o empírica, el narrador será entendido fundamentalmente como autor textual, entidad ficticia a la que, en el escenario de la ficción, cabe la tarea de enunciar el discurso, como protagonista de la comunicación narrativa.» (...) «Si intentáramos asimilar la personalidad individual de un narrador ficcional a la personalidad del autor parea salvaguardar la claridad y fidedignidad de la narrativa, renunciaríamos a la más importante función propia del carácter mediato de la narrativa: revelar la naturaleza sesgada de nuestra experiencia de la realidad» (Stanzel 1984, 11). (...) «El autor puede proyectar sobre él [narrador] ciertas actitudes ideológicas, éticas, culturales, etc., que perfila, lo que no quiere decir que lo haga de forma directa y lineal, sino cultivando eventualmente estrategias ajustadas a la representación artística de esas actitudes: ironía, aproximación parcial, construcción de un alter ego, etc.» (Reis y Lopes 1995, 156-157).

A la vez, la «Advertencia», como texto emitido por Timoleón Coloma-autor, quien habla de su labor de escritor y de las circunstancias que rodean su escritura, es una estrategia narrativa que es un recurso propio de la metaficción y que permite que la obra se vuelva sobre sí misma, manifieste su especularidad y comente y explicite su naturaleza ficcional.[3]

* * *

El argumento de *Timoleón Coloma* es sencillo: el personaje Coloma, como escritor y narrador ya adulto (no hay posibilidad de definir la edad que tiene cuando escribe), domina y organiza el texto. Presenta su vida y los sucesos acaecidos en ella, a través de memorias de escenas específicas, intencionalmente seleccionadas, después de haber sido llevado como pupilo interno a un colegio regido por religiosos; destaca el aprendizaje y los cambios que se dan en él entre la infancia y los 21 años de edad.

Desde esta perspectiva, Coloma es un narrador homodiegético-autodiegético (terminología de Genette). El narrador homodiegético es «la entidad que vehicula informaciones adquiridas por su propia experiencia diegética; esto quiere decir que habiendo vivido la historia como personaje, el narrador ha extraído de ahí las informaciones de que carece para construir su relato» (Genette en Reis y Lopes 1995, 161).

Mientras que el narrador autodiegético «designa a la entidad responsable de una situación o actitud narrativa específica: aquella en la que el narrador de la historia relata sus propias experiencias como personaje central de esa historia» (Genette en Reis y Lopes 1995, 158).

---

3   «La noción de especularidad es la *mise en abîme* o el relato dentro del relato: se manifiesta como modalidad de reflejo. (...) Su propiedad esencial consiste en resaltar la inteligibilidad y la estructura formal de la obra.» (...) «Evocada mediante ejemplos tomados de diferentes ámbitos, constituye una realidad estructural que no es exclusiva ni del relato literario ni de la literatura en sí» (Dällenbach 1991, 15).

«El autor de un texto metaficcional se muestra altamente consciente de las dimensiones que abarca la problemática relación entre la realidad y la ficción», «Así, novelas metaficcionales tienden a basarse en la oposición entre la construcción de una ilusión ficcional (como en la novela realista tradicional) y la destrucción de esta ilusión. Aquí tenemos el punto de partida de cada definición de metaficción: se crea una ficción y, simultáneamente, se expone un discurso sobre la creación de esta ficción» (Gatzemeier 2002, 175).

Ahora, la narración de Coloma, sobre los hechos que rodearon el final de su infancia y temprana juventud, ofrece dos aspectos relevantes: deja ver la historia de Timoleón personaje y las reacciones de Coloma narrador.[4] Es decir, diferencia niveles narrativos, como el nivel diegético en el que se sitúa el narrador: «Todo acontecimiento narrado por una narrativa se encuentra en un nivel diegético inmediatamente superior a aquel en que se sitúa el acto narrativo productor de esa narrativa» (Genette en Reis y Lopes 1995, 175). Así Coloma escritor y narrador está en el nivel extradiegético al relatar la historia de Timoleón, personaje joven, por tanto su perspectiva es ulterior y sesgada según su posición ideológica y las experiencias aportadas por la edad.

* * *

El relato abre con la voz del narrador, Coloma adulto, marcando el tono irónico que va a tener todo lo enunciado: «No llega mi mal concepto de los hombres hasta poner en duda lo que ellos, los parientes y amigos de mi familia, aseguran contestes, a saber, que nací» (Tobar 1888, 55). Durante la existencia vivida, Coloma ha llegado a tener «un mal concepto de los hombres», pero no tan extremo como para desmentir a todos los que dicen que él nació, puesto que ha experimentado esa existencia y ahora relata sus recuerdos o memorias sobre su aprendizaje como individuo.

Pero la ironía que se observa en este narrador establece una distancia que apunta a algo diferente del sentido literal de sus palabras, un algo que es inalcanzable. Dice que confía un poco en la humanidad, porque puede comprobar que sí está vivo, pero en realidad su desconfianza es total. Esto mismo se observó antes en la «Advertencia», cuando afirmó: «No me he propuesto escribir una novela», pero termina haciéndolo: escribe una novela. Es decir, hay una disociación en lo que dice que efectúa; ya que siempre hace una cosa diferente; constantemente está denegando el intento de fijar un significado estable y verificable a sus pa-

---

4   Para distinguir los niveles de la narración; en este ensayo, cuando se hable del narrador se lo llamará mediante el apellido Coloma; mientras que cuando se haga referencia al personaje joven se lo nombrará Timoleón.

labras. Esta estructura irónica revela la verdad de la situación paradójica que representa lo relatado:

> Las primeras letras, como las segundas y como las demás, entran siempre con sangre para no dejar mentir al antiguo refrán; el abecedario es el primer peldaño de la subida angustiosa y sin interrupción que sigue el hombre mientras vive: quietud en lugar del perenne libre movimiento, encierro en vez de la extensión de los patios y de los campos, presión en cambio de libertad, silencio en reemplazo de la algazara y del estrépito, sombra sustituyendo la viva y alegre luz del sol; regaños, castigos reemplazando los confites y caricias, el trato brusco del pedagogo sucediendo a los dulces agasajos maternos; he ahí la sangre que mana del corazón del niño y que reblandece la tierna inteligencia para que, sembradas, germinen las letras (Tobar 1888, 56).

Palabras que proclaman su rencor contra la educación tiránica y mal encausada que arruina la inocencia de la niñez cambiándola por cinismo; negatividad que abstrae todo lo que hay de concreto en la educación, lo cual también es marca de ironía. De esta manera, la ironía es un principio determinante y organizador de la novela. Como narrador, Coloma expresa una conciencia de la distancia que separa la experiencia concreta del entendimiento de esa experiencia.

Pero sus memorias sobre el proceso educativo están marcadas por la ausencia de aspectos positivos: asistió a «una escuela pública, a una de esas regentadas por un pobre diablo, tan apto para educar niños como para domar potros», porque:

> [E]l premio concedido al alumno aplicado y formal era ponerle las disciplinas o la palmeta en la mano para que castigase a los niños delincuentes; de este modo endurecía el corazón del chicuelo venturoso, mientras los demás agriaban el carácter y, prematuras, comenzaban a desenvolverse envidias y rivalidades engendradoras a su vez de males de indecible magnitud (Tobar 1888, 56-57).

Esta situación muestra la manera en que la escuela, como institución y su producto derivado, la educación, comenzaba constriñendo, marcando, desmoralizando y premiando el conocimiento, la diligencia y el rendimiento escolar de unos con el poder de infligir dolor en otros, en una sociedad donde la instrucción era privilegio para muy pocos.

Este tipo de poder imprimía diferencias y estigmatizaba a unos, naturalizando desigualdades y mostrando discrepancias de capacidad, de aplicación o de dotes o creando rebeldía y anulando posibilidades; no obstante, se legitimaban privilegios y dominaciones; se producían divisiones, antagonismos y rencores que continuarían como consecuencia de este adoctrinamiento incluso después de terminada esa etapa.

La transición al siguiente ciclo de su vida, Coloma lo recuerda: «No sin harta sangre entraron, al cabo, de algunos años, las primeras letras y me pasó mi padre, como interno, al único colegio de la capital de la República» (Tobar 1888, 57). Donde un religioso lo recibe con el saludo: «tú vas a ser un San Luisito. ¿No es cierto? ¡Eh!» (Tobar 1888, 60). Palabras cargadas de intención que no le dicen nada a Timoleón, excepto que le producen un acceso de llanto al recordar que no se había despedido de su progenitora; situación que cuando Coloma escritor-narrador rememora, la asocia con la carencia del apoyo y de la presencia materna y con sentimientos de orfandad, abandono y desarraigo.

Las intenciones del sacerdote con el saludo fueron las de indicarle su posible futuro con el santo mencionado. San Luis bien pudo ser: Luis Gonzaga, el jesuita, cuya advocación es la de ser el santo de la juventud; Luis IX, Rey de Francia, quien promovió dos cruzadas para liberar el sepulcro de Cristo o Luis Beltrán, misionero encargado de formar a los futuros religiosos. Con cualquiera de estos destinos: santo de la juventud, guerrero en nombre de la iglesia o misionero y maestro de sacerdotes, la posibilidad de que su futuro fuera el de ser un religioso como el que lo acababa de recibir, lo aterrorizó y le hizo sentir deseos de huir; intenciones, que como niño expresó tanto con las lágrimas, como agarrando con crispados dedos la levita de su progenitor, quien prontamente se despidió y se alejó de él. Mientras que como adulto, la evocación de esos momentos y de las circunstancias lo llevan a plasmar la desolación mediante sentimientos: «me figuraba huérfano, me juzgaba en prisión, me creía víctima de atroz pesadilla» (Tobar 1888, 62).

Al día siguiente, comenzó la parte de su existencia donde aprendió las realidades de la vida; pues no bien entró por primera vez al salón de clase, encontró la siguiente situación:

> [U]na vocería y desorden terribles amainados de vez en cuando por golpes que el maestro daba sobre la tablazón de la cátedra y por las palabras fuerte y frecuentemente repetidas:
> —¡¡*Chito*!! ¡¡ Silencio!!
> El bullicio era producido por los decuriones y los *decuriados*: aquellos tomaban la lección con gravedad magistral y contaban en los dedos los puntos, o sea, las equivocaciones del decuriado, repitiendo en alta voz la palabra ¡*Cito!* Los decuriados daban la lección a gritos y con cierta entonación especial. Gastada media hora los decuriones entregaron al padre Troncozo unos papeles donde, según supe más tarde, iban calificadas las lecciones de los *decuriados*, y todos ya en silencio fueron a ocupar sus puestos en el poyo de ladrillo pegado a las paredes (Tobar 1888, 63).

La violencia que se le impone es el separarlo de la convivencia diaria con los miembros de su familia, distanciarlo de la parte de la sociedad que reconoce, para integrarlo a una organización, cuyas reglas ignora. Se inicia su formación como sujeto individual en una institución especial que funciona como una micro república, o «republiquita».

Desde el primer momento, en el salón de clase, observó el funcionamiento activo y directo de la educación adoptada por los religiosos, quienes con el fin de estimular la competencia entre los estudiantes recurrían al sistema de premios y castigos. A los alumnos más destacados se los recompensaba nombrándolos decuriones y haciéndolos responsables de un grupo de compañeros sobre los que ejercían cierta autoridad y a ellos les entregaban las lecciones y las tareas; así se empleaba la memorización de las lecciones y la lectura de los textos, como medio de aprendizaje. Es una forma de disciplina que reglamenta la conducta de los sujetos e intenta extraer de los cuerpos el máximo de provecho e introducir el máximo de docilidad. Existe una memorización de contenidos, pero no hay una relación activa y crítica de lo aprendido; de esa manera, saber sobre algo no garantiza que se pueda pensar sobre lo aprendido; son enseñanzas fútiles que consideran que el conocimiento avanza, si se incrementa la cantidad de lo memorizado y no la calidad de la comprensión de los datos recibidos.

Para Timoleón es la expresión de una violencia psíquica que anticipa la violencia material que se avecina y de la que está completamente inadvertido y nada preparado y, que tendrá como centro su cuerpo; ya que ese primer día lo amenazan, lo abuchean, se burlan de él, lo clavan con una pluma de acero y lo golpean hasta que se desvanece; posteriormente lo befan, lo insultan y lo rebautizan como «Mamita Coloma»; violencia que enfatiza la falta de vigilancia y el poco interés de parte de los educadores hacia sus pupilos.

Pequeño de cuerpo y empequeñecido de espíritu por las circunstancias de su desarraigo y de los golpes y escarnios que sufre de los compañeros, se asombra de que el primer día de clase el catedrático le pregunte la lección y al no poder responder, graciosamente reciba de él el perdón y la excusa por haber sido ese su primer día. Ese recuerdo de Coloma, señala lo absurdo de situaciones como esa que le hacen perder eficacia a la institución escolar al mostrar el deseo de inscripción institucional de todos los implicados en el acto pedagógico; acto que normaliza conductas y modos de pensar, que llegan al absurdo, como en el mencionado, donde sin guía, ni anticipo; sin conocimiento ni causa, a un chico recién llegado se lo somete a las reglas de la institución que son totalmente desconocidas para él.

Deseoso de la continuidad y de la estabilidad, Timoleón se encuentra no sólo violentado sino completamente solo en ese ambiente hostil:

> [L]loré con ternura la reciente separación, las lágrimas de esta segunda noche fueron de rencor; reflexioné y tal vez odié por vez primera; recordé la burla del que me llevó al lugar excusado y deduje que la credulidad no era buena y me prometí ser desconfiado.
> Héme pues con dos cosas aprendidas en el primer día de colegio: odio y desconfianza (Tobar 1888, 68).

Timoleón perdió la individualidad que tenía en su casa y con su familia para entrar en una situación social donde el no ser nadie, el no tener quién lo defendiera, lo lanzan a una situación donde los compañeros lo marginan y lo estigmatizan con apodos, donde se siente inadecuado y casi incapaz de enfrentar; de ahí el llanto y los sentimientos de «odio y desconfianza» que surgen en él. Los docentes no encausan sino que castigan; no conocen sino que ignoran, promoviendo conductas violentas por parte de los muchachos que se ven obligados a diluirse en impulsos masivos, donde el más fuerte prevalece; pero el indefenso o reacciona y supera de alguna manera la violencia que sufre o es arrasado y anulado completamente, hasta el punto en que puede ser no sólo anulado sino eliminado si no se defiende.

La violencia externa que sufre Timoleón lo afecta psicológicamente, como se puede observar en dos de los sueños que tuvo; uno, la primera noche en el colegio y el segundo, poco tiempo después, ya convertido en pesadilla:

> [S]oñé con jardines, pájaros hermosos, caballos retozones, confites y otras cosas deliciosas. Seguía a los caballos, comía los confites... (Tobar 1888, 62).

> Tampoco soñé ya con objetos placenteros: soñé que el del burro me mordía las narices y me las arrancaba y me pisoteaba el vientre, y se reía carcajadas y se transfiguraba en el asno rebuznador del cartel, y me coceaba y tornaba a darme

tarascadas, y se revolcaba sobre mí y me ahogaba. Sudando a chorros, me desperté con la sabana que me ceñía el cuello sofocándome y no volví a dormir (Tobar 1888, 68).

Los sueños manifiestan muchas veces, el deseo del individuo de realizar acciones o expresar soluciones a problemas que sufren en la realidad; son una manera de comunicación del inconsciente que busca continuar la experiencia positiva o salir de la dificultad que atenaza la existencia. De este modo, el primer sueño es resultado de un deseo del retorno al hogar y a la vida familiar, que idealiza en el mundo onírico y que le producen la tranquilidad y la seguridad que no posee, expresada en las imágenes de libertad representada por aves y caballos, cuya capacidad de movimiento lo embelesan; mientras que los dulces significan las delicias y las diversiones, las situaciones alegres y agradables que ya siente lejanas.

Durante el segundo, las opresiones y las crudas realidades le producen obsesiones y delirios extraños a la conciencia normal, que se expresan en una pesadilla donde se muestra la íntima relación del contenido del sueño con las vivencias de la escuela que ahora son su nuevo entorno. Así, la pesadilla, a la vez que presenta coherencia y posee un claro sentido, es un proceso psíquico que expresa el contenido latente de su subconsciente del sentido negativo, caótico y peligroso en que se hallan su vida física y psíquica.

Esa pesadilla angustiosa con el muchacho que estaba castigado junto al cartel que tenía un burro pintado, quien lo clava con una pluma de acero y posteriormente organiza la golpiza que recibe, lo amenaza y finalmente le roba las golosinas que la madre le había puesto en el baúl y ahora en su sueño se metamorfosea en un burro, que lo martiriza y lo mutila, se explica mediante los simbolismos que posee ese animal. Popularmente, el burro representa la ignorancia; pero también en los sueños es el de «ser mensajero de muerte o aparece en relación con una defunción, como destructor del tiempo de una vida» (Cirlot 1998, 101). También significa el «emblema de la oscuridad, o incluso de las tendencias satánicas» (Chevalier y Gheerbrant 1988, 144). Con lo cual, la pesadilla literalmente significa la muerte directa de la vida pasada y el enfrentamiento con las tendencias diabólicas que encuentra en sus nuevos compañeros de vida.

De esta forma, estos sueños son la manifestación de lo que le sucede en la existencia a Timoleón en el colegio. Hasta la primera noche en la institución, había sido tranquila y placentera; mientras que desde la segunda noche ya estaba poblada de tristezas, terrores, aprehensiones, dolores, amenazas de las que no se podía escapar y debía aprender a enfrentar. De ahí que la violencia recibida le modificara su conducta y su personalidad.

> Caminaban los días y me enflaquecía de cuerpo y de alma, pues ésta de expansiva se tornó en encogida y recelosa; mis ojos ya no lloraban, pero tampoco mis labios se sonreían. Por otra parte la concentración del alma me dio una cualidad que, de seguro, no deben poseer los niños alegres: me hice reflexivo. El espíritu afluyó al cerebro cuando encontró obstruidas todas las salidas al exterior (Tobar 1888, 69-70).

En cada ser humano hay un deseo de inscripción en algo que le garantice conservación, continuidad, seguridad. El anhelo de superar el límite de la propia existencia se traduce en aspiración a pertenecer a una comunidad familiar o a una de amistad y camaradería; no obstante lo que Timoleón encuentra es una agrupación en la que se siente abandonado, desprotegido, violentado, despersonalizado, insignificante; situación que lo obliga a sobrevivir de alguna manera; así, se resigna y acepta la cruda realidad; pero decide inscribirse en ella en detrimento de lo que hubiera querido ser. Inevitablemente, tiene que tomar decisiones que son fundamentales para el resto de su vida; medidas que se encuentran condicionadas por el contexto escolar y pedagógico en el que debe permanecer. De ahí que comience a reflexionar sobre su situación y empiece a desarrollar aspectos que habían estado aletargados o simplemente no existían antes, pero que la necesidad los hace surgir para poder enfrentar el ambiente en que debe permanecer.

> No me he olvidado cuán dulce fue la melancolía de cierta noche: por descuido habían dejado entreabiertas las ventanas del dormitorio que caían sobre mi cama; nunca hasta esa noche me detuve a contemplar el cielo y a conversar con la naturaleza: en el campo, en la ciudad corrí, jugué, alboroté, cometí bribonadas siempre en la tierra, por decirlo así, sin cuidarme nunca de la luna, ni de las estrellas, ni de las nubes. La noche a que me refiero era noche clara, los rayos lunares penetraban por la ventana y dejaban sobre mi colcha como un pliego de papel blanquísimo; esto fue lo primero que llamó mi atención; más, luego levanté los ojos y miré la luna y los campos de nubes que la cortejaban, contemplé las estrellas y el cielo azul que las engastaba, y me olvidé del colegio y de los colegiales y de la hambrecita que me estaba hurgando las entrañas: de todo me olvidé y me figuré cabalgando en una nube que tomó la forma de esos leones (parodias de grifos) con alas, que había visto pintados en las cajas de obleas, y recorrí el cielo entero y soñé con infinidad de cosas muy vagas pero muy agradables, y soñé despierto y continué soñando dormido hasta que el frío del amanecer me despertó; tiritando pero asido todavía a la dulzura inexplicable de mis recientes sueños, me metí entre las frazadas, suspiré con agradable tristeza y me dormí nuevamente (Tobar 1888, 70-71).

En el último cuarto del siglo XIX, el término «melancolía» abarcaba diferentes situaciones y cambios anímicos al mismo tiempo: estados de ánimo fugaces, diversos desórdenes mentales que iban desde incipientes a severos; reacciones normales hasta aspectos permanentes de la personalidad. Así, hasta el final de ese siglo, lo que hoy se entiende como estados diferentes e incompatibles de la melancolía (como períodos de tristeza, pertenecientes a la psicología y la depresión, perteneciente a la psiquiatría), no lo eran en esa época. La separación y el estudio de esos fenómenos comenzaron a producirse en la última parte de la centuria y dieron origen al nacimiento de la psicología y de la psiquiatría (Radden 2000, 4). Esta situación clínica debe tenerse en cuenta, ya que Carlos R. Tobar fue médico y su trabajo para obtener el grado de doctor en medicina en Chile llevó el título de *La Hipocondría Memoria* (1877) [Varios 1890, 77, 119].

De ahí que la vaguedad de Coloma-narrador al calificar de melancolía sobre lo que sentía Timoleón en los dos últimos fragmentos, con la tristeza y la pérdida de peso, indica que la situación de la escuela lo estaba afectando psicológicamente y ya estaba en etapas de la depresión: «tampoco mis labios se sonreían». En él existía una observable proporción de sufrimiento a causa de la de minusvalía propia y del desvalimiento que experimentaba; porque percibía el fracaso como una circunstancia duradera; además tenía problemas en el dormir y el comer; por eso «la concentración del alma», la inercia, el letargo, la desconfianza. Sufría un trastorno general del estado de ánimo producido por el estrés en que vivía y agravado por la carencia de vínculos afectivos primarios en esa realidad basada en valores sociales desconocidos e inmanejables.

Así, la casualidad que se produce al quedar abierta la ventana y al poder observar Timoleón la luz «como un pliego de papel blanquísimo» que caía sobre su cama, lo hace reaccionar, comenzando a efectuarse un cambio anímico y psicológico en él, que se explicita dinámicamente mediante el simbolismo de las palabras con que Coloma rememora el hecho; puesto que, por medio de la imagen del pliego de papel, con la fragilidad de la textura que se le atribuye a ese material, el narrador indica la inestabilidad en que se encontraba el espíritu del chico; pero al destacar con énfasis el color blanco, hace prestar atención cuidadosamente a la red de significados y simbolismos que posee esa tonalidad; uno de los cuales revela que es «el color del pasaje considerado éste en el sentido ritual por el cual se operan las mutaciones del ser, según el esquema clásico de toda iniciación» (Chevalier y Gheerbrant 1988, 190). De esta manera, avisa que la crisis que se produjo en Timoleón comienza un proceso de evolución interna.

Inmediatamente al mirar «la luna y los campos de nubes que la cortejaban», Coloma sigue acentuando el cambio que se produce; ya que, la luna es símbolo de «transformación y crecimiento» (Chevalier y Gheerbrant 1988, 1658); astro que está rondado por las nubes, que: «son el tabique que separa dos grados cósmicos» (Chevalier y Gheerbrant 1988, 757). De este modo, continúa realzando que ya ha comenzado la evolución del estado anímico.

La situación se refuerza mediante la contemplación de «las estrellas y el cielo azul que las engastaba»; pues algunos de los simbolismos de las estrellas: especifican que «su carácter celeste las presenta también como símbolos del espíritu y, en particular, del conflicto entre las fuerzas espirituales, o de la luz, y las fuerzas materiales, o de las tinieblas. Traspasan la oscuridad, son también faros proyectados sobre la noche de lo inconsciente» (Chevalier y Gheerbrant 1988, 484). Al mismo tiempo que la estrella: «evoca también los misterios del sueño y de la noche; por brillar con brillo propio, el hombre debe situarse en los grandes ritmos cósmicos y armonizarse con ellos» (Chevalier y Gheerbrant 1988, 488). Es decir, esos astros le hacen ya entender a Timoleón que existe una salida para la situación que lo agobia; empieza a ver la luz que le indica cómo deshacerse de las tinieblas en que los estados depresivos se le estaban manifestando; interiorización que se explicita con el color azul nocturno; ya que el azul es:

> [E]l más profundo de los colores (...); es el más inmaterial de los colores (...); aplicado a un objeto, el color azul aligera las formas, las abre, las deshace. (...) inmaterial en sí mismo, el azul desmaterializa todo cuanto toma su color. Es camino de lo indefinido, donde lo real se transforma en imaginario. (...) El azul celeste es el camino del ensueño, y cuando se ensombrece ésta es su tendencia natural pasa a serlo del sueño. El pensamiento consciente deja poco a poco sitio a lo inconsciente
> (Chevalier y Gheerbrant 1988, 163-164).

Así en forma figurada, Coloma–narrador representa la manera en que ya Timoleón sale de su crisis dando vuelo a su imaginación y relegando las preocupaciones y los problemas «del colegio y de los colegiales» y hasta del hambre que lo acosaba para comenzar a buscar la solución; el proceso de modificación interna y mental comienza a concretarse, permitiéndole pasar a un estado de ensoñación. «Aunque las ensoñaciones tienen frecuentemente un aspecto particular de extrañeza y discontinuidad, no dejan de ser, a la vez, una representación de una realidad personal» (Fernández Guardiola 1993, 27). De esta manera, el lenguaje figurado expresa magistralmente la evolución de la etapa depresiva y de la manera en que la crisis empieza a resolverse. Puesto que, mediante la ensoñación se deshace de temores y deseos que tienen una base lógica en sus pensamientos; pero que al evolucionar para mejorar se expresan en su inconsciente y afloran en ese estado.

En su ensoñación recurre a la evocación de aspectos que habían sido parte de su infancia feliz: las cajas de obleas y los dibujos con los que el producto se representaba, y hace uso de ellos para dar vuelo a su imaginación y a su espíritu, y así poder librarse del bagaje de temores y desesperanzas sobre lo que experimentaba, para sentirse con el poder y la fuerza de un león con alas; símbolo de: «poderío y de soberanía; (...) también del sol» (Chevalier y Gheerbrant 1988, 637); pero además con un aspecto negativo que es el ser: «símbolo de una pulsión social pervertida: la tendencia a dominar como déspota, a imponer brutalmente la propia fuerza o autoridad» (Chevalier y Gheerbrant 1988, 637-638).

Es decir, se sintió con ímpetu para hacer frente a la situación, pero a la vez para llegar a ser parte de ese grupo que lo oprimía. No obstante, la ensoñación se aclara por ser «leones (parodias de grifos) con alas». El grifo «se inscribe así en la simbólica general de las fuerzas de salvación» (Chevalier y Gheerbrant 1988, 539). Lo que da la idea de que se siente con impulso para rechazar lo que lo angustia y, a la vez, para ser parte de eso mismo; pero además de que en su interior habrá la posibilidad de dejar atrás el aspecto negativo de la nueva actitud que está desarrollándose y que le permitirá tomar decisiones para su inscripción tanto dentro de la comunidad estudiantil donde pasará siete años como posteriormente en la sociedad como ciudadano.

Después de la ensoñación continuó «soñando dormido»; pero el frío lo despertó «asido todavía a la dulzura inexplicable de [sus] recientes sueños», pero volvió a dormir. De esta forma, todo el tiempo en que sucedió el paso entre la realidad, la ensoñación y el sueño sirvió como una catarsis para liberar su espíritu de las zarpas de la tristeza, la desesperanza, la depresión y la melancolía, y oponerse ese estado anímico negativo por medio de la conciencia, la subsconsciencia y la actividad mental para ayudarse a salir de él; pues: «Como acto mental, se especula que el soñar también es aprovechado para lograr la meta de controlar el mundo» (Carskadon 1995, 6); por eso, decidió reconciliase y amistarse con el muchacho que le causaba el sentimiento de angustia que lo había afectado de manera tan fuerte, para sobrevivir en ese medio, pero para aprender a defenderse en situaciones similares.

A partir de ese momento, se acentúa en él la autoconciencia, porque considera más claramente las perspectivas futuras con respecto al resto de la vida; ya en él, el tomar decisiones es una nueva condición adquirida. Comienza a comprender el mundo y sus circunstancias y a asociar actitudes, situaciones, acciones y reacciones; ahora vive con la nueva convicción y entiende el concepto de que en el colegio se aprende a un nivel embrionario lo que serán posteriormente las leyes que rigen la república:

> Es tan cierto que el colegio es una republiquita, que había hasta partidos: uno de gobierno, por decirlo así, y otro demagogo. Los gubernativos eran los mimados por las autoridades, y la mesnada estaba constituida por los aplicados y formales, los aduladores y chismosos; los demagogos eran los «sedientos de aura popular», es decir, deseosos de aplausos de los demás muchachos, y el partido estaba formado por los bulliciosos a las horas de silencio, los *prodigiadores* y los re-

zongones, en compendio, por los quebrantadores perpetuos de todo orden (Tobar 1888, 82-83).

Al buscar inscripción dentro de un grupo y aceptación de sus compañeros, Timoleón escoge el de ocio y la adulación; pero su destino cambia cuando hay remoción del personal de educadores por uno nuevo, lo cual redunda en su aplicación y en la obtención de una carrera literaria finalmente, gracias a «las atenciones de un nuevo catedrático» (Tobar 1888, 115). «El hombre es lo que quiere ser, se ha dicho con bastante razón; pero es indudable que para llegar a donde se propone, necesita del apoyo de los demás» (Tobar 1888, 116). De este modo, las aventuras del colegio fueron el preludio de la acción genuina, que lleva a Timoleón a convertirse en un joven sensato, que hace frente valientemente a situaciones inesperadas; pero a la vez, en las memorias de Coloma-narrador se observa que la razón de ser de su escritura va mucho más allá que la del prurito de contar; él quiere mostrar cómo las circunstancias de la vida de alguien ayudan o impiden que ese ser alcance un destino productivo, como sucedió con él y con sus compañeros.

Ahora bien, en la escritura de Coloma existe una circunstancia relevante que establece una relación entre lo consciente y lo inconsciente, entre lo familiar y lo extraño que se conoce por medio de sus palabras. Él tiene un amigo, Álvaro, a quien pide información sobre algunos de los personajes de su texto y de quien transcribe una carta, un aparte de la cual interesa aquí:

Quito, a 17 de octubre de 1882.
Sr. D. Timoleón Coloma.
N*
Queridísimo y recordadísimo Timoleón:
¡Tunante, badulaque, calvatrueno, por fin te acordaste de mí!
¿Quién podría creer que el amigo íntimo, el inseparable, escribe a su *alter ego* después de unos cuantos largos meses de silencio?
¡Cosa original! Yo, como tú, había hallado un no sé qué de romancesco en la vida de Agustín Manso, y he ido tomando

apuntes de ella para, desfigurándola lo conveniente, a fin de
que el verdadero protagonista no fuese conocido en ésta
nuestra tierra de exageradas susceptibilidades y malévolas
suspicacias , entretejer una novela de costumbres, caso de que
las ocupaciones me concediesen el tiempo necesario para la
realización de una empresa más difícil aquí que en ninguna
otra parte del mundo; pero las semanas y los meses vuelan sin
que me den respiro las tareas prosaicas de padre de familia
pobre, y te cedo mis apuntes, tanto más desinteresadamente
cuanto la cesión me salva de las tentaciones de gastar el
dinero en imprenta, en *Quito* que, perdona el equívoco, es
acaso la abreviatura de un mote, divisa o leyenda que diría:
Quito y no doy.
Allá te van: arregla tú un cuento o lo que gustes, si tus labores
y bolsillo te dan ocasión para ello (Tobar 1888, 177-178).

Las vivencias, las concepciones, las intenciones de Coloma, el
desarrollo y el empleo de la escritura no son objetivos y acciones
únicos y privativos de él; con Álvaro ha compartido esas situaciones y esos pensamientos, a tal punto que éste se reconoce como
el *alter ego* de Coloma; es decir, se ve reflejado en el «otro», es su
doble, y se ve en él (a la manera de un espejo); entre ellos hay una
dinámica de atracción por las similitudes que comparten; después
de haber sido amigos muy unidos, ahora alejados por las responsabilidades, en ellos existen facetas que son dobles en comportamiento, en ideas, en motivos para su actuación, como el seleccionar al mismo compañero para, basándose en su vida, tomar
notas para escribir una novela; así como también para el motivo
de esa escritura. A tal punto se compenetran, son el mismo y el
otro a la vez, que dicha calidad se convierte en el eje central de la
narración, puesto que Álvaro escribe una carta que envía a
Coloma fechada en «Quito, a 17 de octubre de 1882» (Tobar 1888,
177); mientras que Coloma culmina el texto de la «Advertencia»
con la misma fecha: «Quito, a 17 de octubre de 1882» (Tobar
1888, 53). Este es un elemento temático intratextual que refleja
una similitud en las personalidades en el ámbito público y en el

privado entre Coloma y Álvaro por la repetición de ideas y su ejecución, tanto como por la escritura de dos textos diferentes: carta y «Advertencia» en la misma fecha; elemento que configura una herramienta cognoscitiva que sirve para indagar en las facetas ocultas del hombre y del mundo, como alternativa de la razón y como prueba de que no todo tiene explicación.

De esta manera, los amigos como *alter ego* entre ellos, de doble o de doppelgänger el uno del otro, coinciden, se comunican y establecen una relación inseparable a través de la escritura. Álvaro cede sus ideas y sus manuscritos al amigo y Coloma los acepta, los toma y los incorpora en su creación; relación que se hace más fuerte, puesto que en la coordenada de la identidad como individuos han estado inmersos en la misma realidad y han sido afectados o no por las mismas circunstancias. Es decir, son: amigos, hermanos no sanguíneos que disfrutan una relación fraternal, donde se reconocen como inseparables: «el amigo íntimo, el inseparable, escribe a su *alter ego*», que desean el encuentro entre sí, pero que únicamente les queda compartir un objeto a través del cual se transforman: los manuscritos,[5] situación que permite a Coloma solidificarse como escritor de ficción.

Ahora, junto a estas estrategias narrativas que estructuran y peculiarizan la historia de Timoleón Coloma hay que tener en cuenta dos aspectos que intervienen en su discurso:

> Uno de los motivos en la literatura contemporánea ha consistido en incrustar elementos autobiográficos por considerarlos con algún merito y de posible interés para otros. (...) Si algún pasaje literario o texto suena o se siente autobiográfico —sea éste personal o pseudo-personal— éste puede calificarse como impulso autobiográfico así no se pueda demostrar (Seigneuret, *et.al* 1988, 135).

Si a esto se agrega que la novela no es una copia del mundo real, sino un mundo de ficción con reglas propias, que mediante técnicas narrativas crea lo que Barthes llamó «el efecto de realidad» (1970, 95-102) y que según sea el tipo de marcos de refe-

---

5 Para una presentación teórica sobre las parejas de amigos como dobles (véase: Martín López 2006, 21-24).

rencia que posean los lectores, estos van a creer que pertenece a otro tipo discursivo que no es ficcional, tomando los referentes presentados como si fueran reales. De ahí que, lectores de diversas épocas hayan tomado las escenas relatadas como si fueran parte de la autobiografía del autor Carlos R. Tobar.

Este mundo ficcional pareciera, a primera vista, ser la simple historia de circunstancias que un joven debe vivir, afrontar y superar para llegar a consolidar su identidad y a convertirse en ciudadano productivo. Sin embargo, al efectuar una lectura del texto tanto dentro de un esquema teórico, como de un estudio de los símbolos que obligue a ver los mecanismos que estructuran la narración, se observa que existe una serie de circunstancias internas y externas que condicionan la interpretación y exponen la manera novedosa en que Carlos R. Tobar estructuró el mundo ficcional tanto con aspectos científicos de la psicología y de la psiquiatría, que como médico él había estudiado, como con características empleadas también en la literatura como los sueños, las manifestaciones especulares y del doble, que muestran la dualidad psique-cuerpo y la condición binaria e incluso múltiple del ser humano, que tiene que ver con la fragmentación o la consolidación de su identidad individual y social. Desde esta perspectiva, esta novela al presentar una vida que debe afrontar la realidad directamente con las armas de la razón es un serio aporte al Realismo ya no solo en la literatura ecuatoriana sino a la hispanoamericana de finales del siglo XIX.

RAÚL NEIRA

Bibliografía

Avilés Pino, Efrén. «Carlos R. Tobar». *Diccionario del Ecuador.* Guayaquil: FILANBANCO, [s.f]. http://www.mmrree.gov.ec/mre/documentos/ministerio/cancilleres/carlos%20tobar.htm

Ayala Mora, Enrique. *Lucha política y origen de los partidos en Ecuador.* Quito: Centro de Publicaciones, Pontificia Universidad Católica del Ecuador, 1988.

Barthes, Roland. «El efecto de realidad». *Lo verosímil. Comunicaciones 11.* 1968. Buenos Aires: Editorial Tiempo Contemporáneo, 1970. 95-102.

Barrera, Isaac J. *Historia de la literatura ecuatoriana.* Quito: Casa de la Cultura Ecuatoriana, 1960.

Campoamor, Ramón de. «El trompo y la muñeca». *Los pequeños poemas.* Madrid: English y Grass Editores, 1879. 209-220.

Carskadon, Mary A. *Encyclopedia of Sleep and Dreaming.* New York: Simon & Schuster-MacMillan, 1995.

Chevalier, Jean y Alain Gheerbrant. *Diccionario de símbolos.* Barcelona: Editorial Herder, 1988.

Cirlot, Juan Eduardo. *Diccionario de símbolos.* Barcelona: Ediciones Siruela, 1998.

Dällenbach, Lucien. *El relato especular.* Trad. Ramón Buenaventura. Madrid: Visor, 1991.

Dillón, Luis N. *Álbum Ecuatoriano* (Quito) I.7 (1895).

Estébanez Calderón, Demetrio. *Diccionario de términos literarios.* Madrid: Alianza Editorial, 1999.

Fernández Guardiola, Augusto. «La ensoñaciones: el infranqueable núcleo de la noche». *Ciencias. (*Universidad Nacional Autónoma de México). (30 de abril de 1993): pp. 27-35.

Gallo Almeida, Luis. S. J., «Carlos R. Tobar». *Literatos ecuatorianos.* Quito: Talleres Gráficos del Colegio Militar, 1938. 180-185.

Gatzemeier, Claudia. «El genio de la botella» de Rafael Ángel Herra bajo el signo de la metadiscursividad». *Revista de Crítica Literaria Latinoamericana* Año 28, No. 56 (2002): 173-186.
Genette, Gerard. *Figuras III*. Trad. Carlos Manzano. Barcelona: Editoral Lumen, 1989.
_____.*Paratext: Thresholds of Interpretation*. Trad. Jane E. Lewin. Cambridge: Cambridge University Press, 1997.
Hurtado, Osvaldo. *Las costumbres de los ecuatorianos*. Quito: Editorial Planeta del Ecuador, 2007.
Kingman Garcés, Eduardo. «Del hogar cristiano a la escuela moderna. La educación como modeladora de habitus». *Bulletin de l'Institut Français d'Études Andines* 28.3 (1999): 345-359.
Lanser, Susan Sniader. *The Narrative Act. Point of View in Prose Fiction*. Princeton, New Jersey: Princeton University, 1981.
Martín López, Rebeca. *Las manifestaciones del Doble en la narrativa breve contemporánea española*. Universidad Autónoma de Barcelona, 2006. [Tesis doctoral].
Puga, Miguel A. *La gente ilustre de Quito*. Quito, Editorial Delta – Sociedad de Amigos de la Genealogía, 1994.
Quintero, Rafael y Erika Silva. *Ecuador, una nación en ciernes*. Quito, Ecuador: Facultad Latinoamericana de Ciencias Sociales, Sede Ecuador- *Abya*-Yala, 1991.
Radden, Jeniffer. *The Nature of Melancholy from Aristotle to Kristeva*. Oxford – New York: Oxford University Press, 2000.
Reis, Carlos y Ana Cristina M. Lopes. *Diccionario de narratología*. Salamanca: Ediciones Colegio de España, 1995.
Rojas, Ángel F. *La novela ecuatoriana*. México: Fondo de Cultura Económica, 1948.
Seigneuret, John-Charles. et.al. *Dictionary of Literary Themes and Motifs*. Westport Connecticut: Greenwood Press, Inc., 1988.

Segatore, Luigi y Poli Gianangelo. *Diccionario médico*. 5ª ed. revisada. Barcelona: Editorial Teide, 1975.

Tobar, Carlos R. «Timoleón Coloma. Dibujos de costumbres quiteñas». *Más brochadas, malos dibujos. Tres discursos*. Barcelona: Imprenta de Luis Tasso Serra, 1888. 48-185.

_____.«Timoleón Coloma». *Cuento ecuatoriano del siglo XIX y Timoleón Coloma*. Hernán Rodríguez Castelo. Coord. Guayaquil – Quito: Publicaciones Educativas «Ariel», 1972, 125-194. [Clásicos Ariel 95].

_____.*Timoleón Coloma*. Quito: Editorial El Conejo, 1984.

Tobar Donoso, Julio. «Carlos R. Tobar». *Los miembros de número de la Academia Ecuatoriana muertos en el primer siglo de su existencia (1875-1975)*. Quito: Editorial Ecuatoriana, 1976. 206-213.

Tymms, Ralph. *Doubles in Literary Psychology*. Cambridge: Bowes and Bowes, 1949.

Varios. *Apéndice a los Anales de la Universidad. Índice alfabético y analítico de los trabajos publicados (1843-1887)*. Santiago de Chile: Imprenta Nacional, 1890.

El rol del intelectual y el realismo espiritualista finisecular en *Campana y campanero* (1891) de Honorato Vázquez

Danilo García Bernal
Investigador Independiente

Introducción

Honorato Vázquez (1855-1933) en *Arte y moral* habla del arte hermanado con la fe,[1] y manifiesta una clara oposición al arte por el arte como era presentada por la literatura de fin de siglo XIX en Hispanoamérica. Esta apreciación abre las posibilidades de comprender la obra literaria de este intelectual ecuatoriano, no sólo en cuanto a sus posturas sobre lo literario, sino también para entender cómo utilizó su escritura como instrumento tanto para proyectar su ideología política como para combatir la reforma liberal alfarista que socavaba el poder conservador en el Ecuador en los últimos años de ese siglo.

Pierre Bourdieu en *Campo de poder, campo intelectual* establece que:

> [E]l intelectual está situado histórica y socialmente en la medida en que forma parte de un campo intelectual, por referencia al cual su proyecto creador se define y se integra, en la medida, si se quiere, en que es contemporáneo de aquellos con quienes se comunica y a quienes se dirige con su obra, recurriendo implícitamente a todo un código que tiene en común con ellos —temas y problemas a la orden del día, formas de razonar, formas de percepción, etc. (Bourdieu 2002, 41).

Por otra parte, Edward Said, en *Representaciones del intelectual*, habla de la manera en que Gramsci establece dos tipos

---

1   «La pluma no es amigos míos, instrumento de industria. ¡Cómo podría serlo! (...). Cuando el Arte guarda sus nobles fueros, el arte literario jamás puede ser industria» (Vázquez 1889, 38).

de intelectuales: los tradicionales y los orgánicos. Estos últimos los caracteriza como «directamente conectados con clases o empresas que se sirven de los intelectuales para organizar intereses, aumentar el poder y acentuar el control que ya ejercen» (Said 1996, 23). Partiendo de estas observaciones sobre el intelectual y su relación con quienes se comunica, en este ensayo se explorará el rol de Honorato Vázquez como intelectual en su momento y lugar históricos, el lugar que ocupaba en el campo intelectual ecuatoriano; además de los códigos comunes entre él, como autor, y a los receptores a los que se dirigió en sus escritos para entender el propósito de recrear su «verdad absoluta» en la novela corta «Campana y Campanero».[2]

Honorato Vázquez fue abogado, diputado, diplomático, miembro del partido conservador, escritor, profesor, pintor y ante todo un intelectual de su época. Nació en Cuenca - Ecuador el 21 de octubre de 1855 y murió en la misma ciudad el 26 de enero de 1933. Estudio en el Colegio Nacional de la ciudad y posteriormente se recibió con un título en Derecho en la universidad. Ejerció como profesor del Colegio Nacional y del Seminario. En 1878 durante la dictadura del general Ignacio Veintemilla, el gobernador ordenó el rechazo de su grado universitario y posteriormente lo condenó al destierro en 1880. Vázquez salió al Perú, donde vivió y ejerció como profesor del Instituto científico de Lima. Luego de más dos años de destierro, regresó a Ecuador.

En 1875, hizo su primera publicación al instalarse la Sociedad Filarmónica, y al año siguiente publicó «Cuestiones Gramaticales» en el periódico *La Luciérnaga*. En 1877, publicó junto a Miguel Moreno: «Sábados de Mayo». En 1878, «Virtud e hidalguía mal interpretada» y en 1885, publicó *En el destierro. Hojas literarias;* también: *Poesía y crítica*. En ese mismo año, fue nombrado Secretario del Interior y Relaciones Exteriores. El 11 de febrero de 1886, ingresó a la Academia Ecuatoriana de la lengua presentando un discurso sobre el «Tratado de la belleza de Juan

---

2   Al efectuar esta afirmación, aquí se tiene en cuenta la diversidad de usos y concepciones que se tenían de la ficción durante el siglo XIX y la falta de concreción que existió hasta ya bien entrado el siglo XX sobre los conceptos de novela, novela corta, cuento, etc. Para un aporte a esta situación de indefinición véanse los artículos de Rodríguez-Arenas en esta colección que explican el fenómeno narrativo.

Montalvo»; también en ese mismo año, publicó: *Discurso pronunciado en la clausura del Congreso Eucarístico*. En 1889, divulgó *Arte y moral*. Posteriormente trabajó como diputado en la Asamblea Constituyente. En 1891, publicó «Campana y Campanero» en la *Revista Ecuatoriana*; y *Ley de instrucción pública: concordada y puesta al corriente de la legislación actual*. En 1892, fue nombrado Secretario del defensor ecuatoriano y publicó *Memoria Histórico-jurídica*. Representó a Ecuador en el Perú y en España en asuntos limítrofes. En este largo periodo publicó diversos escritos de temas relacionados con litigios limítrofes.

Otras publicaciones suyas fueron: *Contra la ley de patronato* (1899); *Cuestiones religiosas en el Senado* (1904); *Segundo memorándum* (1905); *Exposición ante s. m. c. don Alfonso XIII en la demanda de la República del Ecuador contra la del Perú sobre límites territoriales* (1906); *Litigio de límites entre el Ecuador y el Perú: el epílogo peruano* (1907); *Litigio de límites entre el Ecuador y el Perú: el epílogo peruano; memorándum para el Ministerio de relaciones exteriores de la República del Ecuador* (1907); *Defensa de los intereses católicos en el Ecuador* (1908); *Algo más acerca de la frontera ecuatoriano-peruana; cartas al Excmo. Sr. D. Honorato Vázquez, Ministro plenipotenciario y Enviado Extraordinario del Ecuador en misión especial á propósito del dictamen jurídico emitido acerca de esta materia por varios distinguidos jurisconsultos españoles* (1908); *Litigio de límites entre el Ecuador y el Perú. El Memorándum final del Perú. Contramemorándum de Honorato Vázquez, enviado extraordinario y ministro plenipotenciario del Ecuador en misión especial* (1909); «Piedad y letras» en diversas revistas y periódicos (1915 y años posteriores); *Tratado del sable* (1916); *La obra poética de Crespo Toral; discurso* (1917); *Bien hablado, bien rezado* (1919 y 1923), *El Quichua en nuestro lenguaje popular* (1921 y ediciones posteriores); *Sor Gregoria Francisca de Santa Teresa (1653-1736)* (1921); *Un cura gallero* (1921); *San Jerónimo y sus discípulas* (1922); *Raza española* (1922); *Isabel la Católica; conferencia de Honorato Vázquez en el Centro de Estudios Históricos y Geográficos del Azuay con motivo de *la Fiesta de la Raza* (1922); *San Francisco de Sales* (1823); *Unción; apunte filológico* (1923); *Acción del pontificado* (1923); *Contribución a los trabajos de la Real Academia Española sobre el diccionario de la lengua* (1923); *El idioma castellano en el Ecuador* (1925); *El oficio del santísimo sacramento de Santo Tomás de Aquino* (1925); *Tres notables paráfrasis castellanas del salmo Judica me Deus* (1925); *También en España; errores de lenguaje* (1926); *Santa Teresa de Jesús, su espíritu varonil* (1926); *Jesucristo, primogénito de la creación* (1926); *Ecos del destierro* (1933); *Cristo Rey* (1933); *Reparos sobre nuestro lenguaje usual* (1934). *Anotaciones a la Gramática de la Academia Española* (1936). Honorato Vázquez participó en el Rectorado de la Universidad del Azuay en julio de 1908, enero de 1911, enero de 1912, diciembre de 1922. También se dedicó a la pintura y dejo 64 cuadros (Tobar Donoso 1976, 190-203).

Ecuador: 1890-1900

1891 fue el año de publicación de la obra «Campana y Campanero» que interesa en este acercamiento. El contexto histórico en que se publica el texto fue la última década del siglo XIX en Ecuador; la cual se caracterizó por los enfrentamientos militares. Por una parte, estaban las montoneras liberales de origen popular y por la otra el ejército de la oligarquía (Núñez Sánchez 2002, 92).

Era la disputa del poder entre el pasado colonial de los grandes oligarcas apoyados por la iglesia y las nuevas fuerzas surgidas del pueblo raso y eminentemente originario del campo. El líder de la insurgencia armada liberal fue Eloy Alfaro, quien lanzó una campaña militar en 1882 contra la dictadura de Ignacio Veintemilla, y fue fundamental en la derrota del dictador. En lo político, a pesar del triunfo militar de la insurgencia liberal, el control lo ejerció una coalición de políticos liberales y conservadores durante 11 años, lapso que fue denominado el «Periodo Progresista». Fue una década altamente represiva en el Ecuador.

El gobierno aplicó medidas de control como el Estado de Sitio y la supresión de protestas sociales por medio del ejército. Sumado a lo anterior, la corrupción gubernamental fue desde los arreglos fraudulentos en la negociación de la deuda externa con Inglaterra, a la entrega de territorios a acreedores, hasta llegar a extremos como el sonado escándalo de la venta de la bandera en 1894, durante el gobierno de Luis Cordero.

La represión generalizada y las protestas extendidas a nivel nacional condujeron al estallido revolucionario de 1895 convocado por Eloy Alfaro en una proclama desde Managua:

> Solamente a balazos dejarán vuestros opresores el poder, que tienen únicamente por la violencia. Pensar de otro modo equivale a dar tregua a tenebrosas intrigas. ... Sin sacrificios no hay redención... La libertad no se implora como un favor, se conquista como un atributo inmanente al bienestar de la comunidad. Afrontemos, pues, resueltamente los peligros y luchemos por nuestros derechos y libertades, hasta organizar una honrada administración del pueblo y para el pueblo (Núñez Sánchez 2002, 92).

La revolución triunfó al derrotar al gobierno de Cordero, pero desató una disputa por el poder entre los seguidores liberales de Alfaro y los oligarcas y burgueses. Finalmente, Alfaro accedió al poder pero teniendo como contrapeso a la oligarquía. Esto condujo a enfrentamientos militares a nivel nacional a pesar de los intentos de conciliación de Alfaro con las diferentes fuerzas de poder, representadas en la oligarquía conservadora fuertemente respaldada por la iglesia. En la segunda mitad de 1895 se consolidó la toma del poder por parte del ejército alfarista y se dio inicio a las reformas liberales que se resumieron en el «Decálogo Liberal» publicado en el periódico *El Pichincha* que proclamaba:

- Decreto de manos muertas.
- Supresión de conventos.
- Supresión de monasterios.
- Enseñanza laica y obligatoria.
- Libertad de los Indios.

- Abolición del Concordato.
- Secularización eclesiástica.
- Expulsión del clero extranjero.
- Ejército fuerte y bien remunerado.
- Ferrocarriles al Pacífico (Núñez Sánchez 2002, 103).

Esta revolución de carácter laico y con inclinaciones de libre pensamiento y tolerancia se vio enfrentada al orden oligarca y confabulado con la iglesia dominada por altos prelados extranjeros. Sin embargo, los liberales no compartían todos los postulados de la revolución alfarista; esto se hizo más notorio en el debate en 1896-1897 sobre la propuesta de los radicales liberales por la libertad de cultos y la defensa por parte de los liberales de la vieja escuela; como también por los conservadores del reconocimiento de la religión católica como la oficial del Ecuador.

El gobierno de Alfaro entre 1895 y 1901 se caracterizó por la lucha armada ante la arremetida bélica de las fuerzas armadas de la oligarquía conservadora apoyada por la iglesia. El gobierno liberal hizo concesiones con la oligarquía conservadora en búsqueda de la paz, y esto condujo al cambio de poder en 1901 al candidato de inclinaciones conservadoras Leonidas Plaza. Al finalizar el siglo XIX, los conservadores trataban de retomar el poder político y la ideología ultra católica ante las reformas liberales populares. El país se debatía entre estas fuerzas internas y las injerencias del Vaticano por validar el acuerdo con el gobierno de García Moreno para mantener su férreo poder religioso y las prebendas obtenidas, el acoso de los conservadores militarmente a nivel nacional y desde el territorio colombiano con el apoyo del gobierno conservador de Miguel Antonio Caro.

En esta década álgida para Ecuador, Honorato Vázquez ejerció como representante diplomático para los asuntos limítrofes con Perú. También participó en el debate de la Asamblea Constitucional sobre la reforma del artículo 12 de la constitución en relación con la religión católica, defendiendo la postura de los conservadores en contra de la reforma. Además, defendió la postura del Vaticano en el asunto del acuerdo hecho durante el gobierno de García Moreno.

«Campana y Campanero» (1891)

Pasando a la obra literaria de Vázquez que abarca el ensayo, la poesía y la narrativa, nos concentraremos en una de sus novelas cortas publicada en 1891 en la *Revista Ecuatoriana*: «Campana y Campanero» que trata del niño Adán-Gorrión, hijo de la sacristana y huérfano de padre; quien vive bajo el campanario de la iglesia del pueblo con su madre y su hermano mayor Tomás. Gorrión cree las historias que su madre le ha contado sobre cómo los toques de las campanas son la voz de Dios. Esto despierta su curiosidad y a pesar de la prohibición expresa de su madre de subir al campanario, sucumbe a la tentación y sube a ver. Luego de satisfacer su curiosidad, el niño tiene más cuestionamientos que respuestas y da muestra de duda ante la afirmación de la progenitora de que el sonido de las campanas era la voz de Dios; así se pregunta a dónde se dirige ese sonido.

Luego, ocurre la muerte del hermano mayor, Tomás, por lo cual lo invade el dolor. Posteriormente, la campana mayor del campanario se resquebraja y en el pueblo deciden bajarla de la torre para derretirla y fundirla de nuevo. El chico no quiere esta nueva campana y le dice esto en la tumba a su hermano. Al día siguiente, encuentran al niño muerto en ese mismo lugar. Gorrión va al cielo y Dios le dice que pondrá su voz en la nueva campana para que sólo la oiga la madre. Desafortunadamente, la progenitora no soporta escuchar la nueva campana y le pide al cura que no la toquen más. Tiempo después muere la sacristana. Hacia el final de la novela, el narrador se dirige a Teresa, mencionada en la dedicatoria del epígrafe, para decirle que Dios será bendito por todas sus acciones, y también para indicarle que él mismo había tocado la campana antigua y la nueva y que había sido uno de los «asesinos» que había participado en las burlas hacia la campana rota.

Ahora bien, para intentar explicitar lo que llevó a Vázquez a crear esta novela; aquí se abordará la función como intelectual que el autor desarrolló, empleando la perspectiva de Pierre Bourdieu en *Campo de poder, campo intelectual*:

> La relación que un creador sostiene con su obra y, por ello, la obra misma, se encuentran afectadas por el sistema de las relaciones sociales en las cuales se realiza la creación como acto de comunicación, o, con más precisión, por la posición del creador en la estructura del campo intelectual (2002, 9).

En este orden de cosas, el sistema de las relaciones sociales en que Honorato Vázquez crea y publica «Campana y Campanero» fue el siguiente: Ecuador se encontraba en un momento de conflictos políticos, militares e ideológicos entre el viejo orden establecido por las elites conservadoras apoyadas por la iglesia y el de los liberales alfaristas. En medio de estas disputas, el control otorgado a la iglesia sobre la educación y la conciencia de la gente en general era un factor álgido de disputa. Los liberales procuraban una nación laica, de mayor apertura económica e ideológica y el reconocimiento de la libertad de cultos.

Honorato Vázquez, criado dentro de la tradición católica en el Ecuador durante el siglo XIX, era un firme creyente en Dios como explicación y sentido de las cosas. Ser ecuatoriano en el siglo XIX era ser católico a la manera de entender de los conservadores de la época y de una gran porción de los liberales. A pesar de no ser un hombre rico o heredero de tierras, como lo eran los oligarcas conservadores que habían detentado el poder en su mayoría desde las guerras de independencia de España, Honorato Vázquez se encontraba más cerca a esta ideología conservadora por causa de su formación familiar y de su educación dentro de una tradición católica y conservadora. Al ejercer cargos públicos ante todo como diplomático y al participar en el Senado, obtuvo y detentaba un cierto grado de poder y un campo de influencia en grandes decisiones como cuando la Cámara de Diputados aprobó y envió el proyecto de ley para suprimir el artículo 12 en la Convención Nacional de 1896-1897, que decía: «La Religión de la República es la católica, apostólica, romana, con exclusión de todo culto contrario a la moral. Los Poderes Públicos están obligados a protegerla y hacerla respetar» (Vázquez 1908, 91).

Honorato Vázquez en su vehemente defensa de la religión católica ante el Senado, desde su perspectiva de conservador, esgrimió el siguiente argumento:

> El Catolicismo en el Ecuador es inherente a la nacionalidad, está encarnado en ella, es la historia misma del pueblo ecuatoriano; y así los artículos constitucionales relativos a la Religión Católica que se han sucedido hasta hoy en la serie de las Constituciones que nos han regido, no son otra cosa que la declaración de un hecho, la confirmación de la historia ecuatoriana y el consiguiente acatamiento a los derechos de la Religión Católica en la República del Ecuador.
> En la fe católica ha vivido y vivirá este pueblo cuya historia viene a desconocer, a alterar el proyecto, sin derecho alguno, sin lógica, sin justicia, ya que trae consigo la alteración de la historia y ofende los fueros de nuestra conciencia, la integridad de nuestra fe; violación de derechos contra la que protestan mi voz de católico y mi carácter de representante de un pueblo católico, mi educación religiosa en el hogar, mi puesto de ciudadano católico en el Estado (Vázquez 1908, 92-93).

Vázquez planteaba la religión católica como factor definidor de la identidad, de la historia y de la nacionalidad ecuatorianas, y tajantemente excluía en su análisis la participación en el ser ecuatoriano de cualquier otro grupo que profesara un culto diferente, así éste o estos fueran anteriores o posteriores a la presencia de la iglesia católica en América. Para él, no existía historia antes de la presencia del catolicismo en esos territorios. Su perspectiva era radicalmente conservadora, en comunión con el viejo orden colonial en lo que respectaba a la función de la Iglesia y de la religión católica en el Ecuador; además, mostraba una clara oposición con la propuesta reformadora radical de declarar a la República del Ecuador como un país laico y el otorgar la más amplia libertad de cultos. Vázquez escasamente aceptaba que existieran otros que no fueran católicos en su país cuando dijo: «La casi totalidad del pueblo ecuatoriano es católica. ¿En el haber acaso un cinco por mil de ciudadanos que no lo sean? ¿Y a cifra tan diminuta se lo ha de subyugar al pueblo de Ecuador?» (Vázquez 1908, 93-94).

Luego de tan ardua defensa del catolicismo presentada por el conservador Vázquez y con el apoyo incluso de los liberales en el senado, se aprobó el artículo 12 y lo máximo que se logró reformar al respecto fue la inclusión del artículo 13 que indicaba: «El Estado respeta las creencias religiosas de los habitantes del Ecuador y hará respetar las manifestaciones de aquéllas. Las creencias religiosas no obstan para el ejercicio de los derechos políticos y civiles» (Núñez Sánchez 2002, 104.

Lo anterior muestra el fuerte ingrediente que la religión católica representaba en las relaciones sociales que afectaron a Vázquez y al proceso de creación de su obra literaria. Para él, el catolicismo y el culto a Dios eran verdades absolutas, lógicas e irrefutables desde su fe. Como un hombre altamente educado, literato, conocedor profundo de la lengua, de las leyes y de la ideología preponderante del momento, puso su bagaje intelectual al servicio de su ideología y de su postura política, todo lo cual se hace evidente en su obra literaria de fuerte contenido religioso.

De este modo, la narración de «Campana y Campanero» ofrece una historia contada esencialmente por un narrador heterodiegético,[3] y con el recurso de una focalización[4] que fluctúa

---

3   «La expresión narrador **heterodiegético**, introducida en el dominio de la narratología por Genette (1972, 251 y sigs.), designa una particular relación narrativa: aquella en la que el narrador relata una historia a la que es extraño, una vez que no integra ni ha integrado, como personaje, el universo **diegético** en cuestión. (...) el narrador **heterodiegético** tiende a adoptar una actitud *demiúrgica* con relación a la historia que cuenta, surgiendo dotado de una considerable **autoridad** que normalmente no es cuestionada; predominantemente el **narrador heterodiegético** se expresa en tercera persona, traduciendo tal registro la alteridad mencionada, lo que no impide, tengámoslo en cuenta, que el **narrador heterodiegético** enuncie puntualmente una primera persona que no es suficiente para cuestionar las dominantes descritas» (Reis y Lopes 1996, 160).

4   «[L]a **focalización** puede ser definida como la representación de la información

entre focalización interna[5] a través de Gorrión, el protagonista, privilegiando a éste más que a otro personaje; y focalización externa[6] por medio de la cita de diálogos y la focalización omnisciente[7] en la mayor parte del texto hasta que el protagonista muere. A partir de este punto en el relato, el narrador fluctúa entre heterodiegético y homodiegético,[8] y que de acuerdo a la subclasificación dada por Nieragden en «Focalization and Narration», y tomando en cuenta su función en el relato de «Campana y campanero», se trata de un narrador «testigo-participante».[9] Este último tipo de narrador homodiegético y testigo participante es quien presenta el desenlace de la novela.

Paralela a esta fluctuación de tipo de narrador, en la parte final del relato se aprecia que la focalización es esencialmente interna

---

diegética que se encuentra al alcance de un determinado campo de conciencia, ya sea el de un personaje de la historia, ya el de un **narrador heterodiegético;** consecuentemente, la **focalización,** además de condicionar la cantidad de información vehiculada (eventos, personajes, espacios, etc.), condiciona su **cualidad** para traducir, por así decirlo, cierta posición afectiva, ideológica, moral y ética con relación a esa información. De ahí que la **focalización** deba ser considerada un procedimiento crucial de las estrategias de **representación** que rigen la configuración discursiva de la historia» (Reis y Lopes 1996, 101).

5   «La **focalización interna** corresponde a la institución del punto de vista de un personaje incrustado en la ficción, lo que normalmente resulta de la restricción de los elementos informativos para relatar; en función de la capacidad de conocimiento de ese personaje. Erigido en sujeto de la **focalización**, el personaje desempeña entonces una función de **focalizador**, filtro cuantitativo y cualitativo que rige la representación narrativa. Lo que se cuestiona no es, pues, estrictamente aquello que el personaje ve, sino de un modo general lo que cabe dentro del alcance de su campo de conciencia, esto es, lo que es alcanzado a través de otros sentidos, además de la vista, así como lo que ya es conocido previamente y lo que es objeto de reflexión interiorizada» (Reis y Lopes 1996, 102).

6   «La **focalización externa** está constituida por la estricta representación de las características superficiales y materialmente observables de un personaje, de un espacio o de ciertas acciones; sin otro fin que no sea el de limitar la información facultada al exterior de los elementos diegéticos, la **focalización externa** surge a veces de un esfuerzo del narrador; en el sentido de referirse de modo objetivo y desapasionado a los eventos y personajes que integran la historia» (Reis y Lopes 1996, 101).

7   «[T]oda representación narrativa en la que el narrador hace uso de una capacidad de conocimiento prácticamente ilimitada, pudiendo, por eso mismo, facultar las informaciones que crea pertinentes para el conocimiento minucioso de la historia» (Reis y Lopes 1996, 104).

8   «[E]s la entidad que vehicula informaciones adquirida por su propia experiencia diegética; esto quiere decir que, habiendo vivido la historia como personaje, el narrador ha extraído de ahí las informaciones de que carece para construir su relato» (Reis y Lopes 1996, 161).

9   Para las subclasificaciones de narrador homodiegético y en particular el caso del narrador testigo-participante ver (Nieragden 2003, 685-697).

a través del narrador testigo-participante y con algunas excepciones pasa a la focalización omnisciente o a la externa en menor medida por medio del recurso del diálogo entre los personajes. Esta técnica narrativa compleja le permite al autor varias ventajas; primero: brinda una sensación de mayor verosimilitud e inmediatez a lo relatado desde la percepción del protagonista. Segundo: el recurso del diálogo citado complementa y refuerza la sensación de inmediatez de los eventos presentados e incrementa la verosimilitud. Tercero: el recurso de permitir eminentemente la percepción del interior del protagonista y los juicios y sensibilidades del narrador delimitan el mundo representado para poder resaltar la relevancia del propósito en esta novela de exaltar a Dios como explicación y razón de la vida humana.

Ahora, se explorarán en detalle las técnicas y temáticas presentes en «Campana y campanero» para entender la relevancia de esta novela. El autor escoge un protagonista niño, afectado por las historias que la madre le cuenta sobre Dios, la virgen, los ángeles y en particular sobre cómo la voz de Dios está en las campanas que la progenitora toca como sacristana de la iglesia. El niño inicialmente cree lo que ella le dice, pero luego lo cuestiona y trata de comprobar por sus propios medios, en un proceso de experimentación. Esto hace que despierte a la realidad de las dudas y de los cuestionamientos propios al abandonar la inocencia y la credibilidad tempranas y al entrar al umbral de la razón, de la lógica y del cuestionamiento. Este cambio se hace doloroso y conlleva en el protagonista otros acontecimientos difíciles de entender, y enfatizados por su corta edad, como son: la muerte de su hermano y el resquebrajamiento de su campana favorita. El pequeño no puede comprender estos hechos, situación que lo sume en un sufrimiento y un dolor tan intensos que le producen la muerte. Sin embargo, aunque el deceso del pequeño es el golpe final de esa caída que se inicia con los cuestionamientos a las historias de la madre, este desenlace final le presenta a Gorrión una nueva etapa en el cielo, junto a su hermano y con Dios como benefactor y razón máxima de la existencia. Se trata de una novela que claramente hace paralelos con la caída del Edén al mostrar lo efímero de la vida terrenal y al elevar a Dios como razón y sentido últimos de la vida humana.

Ahora bien, el uso de niños como protagonistas fue algo derivado de la teología católica, a la que Vázquez no era ajeno dada su formación religiosa y culta en Ecuador durante la segunda mitad del siglo XIX. Los niños como seres puros, frágiles e inocentes eran medios ideales para mostrar procesos de cambio radical en la existencia. Este último concepto lo explica Bárbara B. Aponte en su artículo «El rito de la iniciación en el cuento hispanoamericano» cuando dice: «[...] que fueron las doctrinas de San Agustín las que favorecieron la nueva concepción del niño como ser incorrupto y puro. Dicha doctrina se desarrolló durante siglos y llegó a su máximo apogeo durante el siglo XIX gracias a las ideas románticas» (Aponte 1983, 130).

El pequeño y cándido Gorrión de «Campana y Campanero», como protagonista que sufre un proceso de cambio, se presta de manera ideal para mostrar el transcurso que va de la inocencia al difícil despertar del conocimiento y a la decepción debidos a su obvia vulnerabilidad e ingenuidad infantil. Para mostrar este paso, se privilegia el uso de la focalización interna a través del pequeño, combinada con la focalización omnisciente del narrador heterodiegético. A pesar de la narración en tercera persona que implicaría un distanciamiento, el uso del niño como focalizador permite un acercamiento a sus emociones y percepciones. Sin embargo, la focalización no permanece fija constantemente en el protagonista y fluctúa hacia la madre del pequeño en ciertos momentos, pero por lo general manteniendo al protagonista focalizado; de esta manera, el narrador complementa la información sobre Gorrión. Otra variante presente en la parte inicial de la novela en la focalización es hacia la omnisciencia aplicada de manera deliberada para que el narrador emita juicios sobre el protagonista y agregue información que trasciende el plano psicológico y físico de Gorrión y de otros personajes.

Ahora bien, las ventajas de recurrir a un niño como protagonista son las de mostrar un desarrollo que va de la inocencia a la adquisición del conocimiento. Ante la increpación de la madre al niño de que «Dios está llorando porque tú lloras», el narrador explica: «Y el Gorrioncillo abría unos ojazos llorosos y se ponía a buscar a Dios por el ámbito de la tienda» (Vázquez 1891, 482).

El niño cree lo que la madre le dice sobre Dios y el pequeño lo busca por todas partes ya que debido a su corta edad, su entendimiento requiere de lo concreto, de lo visible y de lo palpable como lo explica la psicología infantil (Elkind 1962, 185-193). El pequeño Gorrión obedece a su madre, y ella, como única figura de autoridad en el hogar, ejerce un gran control sobre él. El niño ora, cree en todo lo que le dice su progenitora, obedece su autoridad y sigue fielmente todas sus enseñanzas religiosas. Así, ella recurre a figuras venidas de la religión, como el diablo, para controlar al pequeño a través del miedo para que no suba nunca a la torre del campanario porque «el día que subiera el diablo lo había de empujar a la plazuela» (Vázquez 1891, 483). Sin embargo, Gorrión crece y entra a otro momento de su desarrollo psicológico en el que da inicio a hacerse preguntas sobre el porqué de las cosas. Por ejemplo:

> Gorrión, ya crecidito y viendo que al tirar de la cuerda se oía la voz de Dios, discurrió a su modo y planteó un problema a la madre:
> —Si Dios es el que habla ¿por qué no habla sino cuando usted tira la soga? (Vázquez 1891, 484).

O tiempo después:

> Pasó la época de hacer comulgar al Gorrión con ruedas de molino.
> Supo ya que la cuerda pendía del badajo; que el badajo hería la campana; que sonaba ésta, ¿por qué? ¿quién lloraba, quién reía dentro de la campana, al doblar al repicar? éste era el problema que no podía descifrar, desde que la madre, para no hacerle perder la ilusión y poesía y misticismo de sus an-

teriores invenciones, desvanecidas por el análisis materialista de Gorrión le dijo: —Todo puede ser, sabihondo. Pero lo que nunca descubrirás es quién llora, quién ríe dentro de la campana, cuando la campana dobla, cuando la campana replica.
> Gorrión quedó corrido porque nada pudo descifrar; y despechado siguió otro curso en sus investigaciones (Vázquez 1891, 484).

Como se puede ver, Gorrión ha pasado de ser un niño crédulo y obediente a uno que no acepta fácilmente las afirmaciones de la madre y cuestiona e investiga para encontrar respuesta a sus dudas. Esta transición permite la exploración de la psicología infantil y de los procesos de evolución y de comprensión de aspectos religiosos; situaciones que se efectúan al mantener al protagonista infantil bien como focalizador o bien al estar focalizado; de este modo, no hay digresiones de ninguna índole y el narrador se concentra en el niño invariablemente, ya sea por medio de descripciones físicas, de estados psicológicos o de citas de diálogos entre el niño y su madre y de los juicios que el narrador emite sobre las acciones y las actitudes del protagonista. Por ejemplo, el narrador lo juzga cuando lo tilda de «materialista» en sus análisis (Vázquez 1891, 483), lo que es una clara referencia al cuestionamiento de la fe por medio de la razón. La madre representa la fe y Gorrión con sus cuestionamientos, la duda venida de la razón. Las indagaciones del niño continúan y a medida que sigue creciendo, esas dudas pasan al deseo de la comprobación física de lo que se esconde en el recinto prohibido de la torre del campanario. Esta persistencia y anhelo de constatación, llegan a tal punto que deja de llamarse únicamente Gorrión, para recibir su nombre: «Adán[10] – Gorrión estaba tentado: esa soga de las campanas era

---

10 «En Adán hallamos el concepto primigenio de la humanidad: es el primer hombre, el hombre por antonomasia, y el padre común del género humano. Dios al crearlo lo sitúa en la cima de la más perfecta especie animada, por lo que no piensa tanto en su prototipo terrestre como celeste. (...) He aquí el verdadero significado de su simbolismo: prototipo celeste hecho de la tierra misma (en hebreo Adam, es tierra y por extensión, hombre), a imagen y semejanza de Dios, que le adornó de la gracia santificante y de la integridad, como cabeza de la humanidad. Pero Adán perdió pronto esta cualidad por su pecado, verdadero 'peccatum naturae' que, como una mancha, se ha transmitido hereditariamente al linaje humano, ya que en Adán se hallaba contenida, desde su raíz, la humanidad entera» (Pérez-Rioja 1997, 43).

una especia de víbora. «No tardará el día, –se dijo, –en que todo lo sepa», y una arruga de resolución infantil pero valerosa se dibujó en la mórbida frentecita de Gorrión» (Vázquez 1891, 485).

Es la primera mención del nombre del niño en la historia, lo que hace más notoria la relevancia de este aspecto. Además, escoger el nombre Adán para este protagonista es deliberadamente evocador al Adán bíblico que peca y sale expulsado del paraíso o huerto del Edén por comer del árbol del conocimiento. En relación con este aspecto, Leslie Fiedler dice:

> Una iniciación es una caída por medio del conocimiento a la madurez; detrás de ésta persiste el mito del huerto del Edén, la suposición de que saber el bien y el mal es terminar con la alegría de la inocencia y asumir la carga del trabajo, los hijos y la muerte (Fiedler 1958, 22). (Todas las traducciones son del autor de este ensayo).

La vida apacible de Adán en el huerto del Edén acatando las reglas de Dios y la vida de Adán-Gorrión bajo la torre del campanario, entregado a la fe católica y obedeciendo a la madre representan la inocencia. En contraste a este estado apacible e inocente, se encuentra la tentación encarnada por el diablo en forma de serpiente[11] que convence al Adán bíblico de comer del árbol del conocimiento, y en el caso de Gorrión, la tentación se ve representada en «esa soga de las campanas como una especie de víbora» (Vázquez 1891, 485), y que conduce a lo alto del campanario, donde él cree que sabrá todo. Una vez más, se hace presente la simbología bíblica y pertinente a la caída del paraíso con el uso de la palabra «víbora» para describir la soga. Estas palabras del narrador eran un mensaje para que se descifrara en el sentido bíblico.

En cuanto a la focalización en el último fragmento citado de la historia de «Campana y campanero», el narrador heterodiegético mantiene la focalización en el niño: «Adán-Gorrión estaba tentado: esa soga de las campanas era una especie de víbora. «No tardará el día, –se dijo,–en que todo lo sepa»; así muestra tanto

---

11 «Serpiente: Ofrece notoria diversidad de significaciones simbólicas. Desde la culpa de nuestros primeros padres, la serpiente del Paraíso es una imagen del diablo y en general un símbolo del pecado y de la discordia: evoca al tentador astuto que induce al hombre al pecado» (Pérez-Rioja 1997, 385).

las sensaciones, como los parlamentos mentales que el pequeño se hace; luego cambia a una focalización externa cuando describe cómo se dibuja en la frente del niño «una arruga de resolución infantil»; y una vez más varía la focalización a omnisciente para calificar la frente del niño como «mórbida». Es curioso notar el uso de los términos «arruga» y «mórbida» para describir a un niño. No se trata de una descripción amable del pequeño protagonista. Es más, la palabra «arruga» se convierte en un indicador de envejecimiento, de madurez en el niño; y el uso de «mórbida» para referirse a su frente es un juicio del narrador que lo presenta en una luz negativa. En esta corta cita, el narrador guía indicando con la simbología bíblica con los términos de Adán, «tentado» y «víbora», para luego citar los cuestionamientos internos del pequeño y finalmente brindar una descripción externa y poco amable del rostro de Gorrión como un ser con signos de envejecimiento, para finalmente acabar con una calificación negativa no solo de su rostro sino de su actitud que era resultado de la duda y del deseo de desciframiento del misterio que encerraban las campanas.

 Una vez sentadas las condiciones iniciales del protagonista sumido en la inocencia, en la obediencia a la autoridad de la madre y en la aceptación de las convicciones de la fe religiosa producto de la influencia materna, el relato prosigue con el proceso de crecimiento, duda, cuestionamiento y experimentación por parte de Adán-Gorrión. Para el niño, subir a la torre del campanario implicaba varias violaciones al orden establecido. Por una parte, estaba la desobediencia a la madre, figura de autoridad. Por otra parte, el miedo inculcado ante la posibilidad de que el diablo lo lanzara a la plazuela. Sin embargo, el pequeño ya había crecido lo suficiente como para abandonar la edad psicológica de preguntar el porqué de las cosas, lo que le permitió adentrase en la exploración personal.

 Un día cuando Gorrión quedó solo en la iglesia, decidió que se lanzaría a satisfacer sus cuestionamientos subiendo a la torre del campanario. Como buen católico creyente, oró y le explicó a Dios:

> Señor yo no le quiero al diablo, ni voy a buscarle; sólo voy a ver quién llora, quién ríe en las campanas.
> Se asperjó con agua bendita ¡y a las escaleras!
> Cada peldaño que subía le ponía nueva fuerza en el corazón; adelante! –Le ahogaban las palpitaciones, y se detuvo; miró por un mechinal hacia abajo, y el suelo estaba lejos. ¡Adelante! estaba en el primer piso de la torre, y la plazuela más lejos, y los techos debajo. ...*Sintió* desvanecimiento y se acobardó, pero... las sogas... ...pero las campanas. ...cerró los ojos y santiguándose, como un gato se trepó por las escaleras.
> ¡Qué maravilla! Las campanas no eran chiquitas como las campanillas del altar, cual desde la plazuela las había conocido *Gorrión*. Los badajos eran tan grandes como su cabeza (Vázquez 1891, 485).

Luego de una exploración detallada de las sogas, de las campanas, de tocar las campanas y tratar de ver quién estaba allí y a dónde se dirigía el sonido de las campanas, Gorrión no logró descifrar el misterio. El narrador describe la exploración del niño utilizando términos propios de los sentidos: «registró con los ojos», «tomó las cuerdas» o «se puso a oír». Esta terminología enfatiza la experimentación en el plano físico que el niño intenta infructuosamente; y también refuerza una vez más el contraste entre la fe y lo material ya expuesto anteriormente.

El fallido experimento de Gorrión dio inicio al proceso de caída del pequeño por medio de la maduración adquirida por el conocimiento. Es un proceso de caída en diferentes aspectos. Por una parte está la caída psicológica de la decepción luego de lograr la meta de subir a la torre del campanario. Una vez que llega a lo más alto de la torre, el narrador dice:

> ¡Oh portento! El mundo era tan amplio, ¡qué horizontes! Las casas abajo; los hombres que andaban por las calles, unos granos de mostaza; y él, *Gorrión*, tan arriba, tan sobre todo, tan soberano de sí mismo, tan grande, tan dueño de las sogas (Vázquez 1891, 485).

Esta sensación de triunfo es efímera ya que una vez que todos sus intentos para tratar de tocar las campanas, ver, oír no arrojan ninguna respuesta comprobable por los sentidos, el narrador explica:

> Estaba vencido. No sabría, pues, nunca el misterio encerrado en las campanas. Púsose contra la baranda de una de las ventanas del campanario. La tierra que tenía a sus pies le importaba un pito: una vaguedad llena de tristeza le hizo alzar los ojos al cielo, y empañarlos con unas lágrimas que el mismo *Gorrión* no sabía qué significaban. Lo que sentía era unas ganas de ser verdadero *Gorrión* para lanzarse, por los aires, volar, pero subiendo, subir pero buscando algo, ¿pero qué? ...Lo sabía tanto, cuanta era su ciencia respecto del ser misterioso que lloraba y reía en las campanas (Vázquez 1891, 486).

El narrador persiste en mantener a Gorrión como focalizador para reforzar la visión y la percepción del protagonista. Este recurso permite recrear la sensación de ver la perspectiva del plano visual desde lo alto de la torre, sentir las emociones que invaden al protagonista y que van desde la euforia de estar en la cumbre de sus deseos hasta la decepción que lo invade al no poder descubrir el misterio de las campanas. De manera clara y contundente, Gorrión ha sufrido un desengaño, una derrota a manos de los sentidos que no lo facultan para percibir quién es el ser misterioso del campanario. Para él, la torre del campanario se trataba del lugar dónde creía que encontraría las respuestas a sus dudas. El narrador explica esta caída en una manera cargada de simbolismo bíblico: «Adán Gorrión bajó del paraíso de la torre, tan ignorante, como subió, de la ciencia que se había prometido por la mañana; pero si corrido por esta ignorancia, muy triste por el remordimiento de haber desobedecido a su madre» (Vázquez 1891, 486).

Para incrementar aún más el paralelo con el Adán bíblico que fue expulsado del paraíso por comer del árbol del conocimiento del bien y del mal, el Adán Gorrión de esta novela baja de la torre calificada por el narrador como paraíso,[12] sintiéndose derrotado porque el conocimiento no le ha respondido sus preguntas y juzgándose culpable por desobedecer a su progenitora. Por otra parte y para reforzar la sensación de fracaso, Gorrión es el focalizador que controla lo que el narrador presenta; así se ilustra la sensación de derrota que el niño siente y se la refuerza reiterando términos como «ignorante», «ignorancia», «corrido», «remordimiento» y «desobedecido». El narrador no favorece las acciones del protagonista y con sus juicios enfatiza la decepción que el niño vive.

Esta es una caída que se ve reforzada con la simbología bíblica presente a lo largo del texto. El narrador explica cómo para Gorrión la torre era un paraíso. De manera evidente se nota que la referencia se dirige a ese lugar bíblico, creado por Dios y habitado por Adán y Eva; referencia deliberada para establecer un paralelo con el Adán Gorrión de «Campana y Campanero». El protagonista sufre una caída de un estado de inocencia anterior y marcado por la fe a un estado de decepción al obtener el conocimiento de que no tendrá respuestas al misterio de las campanas.

Luego de pasar por este proceso de maduración que deja dudas al protagonista, se sabe por medio del narrador heterodiegético que «Creció, Gorrión, y aunque todo lo naturalizó en los primitivos misterios del campanario, la voz de las campanas no dejaba de tener el carácter indescifrable de un enigma» (Vázquez 1891, 487). También relata cómo el protagonista prefería la

---

12 Paraíso: «Considerándolo como símbolo de un estado espiritual, corresponde a aquel en que no caben interrogaciones ni distingos» (Cirlot 1997, 360). «El Paraíso perdido. La misma imaginería se introduce en el desenvolvimiento de la historia sagrada para evocar el estado en que Dios creó al hombre, la suerte para la que lo situó en la tierra. Dios plantó para él un huerto en Edén (Gen 2, 8ss; cf. Ez 28,31). Su vida en este huerto implica el trabajo (Gen 2, 15), aún teniendo el carácter de una felicidad ideal que en más de un sentido recuerda las descripciones clásicas de la edad de oro: familiaridad con Dios, uso libre de los frutos del huerto, dominio de los animales (2,19s), unidad armónica de la pareja primitiva (2,18.23s), inocencia moral significada por la ausencia de vergüenza (2,25), ausencia de la muerte que no entrará en la tierra sino a consecuencia del pecado (3,19). Sin embargo, la prueba del hombre ocupa también un lugar esencial en este paraíso primitivo. Dios colocó en él el árbol de conocimiento, y la serpiente va a allí a tentar a Eva. No obstante, la felicidad del Edén subraya por contraste las miserias de nuestra condición actual, que comporta las experiencias contrarias: esta condición, fruto del pecado humano, está ligada al tema del paraíso perdido (3,23)» (Léon-Dufour 1993, 644-645).

campana mayor que era de Tomás, su hermano, y que para él «la torre era un palacio»; además que: «Alejado el niño de ese centro y de esa hermandad con su campana, hubiera muerto de nostalgia» (Vázquez 1891, 487). De manera muy sucinta, el narrador anticipa el desenlace trágico de Gorrión y establece las condiciones para el final del protagonista.

Para conducir el relato a la muerte de Gorrión, el narrador fluctúa entre el protagonista como focalizador y la focalización externa y omnisciente por medio de diálogos acompañados de juicios del narrador que complementan su propósito, como se observa en el siguiente fragmento:

> —Nada dura en la vida, *Gorrioncito*, le dijo un día su madre cuando cayó parte de la vetusta techumbre de la torre.
> —¿Cómo han de durar palos apolillados y tejas resquebrajadas? –le contestó el materialista *Gorrión*. Lo que dura es el fierro, lo que dura es la campana. Ya ve usted por cuántos muertos ha doblado y doblará la campana y los muertos se vuelven tierra y la campana llora y ríe y no se acaban sus risas y sollozos.
> Y la tierra se volvió un muerto de la familia de la sacristana, –el pobre Tomasito.
> Cuando agonizaba llamó a *Gorrión*:
> —Me voy al cielo, –le dijo. Tú te quedas en la tierra para rogar por mí y para tocar la campana grande.
> éste fue el testamento de Tomasito: arriba, Dios en el cielo esperando a los niños; abajo, los niños tocando campanas hasta subir a Dios (Vázquez 1891, 487).

Los diálogos entre la madre y Gorrión y luego entre Gorrión y Tomasito permiten al narrador mostrar la inmediatez de los eventos; refuerzan el elemento dramático de los razonamientos de Gorrión sobre el fierro y la campana como lo duradero y de la agonía de Tomasito en su conversación testamentaria con Gorrión; y también reducen la distancia que supondría una focalización omnisciente. Sin embargo, el narrador interrumpe variando la focalización para emitir juicios como cuando califica a

Gorrión nuevamente de «materialista». Es una manipulación para guiar la diégesis dentro de los límites de la percepción y el enfoque del protagonista ya sea desde su plano físico o desde percepciones o de éste mismo como motivo de la focalización ante todo. A lo anterior, el narrador agrega sus juicios y no permite ningún otro enfoque.

La muerte de Tomás es fundamental para el avance de la historia, debido a que esto sume al protagonista en el dolor y la tristeza, y agrega otro factor determinante a la historia: Gorrión hereda la campana mayor. En este punto, el narrador opta por dar un salto temporal y retoma la historia explicando: «Gran novedad en la parroquia de... la campana mayor se había rajado» (Vázquez 1891, 488). Con este hecho, el proceso de caída de Gorrión se profundizó aun más. Pasó inicialmente de la inocencia al conocimiento de no poder descifrar el misterio de las campanas; luego fue al de racionalizar que el fierro y la campana eran lo que duraban; para sufrir la pérdida de su hermano y recibir su campana favorita; para darse cuenta de que ese material tampoco duraba como él había llegado a creer. Gorrión sufrió las decepciones, el dolor de la muerte de su hermano y el rompimiento de la campana y las rechazó. Una a una Gorrión fue perdiendo todas las cosas que deseaba y daba como duraderas.

En este punto, se hace presente lo dicho por el narrador sobre Gorrión con anterioridad respecto a que «Alejado el niño de ese centro y de esa hermandad con su campana, hubiera muerto de nostalgia» (Vázquez 1891, 487). Esta prolepsis[13] prepara el terreno para el golpe final en la caída de Gorrión. Para enfatizar el desenlace trágico y recrear de manera más contundente la inmediatez y la verosimilitud, el narrador presenta los eventos, los razonamientos y los sentimientos del protagonista por medio del dialogo entre él y su madre:

> —Madre, nada dura en esta vida, Tomasito está en el cementerio, los muertos se vuelven tierra y la campana se va a los moldes.

---

13   «La prolepsis corresponde a todo movimiento de anticipación, por el discurso, de eventos cuya ocurrencia, en la historia, es posterior, al presente de la acción» (Reis y Lopes 1996, 208).

—Los muertos resucitan, y la campana sale nueva.
—No quiero esa campana nueva. Ve, madre, ya está en el suelo la campana grande, mi herencia de Tomasito... Ya la arrastran, ya se la llevan como llevan a los muertos al cementerio... –gritó el *Gorrioncito* abrazándose con su madre (Vázquez 1891, 489).

El protagonista ya ha abandonado los cuestionamientos, los razonamientos y sólo le queda la certeza de lo efímero de la vida. Su mundo se ha visto destruido y lo único que le queda es el dolor ante la pérdida. Este sufrimiento lo conduce a la tumba de Tomasito donde le habla y le dice:

—La campana se puso triste desde el día de tu muerte. La campana se rompió. Hubiéranla dejado más bien en la torre como en su sepulcro, estuviera como tú estás aquí. Han encendido un horno con los palos de la techumbre de la torre, con la escalera vieja por donde subíamos, y con ese fuego están fundiendo tu campana.
—Duerme Tomasito, duerme.
—Si falta leña, tal vez vengan a sacar tu ataúd y a arrancar esta cruz que yo te puse.
—Todo se acaba... ...los muertos se hacen tierra, la campana está en el fuego y *Gorrión* quiere también irse.
—Dame un puesto a tu lado hermano mío. (Vázquez 1891, 490).

La elección de la focalización externa sin variantes a la omnisciencia o al protagonista como focalizador de lo narrado hace resaltar aun más el lenguaje dramático y perturbado por dolor del protagonista. En este punto, ya no se requiere de los juicios del narrador para dirigir la atención a la percepción del protagonista o a emitir juicios sobre sus acciones o actitudes. El protagonista está sumido en el dolor y desea y busca su propia muerte al dirigirse al hermano en la tumba: «Dame un puesto a tu lado hermano mío».

Una vez más la narración da un salto temporal para pasar a la mañana siguiente cuando encuentran a Gorrión muerto en la sepultura de Tomasito. Aunque el narrador retoma el relato de la historia, es pertinente anotar que efectúa una intromisión homodiegética cuando dice: «Gorrión dormido entre las flores de ese sepulcro, mojada la carita no **sé** si por el rocío de las flores, o mojadas las flores por las lágrimas del niño». [El énfasis en «sé» es agregado] (Vázquez 1891, 490).

Esta inclusión del narrador en la diégesis es extremadamente interesante ya que hasta el momento el narrador había sido plenamente heterodiegético a lo largo del texto. También llama la atención que denota poco conocimiento y certeza porque dice que no sabe por qué estaba mojada la cara de Gorrión. Ahora es un narrador testigo y limitado en sus percepciones. No hay evidencia de su participación en la diégesis sino hasta más adelante.

Luego de esta corta intromisión, el narrador cambia a ser heterodiegético y eminentemente con focalización omnisciente para explicar cómo llevaban el cuerpo del niño y el cura había celebrado una misa en la que brindó descripciones de las expresiones de dolor de los feligreses y de sus sentimientos. En este punto, el narrador abarca diferentes planos físicos y psicológicos de los personajes e inclusive describe cómo Gorrión ya empezaba a comprender el misterio de las campanas. En este punto es un narrador avasallante que no duda ni está limitado en ningún aspecto. Sin embargo, se produce el cambio a la focalización externa para privilegiar el impacto que produce un dialogo entre Gorrión y Dios:

> —Señor, voz de reclamo me hiciste escuchar; gracias, Señor, porque estamos aquí con Tomasito. Señor, oiga tu voz mi madre que me llora, Señor da armonía a la nueva campana.
> —Así oró *Gorrión* en el cielo.
> —Pondré tu voz en la nueva campana, voz de gemido celestial que no será dado oír sino a tu madre, –díjole el Señor (Vázquez 1891, 491).

Este diálogo catapulta el relato al siguiente paso de la historia. La madre pasa a ser el focalizador predominante y por medio del recurso del dialogo entre ella y el cura se sabe del dolor que le produce escuchar la nueva campana. La madre le solicita al cura que no la toquen más. Es evidente la necesidad de variación de la focalización que ha pasado de la omnisciencia a ser ahora externa. La focalización omnisciente le permite al narrador saber lo que pasa en los planos terrenal y celestial del mundo ficcional, y explica por qué abandona la focalización interna y fija en el protagonista de la primera parte. Este tipo de focalización interna se vería restringida por los límites de un personaje; y la narración luego de la muerte del protagonista requiere la capacidad de trascender planos no accesibles a ningún personaje humano de este mundo ficcional como serían el cielo, el pensamiento de Dios y la capacidad de presenciar un diálogo entre el protagonista muerto y Dios. El narrador se mantiene fuera de la diégesis y sólo se limita a representar tan curioso intercambio sin adentrarse en juicios o en la psicología de ninguno de los participantes.

Ahora bien, en una nueva elipsis,[14] el narrador informa que la madre ha muerto, y el narrador da un giro intempestivo para incluirse en la diégesis cuando dice:

> Murió la sacristana. Almohada de rosas del mismo rosal mandó hacerle el señor Cura; porque, *sábelo* Teresa, en, *mi tierra* bendita de Dios, a los muertos se les pone en el ataúd almohada de flores (Vázquez 1891, 492). [El énfasis es agregado].

El narrador pasa nuevamente a ser homodiegético y a la vez actúa como focalizador. Se dirige a su hermana Teresa, la misma a la que va la dedicatoria en el epígrafe, para describir cómo el cura hizo que a la madre la enterraran con sus hijos Tomasito y Gorrión. También, le explica cómo ya no hay misterios en las campanas y bendice a Dios por los caminos que abre para su cielo. Este cambio radical en la posición del narrador se anuncia desde el epígrafe cuando dice: «A mi hermana Teresa Espinoza». También se nota su presencia en la instancia en que dice que no

---

14 Elipsis: «Comprendida en el dominio de la velocidad, imprimida por el discurso al tiempo de la historia, la elipsis constituye toda forma de supresión de lapsos temporales más o menos amplios, supresión que es denunciada de modo variablemente transparente. (...) designa primordialmente una amputación de elementos discursivos susceptibles de ser recuperados por el contexto (...)» (Reis y Lopes 1996, 208).

sabe porque están mojadas las mejillas de Gorrión cuando lo encuentran muerto. Estas intromisiones iniciales van dando una tenue definición como un personaje dentro de la diégesis, pero jamás referido en el grueso del texto de manera específica. Ya sobre el final, el narrador homodiegético le confiesa lo siguiente a su interlocutora:

> ¿[P]or qué no he de decirlo? bendito en la comarca de... En esa inolvidable comarca de mi tierra, en la tierra de *Gorrión*, cuyos árboles cuento desde aquí, cuyo cementerio desde aquí veo; cuyas campanas he tocado, –la antigua y la nueva, –porque, sábelo–, yo fui uno de los asesinos que, ignorante de la historia de la antigua campana, me burlé de ella cuando la bajaron para fundirla, en esos mismos momentos en que Gorrión lloraba haciendo sus funerales (Vázquez 1891, 492).

En este punto final de la novela, el narrador se incluye plenamente en la historia recurriendo al uso de la primera persona y explicando su intervención como testigo-participante de los hechos narrados. Él también tocó las campanas y fue parte de la historia. Su perspectiva denota la gradación de la distancia a través del tiempo y con las reflexiones propias de la madurez cuando se juzga a sí mismo como ignorante cuando siendo muchacho se burló de la campana rota. También, es de relevancia anotar la deixis[15] con el uso del tiempo presente en términos como: «cuyos arboles cuento desde aquí» y «cuyo cementerio desde aquí veo». El narrador no sólo es testigo participante sino que también es focalizador que presenta el plano físico de la comarca desde un tiempo presente y un espacio definido cuando dice «aquí». Esta elección de narrador homodiegético y focalizador reduce la distancia al mínimo y produce una sensación de contemporaneidad para el lector.

---

15   Deixis: «Función señalizadora de los pronombres (yo, tú; éste, aquél, etc.) en determinados contextos o situaciones. Según Apollonios Dyskolos, los *sustantivos* sólo caracterizan a su objeto como algo que tiene determinadas propiedades, Las *palabras señalizadoras* se conforman con señalar algo, su función consiste en señalar lo presente y referirse retrospectivamente a lo ausente, pero ya conocido. K, Bühler distingue tres tipos de deixis: la *demostratio ad aculos*, la *anáfora* y la *deixis en fantasma* (am Phantasma)» (Lewandowski 1995, 89).

Conclusión

Honorato Vázquez fue un intelectual de su época y un hombre de firme convicción religiosa, entre sus funciones desempeñaba cargos gubernamentales y académicos destacados. Esta posición privilegiada le brindó la posibilidad de ejercer control social en cierta medida de diferentes maneras y en diversos foros. Por ejemplo, así como en el Senado defendió su ideología política conservadora de preservar el artículo 12 de la Constitución ecuatoriana que declaraba la religión católica como la nacional, y triunfó al mantener a raya las pretensiones liberables de declarar constitucionalmente al Ecuador como país laico; también promulgó y defendió esta ideología religiosa en su obra literaria. Para Vázquez se aplican plenamente las anteriores, afirmaciones de Said sobre el intelectual que explica algo que entendía como verdad absoluta (Said 1996, 39-40); situación que afirmó en múltiples ocasiones hablando del «Arte por Jesucristo» (Vázquez 1889, 50), en *Arte y moral* y lo puso en práctica en el plano literario, como se observa en «Campana y campanero».

En el momento de la publicación de «Campana y campanero», en el Ecuador, estaban los liberales alfaristas impulsando una reforma hacia un país laico y por otra los conservadores y liberales de vieja guardia, por mantener la religión católica como estandarte de la identidad ecuatoriana. El autor hábilmente crea un mundo ficcional en un pueblo ecuatoriano sin nombre, para así darle una identidad más general, y poder mostrar cómo la fe en Dios, propia del viejo orden representado en la madre es superior a los análisis materialistas del joven y «sabihondo» Gorrión, quien representa el nuevo orden de ideas que promulgaba por una mayor apertura ideológica.

Para llevar a cabo este propósito, Vázquez imbuido en la ideología de su momento histórico en la que predominaba la fe católica en la vida social e intelectual del Ecuador en el siglo XIX ancló su novela dentro del Movimiento Espiritualista que se difundió por toda Europa a finales del siglo XIX como una reacción al naturalismo zolesco descarnado; corriente en la que entraron los más diversos países con representantes de la más variada índole, como lo muestra Juan Oleza en su estudio de causas, circunstancias y resultados del Movimiento Espiritualista:

> Hablar del Espiritualismo —concepto estético que no aparece como autónomo en nuestras historias literarias— exige en primer lugar delimitar la extensión del concepto. En el limitado estado actual de nuestros conocimientos aparece como una oleada cultural que abarca a diversas corrientes del pensamiento filosófico europeo, al drama ibseniano, a la novela rusa, al «roman d'analyse» francés, a la novela española de los años 90, y, en general, a las actitudes moralistas y religiosas de buena parte de la crítica literaria francesa (Brunetière y la *Révue des deux mondes* a la cabeza, pero también M. de Vogüé, E. Rod, o P. Bourget), y en último lugar, pero no en el menos importante, a todo el clima de renacimiento fideísta que se respiró en Europa en la institución literaria a finales de siglo (778).
> Pero el Espiritualismo no fue tan sólo un fenómeno filosófico. Entre sus componentes sería imposible no constatar una muy generalizada conmoción religiosa que sacudió el escenario de la literatura francesa, hasta entonces esencialmente laico y dominado por esa trinidad que componían Renan, Taine y Zola. Ahora convergen las figuras de un catolicismo militante y conservador, como Barbey d Aurevilly o M. Barrés, con la heterodoxia católica de un León Bloy, con las conversiones al catolicismo tan espectaculares de un Ernest Psichari (¡el nieto de Renan!), de un Francis Jammes, del admirado K.J. Huysmans, y sobre todo del crítico hegemónico de la *Revue des deux Mondes*, F. de Brunetière, tras su visita al Papa, que tanto revuelo levantó, y convergen con actitudes tan catolicistas como las de Paul Bourget, el nuevo líder de la novela francesa, Marcel Prévost, Pierre Loti, Emile Baumann, Henri Bordeaux o René Bazin, todos ellos novelistas (780-781).
> De ahí que la novela espiritualista presione hasta el forzamiento una de las características de la novela realista: «la

esencia del realismo, aparte retóricas, está en esto: en sacarle la sustancia poética a la vida prosaica, y convertir en *héroes*, con nombre en la historia del arte, los héroes sin nombre de la historia vulgar de los anónimos» ("Alfonso Daudet", en Mezclilla, 254). El espiritualismo, o bien incrustará en personajes mezquinos, humildes, a la manera de Maxi Rubín, Bonifacio Reyes, Benina o el Pavel Pavlovich del *Eterno marido*, contenidos morales extraordinarios, o bien —en la línea del *roman d'analyse*— será directamente partidario de personajes de contrastada exquisitez espiritual, como la Enriette de *La tierra prometida*, de Bourget, el Orozco de Galdós, o los protagonistas de *La Quimera* y *La sirena negra*, de la Pardo Bazán; una tercera vía corresponde a las transformaciones morales extraordinarias, del tipo de la de un Neklúdov, de *Resurrección*, o del Ángel Guerra de Galdós. En todo caso la novela espiritualista tiende al caso excepcional y así lo recoge Clarín, comentando la teoría de Bourget, para quien la novela de costumbres, la social, se debe a los tipos normales, «mientras la novela psicológica (...) necesita siempre (...) referirse a los extremos (...) a los seres excepcionales, en los que no estudia un término medio de su género, sino una individualidad bien acentuada, original y aparte». («Más sobre *Realidad*», 212) (Oleza 788).

Vázquez entendía a sus lectores, además compartía con un sector amplio de ellos su ideología. Para él este aspecto de la lectura y el conocimiento de la Biblia y la fe en Dios como razón y destino últimos del ser humano eran aspectos comunes a los ecuatorianos. Así, como autor eligió acertadamente un protagonista infantil anónimo y aplicó una variada técnica narrativa para lograr una novela que no sólo ejemplifica los preceptos esenciales del catolicismo como son lo efímero de la vida y Dios como destino final, sino que también mostró su dominio de la psicología infantil, la teología y las técnicas narrativas propias de la narrativa del siglo XIX. Del mismo modo, explicitaba el funcionamiento de la sociedad y los niveles de mundo posibles de aprehender al penetrar en la conciencia del personaje.

Al escoger la complicada focalización narrativa que presenta su texto, se muestra como un autor atento a los desarrollos de la ficción y al abandono del narrador como demiurgo que controlaba el mundo ficcional; para dejar ver la manera cómo se iba entrando en la conciencia de los personajes y en la representación más directa de esos universos narrativos; de esta manera, se explicita como un hábil escritor que emplea procedimientos discursivos que son elementos estructuradores de la composición textual narrativa que se ofrece ya como una estructura analizable en diferentes planos y niveles y compuesta por diferentes voces; aspectos que darán su especificidad a la novela como género en el siglo XX.

DANILO GARCÍA BERNAL

Bibliografía

Aponte, Bárbara B. «El rito de la iniciación en el cuento hispanoamericano». *Hispanic Review* 51.2 (Spring, 1983): 129-146.
Bourdieu, Pierre. *Campo de poder, campo intelectual*. Buenos Aires: Editorial Montressor, 2002.
Cirlot, Juan Eduardo. *Diccionario de símbolos*. Madrid: Ediciones Siruela, 1997.
Elkind, David. «The Child's Conception of his Religious Denomination II: The Catholic Child». *The Journal of Genetic Psychology* (1962): 185-193.
Fiedler, Leslie A. "From Redemption to Initiation". *The New Leader* 26 (May 1958): 20-23.
Göran, Nieragden. «Focalization and Narration: Theoretical and Terminological Refinements». *Poetics Today* 23.4 (2003): 685-697.
Léon-Dufour, Xavier. *Vocabulario de teología bíblica*. Barcelona: Editorial Herder, 1993.
Lewandowski, Theodor. *Diccionario de lingüística*. Madrid: Cátedra, 1995.
Núñez Sánchez, Jorge. *Ecuador en el siglo XIX*. Quito: AD-HILAC, 2002. http://www.edufuturo.com/educacion.php?c=791
Oleza, Juan. «El movimiento espiritualista y la novela finisecular». *El siglo XIX*. II. *Historia de la literatura española*. Leonardo Romero Tobar (ed.). Madrid: Espasa-Calpe, 1998. 776-795.
Pérez-Rioja, José Antonio. *Diccionario de símbolos y mitos*. Madrid: Editorial Tecnos S. A., 1997.
Reis, Carlos y Ana Cristina M. Lopes. *Diccionario de narratología*. Salamanca: Ediciones Colegio de España, 1996.
Said, Edward. *Representaciones del intelectual*. Barcelona: Paidós, 1996.

Tobar Donoso, Julio. *Los Miembros de Numero de la Academia Ecuatoriana muertos en el primer siglo de su existencia, 1875-1975*, Quito, Editorial Ecuatoriana, 1976.

Vázquez, Honorato. *Arte y moral: Discursos, lecciones, &*. Quito: Imprenta de La Universidad, 1889.

_____.«Campana y campanero». *Revista Ecuatoriana* III. XXXVI (Quito) (dic., 1891): 482-492.

_____. *Defensa de los intereses católicos en el Ecuador*. Cuenca: Imp. Gutenberg, Castro y Cia., 1908.

EL SUEÑO DE LA MODERNIDAD EN *Titania* (1892) DE ALFREDO BAQUERIZO MORENO

César Andrés Ospina Mesa
Pontificia Universidad Javeriana

I. Introducción

El escritor ecuatoriano Alfredo Baquerizo Moreno nació en Guayaquil el 28 de septiembre de 1859 y falleció en Nueva York, el 20 de Mayo de 1951. Novelista, poeta, dramaturgo y orador; parlamentario y hombre público, estuvo al frente de la presidencia de la República durante el periodo de 1916 a 1920. Fue alcalde de Guayaquil, catedrático de la Universidad de Guayas y del Colegio Rocafuerte, miembro de varias academias nacionales y extranjeras. Entre sus producciones literarias se encuentra: *Poesías* (Rumores del Guayas), Quito, 1881; *Ensayos poéticos*, Guayaquil, 1882; *Titania y El Señor Penco,* «El Globo Literario», Guayaquil, 1893; *Evangelina*, Revista Semanal de Ciencias y Artes - Guayaquil, 1894; *Una Sonata en Prosa*, Guayaquil, 1901; *Tierra Adentro: La novela de un viaje*, Quito, 1937.

Su primera novela, *Titania* (1892), hace parte de una serie de obras publicadas a finales del siglo XIX en Ecuador, que se articulan con las primeras manifestaciones del *Modernismo* en Hispanoamérica. Más que un movimiento, el Modernismo se caracterizó por la actitud intelectual que muchos escritores asumieron frente a la dinámica de la modernidad, la cual venía instalándose con fuerza en el continente. La etapa que conocieron los escritores finiseculares, corresponde a la modernidad-capitalista representada por un fuerte crecimiento de la hegemonía económica a través de las exportaciones, la producción agrícola y la inversión extranjera para la generación de materias primas. Sin embargo, como bien lo analiza Octavio Paz, dicha modernidad más que una época de progreso, industria, burguesía y democracia, fue la fascinación por el lujo y el objeto inútil, en un contexto oligárquico feudal y militarista (Ver: Paz 1975, 109).

La producción del estado del arte sobre estudios y referencias a la obra de Baquerizo Moreno, permite evidenciar el poco y casi nulo conocimiento que sobre ella existe. Más conocido en el ámbito político, el autor de novelas como *Titania (1892), Evangelina (1894), El señor Penco (1895), Tierra adentro (1898),* entre otras, ha sido encasillado en el movimiento romántico ecuatoriano, pasando por alto elementos estéticos contenidos en su obra, que para nada pueden ser referidos a dicho movimiento literario. Al contrario de lo que algunos críticos e historiadores de la literatura ecuatoriana han escrito, en este texto se plantea la tesis de que la obra de Baquerizo Moreno, en particular su primera novela *Titania,* es una obra que pone en tensión elementos del realismo y del naturalismo, como parte de una búsqueda estética que se va insertando en lo que luego se denominará el Modernismo o modernización literaria[1] en Hispanoamérica.

Ahora bien, la literatura ecuatoriana de finales del siglo XIX ha sido poco referenciada en las historias de la literatura latinoamericana, o a lo sumo se hace mención de escritores canónicos como Montalvo, Zaldumbide, García Moreno, León Mera, entre los más representativos, dejando de lado escritores que han aportado valiosos elementos a las letras de la región[2]. De igual manera, no se encuentran referencias que tengan otros puntos de vista frente a una literatura ampliamente diversa como la ecuatoriana. En este texto, se sostiene que algunos de los historiadores y críticos de la literatura ecuatoriana del siglo XIX movilizan un *imaginario eurocentrista*, al considerar que toda la creación literaria producida a lo largo de ese siglo en el Ecuador es romántica[3],

---

1   Ángel Rama prefiere llamar *Modernización* al periodo comprendido dese 1870 hasta las ostentosas conmemoraciones de independencia en 1920

2   Cabe notar que las referencias que se hacen de autores importantes en el movimiento modernista, se dirigen a autores canónicos como Rubén Darío, Juan Ramón Jiménez, entre otros, pero no existen referencias precisas al movimiento en el Ecuador en cuanto a la novela.

3   Esta forma de ver la literatura ecuatoriana del siglo XIX sigue reproduciéndose aún en nuestros días, tal como se mostrará más adelante a propósito de la obra *Historia de las literaturas del Ecuador* 2002, especialmente los capítulos de Araujo Sánchez y Sáenz Andrade.

tomando como criterio de clasificación la teoría de las generaciones; argumentando la influencia española que supuestamente sigue operando en la época y, también, la influencia de la literatura francesa, diciendo, sin más, que las obras ecuatorianas son fieles copias de ella.

La hipótesis de lectura de la obra de Baquerizo Moreno radica en que ésta puede ser entendida a la luz de la modernidad/colonialidad/decolonialidad, por varias razones: la primera, porque es una obra que surge en la entrada a la modernidad-capitalista del Ecuador y trata de dar cuenta de los principales conflictos sociales que ella trae consigo: el surgimiento de las clases sociales, el centralismo económico y político de los terratenientes, además de los imaginarios de progreso creados por el flujo de dinero. Ahora bien, desde la colonialidad, Baquerizo Moreno moviliza el imaginario letrado y patriarcal sobre la mujer. Como tendremos ocasión de ver, Titania es caracterizada como la sin moral, libertina, hechicera, que no hace caso de los derroteros impuestos por el hombre y que vende su conciencia, al igual que su madre; además de ser blanca, de ojos claros y de facciones bien definidas, lo que hace referencia al ideal de mujer que se tenía en la época. Por su parte, desde el punto de vista decolonial[4], aunque Baquerizo Moreno fue un letrado que reprodujo el patriarcalismo colonial, sí contribuyó a la construcción de una *literatura propia ecuatoriana*, que para nada se encontraba sumergida en *galicismos mentales*.

En este sentido, la estética del autor se encuentra en una paradoja colonial-decolonial, ya que sus creaciones estaban ancladas en el marco de la actitud modernista latinoamericana, mas sus contenidos siguieron movilizando imaginarios coloniales que de una u otra forma contribuyeron a reproducir la exclusión de la *mujer*.

---

4   Siguiendo al grupo modernidad/colonialidad, la categoría decolonial hace referencia a los procesos de descolonización que quedaron intactos luego de las independencias jurídico-políticas de América Latina. Así, la decolonialidad se dirige hacia la heterarquía de las múltiples relaciones raciales, étnicas, sexuales, epistémicas, económicas y de género que la primera descolonización dejó sin realizar. En otras palabras, la decolonialidad se configura como el proceso iniciado por múltiples actores con el objetivo de completar la independencia de la región con respecto a la jerarquía europea, y que no puede reducirse a un acontecimiento jurídico-político, sino que es un proceso de resignificación a largo plazo. Cfr. Castro-Gómez y Grosfoguel. «Giro decolonial, teoría crítica y pensamiento heterárquico...». (en: Castro-Gómez, y Grosfoguel 2007, 17).

Se procede de la siguiente forma: en un primer momento, se hará un recorrido por la novela a la luz de los elementos estéticos que pone en tensión, con el fin de caracterizarla en el marco del Modernismo hispanoamericano, y en la historia del Ecuador de finales del siglo XIX. Allí se argumenta que el uso que el autor hace de elementos característicos de los movimientos realista y naturalista, desplegados en sus personajes, da cuenta no sólo de las vicisitudes por las que atraviesa la clase media de una ciudad portuaria como Guayaquil, sino también que su obra moviliza elementos característicos de las primeras manifestaciones del modernismo tales como la evasión de la realidad, la problematización del modo de vida moderno, la actitud ética del autor por acercarse a los sectores oprimidos de la sociedad, y algunos rasgos de cosmopolitismo articulados a la visión que se tiene sobre el contexto particular donde la obra se desarrolla.

En un segundo momento, este texto centra su análisis en lo que se ha denominado acá como la paradoja colonial-decolonial, que dará paso al tercer momento del texto, donde se desarrolla la hipótesis acerca del imaginario eurocentrista que moviliza parte de la historia y crítica de la literatura ecuatoriana.

II. *Titania* EN LA LITERATURA Y LA HISTORIA ECUATORIANA DEL SIGLO XIX

Escrita a principios de la última década del siglo XIX, *Titania* es una novela rica en matices estéticos, sociales, culturales y políticos que hacen de ella una obra importante para las letras ecuatorianas decimonónicas. A lo largo de siete capítulos[5], Baquerizo

---

5   Los capítulos de la obra tienen los siguientes títulos: el primero de ellos, «*Coloquio íntimo*», donde se desarrolla el problema de la obra, el idilio de Titania, a través de un diálogo entre ella y Oberón. El segundo, se titula «*En que se habla de Titania, Oberón, Creso y Doña Medianía*», en el que el autor caracteriza los personajes de su obra y expone sus formas de ser. El tercero, «*Una boda sonada*», expone la forma en que se realiza el matrimonio entre Titania y Creso, a través de un potente conocimiento que el autor tiene del arte occidental y oriental, y que se evidencia en la construcción del palacio que Creso le hace a Titania. El cuarto capítulo, «*Columpio*», describe el carácter realista de Oberón, a través de su disputa con Creso. El quinto capítulo, «*La Torre de Babel*», es casi que un monólogo de Doña Medianía, a partir del cual comienza a derrumbarse el sueño de la modernidad en el que ella y Titania habían caído. El sexto capítulo, «*Cuarteto final*»,

Moreno retoma los personajes principales de la conocida obra de Shakespeare, *Sueño de una noche de verano*, con la intención de caracterizar su novela desde la dicotomía sueño y realidad. Titania, esposa de su primo Oberón, es una muchacha guayaquileña que en su noche de bodas tiene un sueño donde se casa con Creso, rival de Oberón, como respuesta a la negativa de éste a vivir con ella su amor lejos de las contrariedades de la ciudad.

Al no poder convencer a Oberón de seguirla a sus «idilios campestres»[6], Titania se debate entre dos polos: casarse con Oberón y vivir las dificultades de la clase media urbana o aceptar las peticiones matrimoniales de Creso y, así, poder soportar la vida de la ciudad con sus opulencias deslumbradoras:

> (...) La vida para mí –dice Titania– se desenvuelve en dos polos: dos polos opuestos. Si he de ser tu esposa, tienes que seguirme. —¿A qué polo vida mía? –responde Oberón–. ¡Al del los idilios campestres! Contigo, la naturaleza en toda su esplendidez de sus encantos primitivos e inocentes. El dios Pan[7] que resucita. La vida urbana, de tontas exigencias y necesidades, que para satisfechas requieren los tesoros de Creso, sería, si me uno contigo, el suicidio. Y yo no me suicido, ni me resisto a comer un día sí y otro no. Con que el campo, o mi olvido. Creso me pretende de firme, y me casaré con él. Monín, yo te prefiero; pero no en la ciudad que nos devoraría como a pececillos indefensos y bobalicones. Vámonos a vagar por los bosques y las pampas... (Baquerizo Moreno 1988, 97).

En el marco de esta petición, la cual Oberón rechaza y conlleva a que Titania se case con Creso, acontecen distintas situaciones que reflejan las dinámicas de una sociedad afectada por los avatares que trae consigo una ciudad como Guayaquil. A finales del siglo XIX, esta ciudad de la costa atravesaba por un auge comercial gracias a las exportaciones, especialmente de cacao, que

---

como su título lo indica, es el desplome del mundo creado por Creso para fortalecer el sueño de Titania, pero también es el triunfo de Oberón o del realismo-naturalismo sobre los sueños creados por el modo de vida moderno. Finalmente, el séptimo capítulo, «*Post Nubila... Oberón*», da cuenta del despertar de Titania (Cfr. Baquerizo Moreno 1988, 93-147).

6   La expresión «idilios campestres» hace referencia a la vida ideal que Titania quería vivir con su novio Oberón, la cual se encontraba lejos del caos de la ciudad.

7   En la mitología griega, el dios Pan era el semidios de los pastores y rebaños. También se le ha relacionado con el dios Baco o Dioniosos.

generaban cuantiosos ingresos para las arcas nacionales. La fuerte exportación cacaotera y el comercio de importación trajeron un significativo incremento de capital, al mismo tiempo que estrechas relaciones con el mercado mundial. Se consolidó el predominio de los sectores capitalistas de la economía nacional y se implantó lo que fue llamado el «Modelo Primario Agroexportador», el cual mantuvo la regionalización del país, re-articulándose, además, diversas formas de producción, desde las más tradicionales hasta las más modernas, ampliando las relaciones de tipo salarial en ciudades como Guayaquil y en algunos sectores rurales (ver: Ayala Mora 1999).

Las tensiones entre el campo y la ciudad, cuestión que para Titania se convertía en el problema central de su existencia, se encuentra en estrecha relación con lo real y lo onírico. Para el caso de Oberón, desarrollar su vida en la ciudad le proporcionaba garantías y comodidades que el campo no le ofrecía. Siendo un muchacho entre los 18 y 20 años, no tuvo otra oportunidad que convertirse en boticario. Simpático, de labios delgados, boca risueña y cabello abundante, tez morena y ojos expresivos, entraba a la madurez con aquella labor que le permitía vivir sin morirse de *necesidad*, *fastidio* o *tisis*: «tres nombres diferentes y una enfermedad verdadera que nos devora y consume muy rápido»[8]. A pesar de su labor, Oberón estaba habituado a una vida urbana moderna en la que su farmacia, la cafetera, la antipirina y otros elementos ligados a la vida cotidiana de la ciudad, le permitían sobrellevar las inclemencias por las que pasaba la clase media de entonces. A propósito, dice Oberón a Titania:

> Me ocurre una dificultad, querida Titania, que de allanarla tú, sería cosa de decidirse a ensayar, todo ese programa de amor *a la natural* (...) Creo que en el estado espiritual anterior, de que hace poco me hablabas, aquella vida errante que te entusiasma tan a lo vivo, era de lo más llano y hacedero que cabe imaginar; pero en la nueva forma de tu ser, con esta envoltura de carne que llevamos a cuestas, hay más de un tropiezo y más de una dificultad insuperables, a juicio mío.

Pongo por caso, si me levanto de la cama, y no me tomo en seguida un tazón de café con leche, se me clava en el cráneo una jaqueca de todos los diablos. Y lo que es por allá, ni café con leche, ni antipirina... (Baquerizo Moreno 1988, 99).

Para Titania, por el contrario, su futura felicidad al lado de Oberón se encontraba recorriendo paisajes, planicies y montañas lejos de la ciudad caótica, pero sobre todo lejos de la Calle del Morro, lugar donde ella vivía: lleno de polvo en verano, y de charcas en invierno. A esto se suma la pobreza y la rutina diaria: trabajaba como vendedora en un almacén de lienzos y trapos, y cosía en máquina *Singer*. Sin embargo, Titania, de angelical figura, rostro de hada, cabellos rubios, blanca y de facciones perfectas; era una mujer educada en medio de su pobreza. Según el relato que hace su madre, doña Medianía, de pequeña sabía de memoria el «Catecismo de Ripalda»[9], las cuatro reglas de la aritmética y las cuatro partes de la gramática. Aprendió algo de piano, a bordar zapatillas y a tejer el crochet. Recibió clases de baile en brazos de Oberón y allí comenzó a enamorase. Su evasión de la realidad, le hacía sentir que en otra vida su ser era vagabundo, etéreo y libre: «*Mi ser no es mí ser*», dice con gran nostalgia al creer recordar que en otra vida fue una doncella que habitaba los bosques y se alimentaba de sus frutos[10].

Aquella pretensión de Titania por evadir su contexto, refleja la intención de la novela por caracterizar el rechazo hacia el modo de vida que se venía instalando en la sociedad. La hipótesis acá es que Titania representaría esa parte de la sociedad que veía cómo se fracturaba su régimen gramatical y letrado, por parte del imperio comercial. No olvidemos que Titania es blanca y educada, aunque en la novela sea pobre. Efectivamente, para los

---

8   Esta expresión refleja el sentimiento del narrador hacía el modo de vida de un sector de la clase media, enmarcado en una sociedad moderna (Cfr. Baquerizo Moreno 1988, 101).
9   El «Catecismo de Ripalda» fue una obra escita hacia 1618 por el padre jesuita Jerónimo Martínez de Ripalda, la cual fue utilizada en varios países de la América colonial para enseñar la doctrina cristiana, además del español, el civismo y la lectura (Cfr. Arredondo López 2010).
10 De las características más sobresalientes de la obra de Baquerizo Moreno se encuentra la alusión a los frutos y hierbas que se dan en las zonas rurales del Ecuador. Así, frutos como el mango, el cacao, el plátano; hierbas y plantas como el ruibarbo, asafétida, ipecacuana, quinina, tila, entre otras, son constantes referencias en la novela.

letrados de finales del siglo XIX, las dificultades que la modernidad comenzaba a producir en ciudades donde el comercio, el flujo de personas y cosas, los imaginarios de progreso y demás, dinamitaban en cierta medida la tranquilidad colonial de las ciudades y, por tanto, sus intereses gubernamentales. Por supuesto, hubo en el patriciado quienes frente a estas nuevas perspectivas económicas modificaron sus principios y sus tendencias, pensando en aprovechar y aceptar las oportunidades que se presentaban. Pero también hubo quienes no fueron capaces de hacerlo. Demasiado acostumbrados a otros modos de vida no pudieron sumarse a actividades para las cuales no fueron formados; quedando un tanto relegados a condición de grupo aristocrático y desdeñoso, pasivo y marginal (ver: Romero 1999, 312).

Desde la década de 1880, las ciudades latinoamericanas comenzaron a sufrir una serie de cambios no sólo a nivel social sino también estructural. Sus poblaciones crecieron y se diversificaron producto de las actividades comerciales; se modificó el paisaje urbano, las costumbres y maneras de pensar de los distintos grupos de las sociedades urbanas, motivados por las ideas de progreso. Sin embargo, no todas las ciudades sufrieron estas transformaciones. Para el caso de ciudades que se encontraban al interior, sus dinámicas continuaron siendo coloniales, incluso hacia las primeras décadas del siglo XX.

Guayaquil, en cambio, por ser una ciudad portuaria, la riqueza entraba por allí. Esta ciudad era el principal centro comercial del Ecuador. Siguiendo a Romero, allí se había constituido la burguesía mercantil que disputaba una y otra vez el poder a la capital, cuestión que se soportaba por el importante flujo exportador e importador. Por su parte, «sobre el estuario del Guayas, protegida del calor ecuatorial por los portales de sus calles, Guayaquil albergaba una población de 40.000 habitantes hacia 1880, que casi se triplicó en cincuenta años» (1999, 302).

Lo que veía venir Titania era un mundo lleno de opulencia, interés, derroche y carente de moral, característico del modo de vida de los terratenientes y comerciantes que poco a poco comenzaban a tomar el poder y el rumbo de la nación. Titania sólo podría soportar ese mundo dándole el sí a Creso, quien representaría aquel rostro de la modernidad capitalista; de otra manera, tendría que vivir sujeta a lo poco que pudiera conseguir con su primo Oberón. La decisión de Titania de irse al polo opuesto de sus deseos, tuvo que ver, además, con la intervención que su madre hizo ante Creso: los dos negociaron el matrimonio gracias a una serie de prebendas que Creso ofrecía y que potenciaron el impulso codicioso de doña Medianía por ser parte del sueño del progreso.

Doña Medianía era una viuda honesta, sencilla y de aspecto un tanto varonil. Trabajaba con la máquina Singer y era dueña de un lote de tierra donde trató de salir adelante con Titania en medio de la pobreza. La belleza de su hija la hizo pensar en que ésta debía casarse con algún pretendiente que le pudiera ofrecer una vida más digna. Al dibujarse en el horizonte la figura de Creso, creyó llegado el momento de coger el cielo con las manos.

La negociación entre Medianía y Creso se mueve en una serie de ires y venires que dan cuenta de cómo la viuda deja sus convicciones «mesocráticas» a un lado, para caer ante los ofrecimientos que le hacía el rival de Oberón, con el fin de obtener la mano de su hija. Doña Medianía se ve a sí misma como una mujer desgraciada, que padece las necesidades de la gran mayoría social. No obstante, su resistente postura ideológico-política es mitigada por la codiciosa idea de Creso por obtener el único lujo que había en dicha casa. Dice la viuda:

> La voz del pueblo, es decir, de la burguesía[11] (porque la plebe no entra en cuenta) es la voz de Dios, que condena por boca nuestra, a todas las vergüenzas de la tierra, y a todos los tormentos del infierno, a los poderosos empedernidos, aristó-

---

11   La mesocracia o burguesía es el gobierno de la clase media, la cual, antes de las revoluciones socialistas, era parte importante del capitalismo en ascenso. La burguesía contaba con los medios de producción y se relacionaba con el proletariado comprándole su mano de obra. En *Titania,* se observa que sus personajes hacen parte de esta clase social, pero con la característica de ser «pequeño burgueses», ya que no eran asalariados sino que poseían algunos medios materiales de producción que les permitían sobrevivir en una nación comercialmente próspera. A excepción de Creso, Titania, doña Medianía y Oberón harían parte de dicha clase social.

cratas del dinero y de la banca (...) La franqueza es mi distintivo –interrumpe Creso– Pues, con aquel fortunón –sigue Medianía– lo mejor es abrir la boca y cantar claro. La palabra del potentado es torrente, es ariete, y es explosiva; no hay dique, muro, ni roca, que se mantengan firmes, que no vuelen en mil pedazos, cuando el empuje va de veras (...) Señor don Creso: hay codicias de codicias, y la suya es una de esas, aunque aplique usted las enseñanzas que salían por aquel pico de oro, desde el púlpito de Cacaotales. Pero me allanaré... (Baquerizo Moreno 1988, 105).

La codicia no sólo era una característica de Creso, sino también de Medianía, quien al verse seducida por una millonaria suma ofrecida por aquél, cede la mano de su hija. Sin embargo, la viuda siente que puede estar cayendo en la tiranía, por lo cual le saca en cara a Creso el argumento de los derechos de las mujeres aduciendo que, aunque él y ella han llegado a un acuerdo, no le han preguntado a Titania si estaría dispuesta a semejante negocio. Creso disiente ante dicho discurso, ya que él sólo reconoce los derechos del hombre, «proclamados, según dicen, cuando el derecho se ponía de parte de la guillotina, y los deberes eran inculcados por el pescuezo, separando la cabeza del tronco». Pero sigue doña Medianía:

> Algo cierto debe haber en lo que usted dice; y, con todo, no acepto aquello, mientras no lo lea en los diarios y papeles, únicos que tienen derecho de quitar y poner, como reyes que son, ungidos por la voluntad de los pueblos: de la mesocracia, se entiende. En este punto no cedo un ápice: la plebe a sudar; los ricos a encanallarse; (salvo lo presente). Nosotros, a dirigir, aconsejar, gobernar y a empuñar por el mango la sartén (Baquerizo Moreno 1988, 106).

A esta petición, Creso asiente sin inconveniente alguno. Sabe que lo que más importa de fondo es obtener la mano de Titania, lo cual estaba garantizado al tocar la codicia de doña Medianía. En la novela de Baquerizo Moreno, la viuda representa el elemento político de la clase media guayaquileña. Sin embargo, la obra estaría planteando una crítica al modo como dicha clase se enceguece a raíz de su codicia por el dinero, intentando igualar su modo de vida al de la gran clase burguesa. Recordemos que el imaginario de la blancura siguió operando en su forma colonial y, con algunos matices, se fue configurando como un fenómeno de larga duración. Dicho imaginario, producido por el discurso de la *limpieza de sangre*[12], se constituyó como una aspiración internalizada por todos los sectores sociales de la sociedad colonial y fungió como el eje desde donde se construyó, de manera conflictiva, la subjetividad de los actores sociales.

A propósito, dice Castro-Gómez:

> Ser blancos no tenía que ver tanto con el color de la piel como con la escenificación personal de un imaginario cultural tejido por creencias religiosas, tipos de vestimenta, certificados de nobleza, modos de comportamiento y formas de producir y transmitir conocimientos (2005, 64).

La clase media burguesa representada por la madre de Titania, muestra cómo la aspiración social hacia una posición más privilegiada en la sociedad moderno-capitalista viene mediada por el dinero, por la adquisición material de bienes, por la codicia y la seducción que producen las opulencias propias de la vida moderna. Ya no se trata de demostrar una descendencia noble, ni de legitimar que no se es negro, indígena o criollo. El ideal de la blancura, en el contexto del capitalismo de finales del siglo XIX, se caracterizó por la transacción, donde el flujo de capital compraba principios éticos, morales e ideológicos. Tal como evidencia el carácter de doña Medianía, la llamada mesocracia se rendía ante los pies del imperialismo comercial con miras al ascenso social que le permitiera ser parte de la alta burguesía.

Ahora bien, una vez se ha consumado el matrimonio de Creso con Titania, la ceguera por el acceso al estilo de vida moderno se agudiza. Creso construye un palacio donde pretenderá guardar su tesoro más preciado. Producto de ello, la ciudad es directamente afectada por la arquitectura de dicho recinto: las refe-

---

12 Para un estudio detallado de este fenómeno en América (ver: Mignolo, 1995; Castro-Gómez, 2005).

rencias a lugares, arquitecturas y obras de arte que constituían la edificación, hicieron que la ciudad se exacerbara en una suerte de «simbolismo pagano» —según lo llama el narrador— que fortaleció el sueño de la modernidad. En las Colinas de Santa Ana, el comerciante cacaotero encarga la construcción del recinto a un ingeniero yankee. Con cuatro frentes, cada uno con una arquitectura particular, el rostro de la ciudad cambia, al igual que el de la Calle del Morro, lo cual era una de las prebendas ofrecidas por Creso a doña Medianía: el ala sur del palacio miraba a la ciudad y representaba las mezquitas árabes; el ala norte, con características góticas; el costado occidental simbolizaba la cultura Azteca con mármoles negros y monumentos de ésta cultura, y el Oriente, representaba la antigua Grecia; de igual modo, dos patios interiores contenían el arte pagano y gran diversidad de frutos con que cuenta la región.

El derroche de la vida y la fortuna, la codicia, los impulsos desenfrenados, el vicio y el deseo por ser el más grande conquistador de beldades, «sultán afortunado de imaginarias odaliscas», hicieron en Creso que la bestia abriera en él los ojos. Aquella bestia no era otra que la que proviene de las impurezas sociales de una forma de ver el mundo, emplazada en la lógica del mal llamado progreso. La novela caracteriza así la modernidad representada en Creso. Pero la ciudad que se veía transformar no sólo cambió en su aspecto estructural. También las relaciones sociales cambiaron: los viejos estratos tomaron nueva fisionomía, y aparecieron otros nuevos. Como se dijo anteriormente, tan característico como la aparición de vastas clases medias fue el surgimiento de nuevas burguesías que se instalaron rápidamente en la cima de la sociedad. Fueron ellas las que inocularon un nuevo estilo de vida que quiso ser cosmopolita por oposición a las formas provincianas de vida predominantes hasta entonces (Romero 1999, 340 y ss.).

Esta transformación tuvo dos influencias europeas: la de la Inglaterra victoriana y la de la Francia de Napoleón III. Bajo su imitación las nuevas burguesías se desarrollaron, traduciéndose en formas de vida con algo propio y extraño. Siguiendo a José Luis Romero,

> [F]ue en las capitales y en los puertos donde hallaron su escenario propio las nuevas burguesías, allí donde se recibía primero el correo de París o de Londres, donde vivían extranjeros que llevaban consigo el prestigio europeo, donde estaban instaladas las sucursales de los bancos y las casas de comercio extranjeras. Y allí apareció la obsesión —y la ilusión— de crear un estilo de vida cosmopolita, o para decirlo más exactamente, europeo (Romero 1999, 341).

La preocupación de las nuevas clases burguesas fue la de expresar su superioridad dentro de la jerarquía social, a través de claros signos reveladores de su riqueza, pero no sólo a través de la posesión de bienes sino de un comportamiento notablemente ostentoso. El personaje de Creso ejemplifica muy bien dicho propósito. Este productor y comerciante de cacao fue hasta los cincuenta años, un agricultor que forjó su fortuna a partir del trabajo de la tierra. Sin embargo, fue en dicha edad que comenzó su travesía por aquellos deseos reprimidos, los cuales despertaron gracias a su riqueza. No obstante, tuvo la oportunidad de darse un baño de cultura hasta donde le fue posible, con lo que intentó suavizar las asperezas de su piel curtida por el trabajo. Aquella actitud,

> Fue como el abrir de una represa aquel súbito desbordamiento de pasiones reprimidas y estancadas; el derroche de la vida y la fortuna, en la vergonzosa orgía de torpes sensualidades. De pronto le cegaron las claridades ofuscantes del vicio; pero a medida que las pupilas se le acostumbraban a mirar fijamente esos resplandores de abominación, siniestros y abrazadores, fue trocando el impulso irreflexivo que se contenta con ser ímpetu desencadenado, por la madurez y la sangre fría de los calaveras[13] y desperdiciados de sangre (Baquerizo Moreno 1988, 108).

---

13 El término «Calavera» identifica el modo como se le llamaba a los hombres carentes de juicio y asiento o dados al libertinaje.

Este estilo de vida nutrió la vasta creación de la novela naturalista latinoamericana, al igual que la prosa modernista de finales del siglo XIX.

> De los novelistas todos eligieron el rasgo que creían más significativo para sorprender el mecanismo de esta nueva burguesía que, con el comer de los meses, en esos años locos de especulación que van de 1880 a la primera guerra mundial, adquirió humos aristocráticos y llegó a convencerse de que tenía 'alcurnia' (...) El naturalismo novelístico trataba de penetrar los secretos de esta nueva sociedad devorada por la tentación de la fortuna fácil y del ascenso social acelerado; y aunque condenaba lo que creía en ella humano y cruel, compartía lo que pudiera llamarse sus sanos principios (...) [Algunos autores] recogían y expresaban la sensibilidad de los exquisitos; pero de los poderosos exquisitos, a quienes seducía el mundo refinado del lujo y, a veces, el refinado lujo del poder. Más que disconformismo había un rechazo de la vulgaridad, que se confundía fácilmente con el apresurado aristocratismo de las nuevas burguesías. Al fin, el refinamiento sensible podía ayudar a justificar el ascenso de la nueva aristocracia del dinero (Romero 1999, 341).

La obra de Baquerizo Moreno parece insertarse en dicha actitud. La caracterización de sus personajes permite evidenciar el fuerte rechazo hacia una clase media que intentaba escalar en la pirámide social. Aunque da cuenta de las inclemencias por las que un pequeño sector de dicha clase atravesaba, la chabacanería que se inserta en las actitudes de los personajes, ofrece un panorama de la fractura que la nueva burguesía en ascenso hacía de la forma de vida aristocrática y educada. Ahora bien, el elemento religioso también es recurrente en la novela de Baquerizo Moreno, sobre todo al hacer la descripción de la vida de Creso. Éste, luego de la construcción del ostentoso palacio, comenzó a asistir a círculos y casinos, las borracheras de brandy eran frecuentes, al igual que las profanas adoraciones de ídolos inmundos[14], y su palacio estaba copado de imágenes profanas, que parecían resucitar gracias al «apóstata[15] de Cacaotales».

Para el narrador de la novela, la vida de Creso se desenvolvía en la seducción de las mujeres, el juego y las apuestas, entenebrecía su conciencia con brutalidades y sarcasmos de escéptico, y la inteligencia, con tabaco y brandy:

> La vida para él se encerraba dentro de tan estrechísimos horizontes; más allá: el vacío, la nada. La sociedad convertida en infame burdel, la comprendía a maravilla; la sociedad con destinos más nobles y levantados, se le volvía un quebradero de cabeza, bueno, a lo más, para tontos de capirote o idiotas de nacimiento (Baquerizo Moreno 1988, 124).

Las conductas de una clase burda y desenfrenada, constituían para el narrador la base sobre la cual intentaba poner en cuestión la moral y la ética de la clase media ecuatoriana. La constante búsqueda de dichos elementos, a través de la indagación en la personalidad de los personajes, permite en la obra ir configurando no tanto una novela psicológica, como sí una escritura que afectara los imaginarios de una sociedad cegada por la fuerza del progreso: preocupación constante de un círculo de intelectuales críticos de la modernización de sus pueblos.

La modernidad capitalista, entonces, que la obra de Baquerizo Moreno describe, es aquella donde los flujos de deseo son interpelados, gracias al dinero, en los distintos dominios de la sociedad. De allí, la sociedad se enceguece profanando la hegemonía de la cultura letrada y aristocrática que por tanto tiempo había reinado. La novela inscribe a los personajes en dicha dinámica no sólo para atacar la lógica de los modos de vida que venían emergiendo, sino para hacer una crítica de cómo esa sociedad se ha dejado llevar por las opulencias y derroches del imperialismo comercial.

---

14   Especialmente, en el primer patio al interior del palacio se encontraban mármoles y bronces que representaban a personajes como: Dianas cazadoras, Venus, Juno, Calavera del Olimpo, Píramo y Tisbe, Minerva, Apolo, Parnaso, Talía, Galatea, Baco, Safo, Hera, Baquero de Mytelene, Polifemo y Europa.
15   Así le llama el narrador de la obra a Creso. La característica del apóstata es la negación de la fe de Jesucristo recibida en el bautismo; abandonando la religión a la que pertenece y cambiando de doctrina.

La historia que se desarrolla en *Titania* termina exaltando la postura realista de Oberón, frente al sueño en que caía la sociedad de entonces. Luego de que éste fuera invitado por Titania a conversar y limar asperezas, en el palacio donde ella habitaba, se produce un fuerte enfrentamiento entre los cuatro personajes, gracias a la fama que el «Pirata Berberisco[16]» había edificado en la ciudad; lo cual termina por derrumbar el mundo creado por él. En dicho debate, doña Medianía –al ver cómo las actitudes de Creso vulneraban sus principios, entre otras cosas porque le construyó una torre a una prostituta llamada Aspasia[17]– irrumpió con una fuerte misiva que representa muy bien las faltas en la que la clase media ha caído, pero también su reconocimiento de las mismas. Dice Medianía:

> Esa es la Babel moderna (la torre construida para Aspasia) en que el vicio amontona los desechos de su podredumbre. Charca de torpezas y liviandades donde fermentan las inmundicias humanas al calor de impuras bacanales: yo te maldigo en nombre de la moral que pisoteas, infame; en nombre de la sociedad que ultrajas y corrompes; en nombre de la civilización, que te nombra cáncer de sus entrañas. *Cuarenta siglos* te condenan por mi boca, desde las páginas de la historia, a la picota de todas las abominaciones y de todos los escarnios; y en la corriente de los años, eres el montón de ruines escándalos que sirve para embravecer su curso y despeñar sus ondas. Venid a mí, *pontífices* de la opinión, consagrados por manos de la mesocracia, y repudiad ese vástago antiguo y bastardo abolengo, para que no logre ingerirse en la secular encina de la honrada clase media, a la cual contaminaría y apolillaría... El héroe de esa Babel es un alma empedernida, el esposo de Titania, más claro: Creso el ricachón de Cacaotales... (Baquerizo Moreno 1988, 139).

Los personajes ven asombrados, entonces, cómo la torre y el palacio se derrumban; también la Avenida de los Ciruelos desaparece, y la ciudad vuelve a recobrar su antiguo ambiente hecho

---

16 El «pirata berberisco» es un individuo que habita el África septentrional desde los desiertos de Egipto hasta el océano Atlántico, y desde las costas del Mediterráneo hasta el interior del desierto del Sahara.

17 En la mitología griega, Aspasia era la esposa de Pericles. Representaba la retórica y la logografía, elemento que indica en la obra de Baquerizo Moreno, el ataque que la modernidad hace a la clase letrada.

de charcas y pantanos. Oberón, que siempre mantuvo su recelo frente a la decisión de Titania, se configura como el héroe de la novela al ver derrumbado el mundo en el que había caído su amor: «De suerte que Aspasia, sus huéspedes y el borrachón de Creso, están a la hora de ésta, hechos polvo y ceniza, como el mortero de marras» (145). Al despertar de su noche de bodas, Titania tenía en frente a la propia realidad, lo otro, sólo fue un sueño horrible y medroso, el «sueño de la modernidad»: «No creí nunca, dice, que el sueño de una noche de novios, se poblara de visiones como aquellas, en negra y abrumadora pesadilla» (Baquerizo Moreno 1988, 147).

III. La paradoja colonial/decolonial y el sueño eurocentrista

En el apartado anterior, vimos cómo Baquerizo Moreno a través de sus personajes refleja las inclemencias por las que atraviesa la clase media guayaquileña, producto de la máquina modernizadora. También, vimos cómo esa sociedad es objeto de crítica por parte del autor al ver en ella una conducta cegada y viciada por el imperio comercial que se iba instalando poco a poco en la hegemonía de la nación. La particularidad estética de la ópera prima de Baquerizo Moreno radica en que las situaciones concretas que se suceden en la sociedad guayaquileña, se encuentran inmersas en el elemento onírico, lo cual potencia una forma de escritura que intenta alejarse de la influencia romántica de la literatura anterior; pero que también alude a las primeras manifestaciones del naturalismo en la literatura ecuatoriana. La estética de la novela indaga en nuevas formas de reconstruir lo real, no sólo desde el punto de vista formal de la obra, sino haciendo énfasis en el compromiso que muchos autores de la época en Hispanoamérica tenían con su propio contexto, y que se refleja en el elemento ético que recorre las obras.

Por esta razón, además de las mencionadas en el apartado anterior, *Titania* es una obra que se sitúa en los albores del Modernismo hispanoamericano. En efecto, luego de las independencias políticas que América Latina alcanzó en el primer tercio del siglo XIX, los intelectuales comienzan un arduo trabajo de configuración de una cultura propia alejada de los múltiples sometimientos españoles a los que su región estuvo condenada, lo cual tuvo lugar a lo largo del siglo XIX. En este sentido, los escritores ecuatorianos de finales de ese siglo, que bien pueden llamarse modernistas, fueron actores de su tiempo,

> [P]ensaron el proceso paradójico de las transformaciones en el Ecuador y describieron su propuesta literaria en un contexto más general de cambios. Hablaron del impacto de las revoluciones liberales y de la guerra mundial en la cultura. Estos modernistas, además, demostraron ser lectores críticos de las propuestas intelectuales de la época y ofrecieron sus propias cosechas en el campo de la literatura (Valencia Sala 2007, 12).

De igual modo, como muy bien lo analizó Ángel Rama, al periodo comprendido entre 1870 y 1920, denominado por él como la *modernización de la literatura latinoamericana*, correspondió una amplia incorporación de literaturas modernas como la francesa y secundariamente la española, que a su vez respondía a la primera. Dicha influencia intensificó el proceso que venía con la emancipación, en la que la novedad radicó en la amplia incorporación de literaturas que abarcaron todo el occidente, y que se guiaron por las más adelantadas metrópolis (ver: 1985, 82-96). Así, el proyecto cultural culto fue cosmopolita, no sólo por la influencia que pudo haber tenido de las distintas literaturas, sino sobre todo porque los escritores intentaron leer su realidad y escribirla desde las referencias provenientes de sus viajes por Europa, y las intercomunicaciones internas de la producción literaria en Hispanoamérica.

Los escritores de la modernización deben ser reconocidos

como los fundadores de una literatura autónoma, en el largo proceso del nuevo nacimiento de la región. Recordemos acá, que las independencias que lograron nuestros países solo fueron de carácter jurídico-político. Hizo falta, y aun en nuestros días, una independencia cultural que, articulada con la primera, lograra la emancipación total. Baquerizo Moreno junto con otros escritores ecuatorianos, fueron pieza clave en el proceso de esa «segunda independencia» aún no lograda en Latinoamérica. Para el caso del ex-presidente del Ecuador, su prosa se inserta en una sociedad que reactualiza las prácticas coloniales de la Corona española, sólo que ahora se hace manifiesta en nuevos órdenes geopolíticos donde el imperialismo comercial, a través del flujo de dinero y de seducción, hace siervos a los ciudadanos de un país con altos índices de crecimiento demográfico en sus principales ciudades, pero, a su vez, con altas tasas de pobreza.

La primera novela de Baquerizo Moreno puede ser leída como una obra que contribuyó a un pensamiento propio ecuatoriano, insertándose en un proceso *decolonial*. Más allá de discutir si su prosa y estilística se encuentra al nivel de los más grandes exponentes del Modernismo hispanoamericano, cuestión que no es el interés en este texto, se considera que *Titania* intentó contribuir a la construcción de nuevos lenguajes que dieron cuenta de la complejidad del mundo moderno-capitalista que la región estaba viviendo. El carácter político emancipatorio de la obra de Baquerizo Moreno está todavía por descubrir.

A pesar de ello, el autor moviliza un imaginario patriarcal moderno/colonial. El uso de la figura de la mujer como personaje principal de su obra, la cual encarna los males de la sociedad, da cuenta del imaginario que en el siglo XIX se tenía sobre la mujer como la virtuosa, encargada de la educación y formación del ciudadano en el seno de su hogar, con miras a la construcción de la nación. Titania, como se vio anteriormente, es una mujer a través de la cual se representa la clase letrada ecuatoriana, que prefirió caer en el sueño de una vida marcada por la codicia y el derroche.

Desde esta óptica, el carácter cosmopolita de los intelectuales de la época se encuentra muy marcado por el imaginario de la blancura, pero no por ello, su literatura fue fiel copia de las letras europeas. Su mirada sobre la nación no podía ser otra que la patriarcal. En ellos estaba la responsabilidad de construir las bases sobre las cuales fundamentar el proyecto regenerador de la sociedad: recordemos que por lo menos hasta la revolución liberal de 1895, Ecuador estuvo regida por la hegemonía eclesiástica y conservadora.

Titania y doña Medianía, su madre, son el reflejo de la poca ética que, entre otras cosas, la clase media movilizaba a la hora de enfrentarse a la seducción del imperialismo comercial. Estas mujeres encarnan la codicia, el no recato, el idealismo, el capricho, el interés, la no razón, la terquedad, la mentira, entre otros; que por medio del ensueño por el acceso a una vida mejor, ponían en peligro la hegemonía de una parte de la sociedad que se consideraba con nobles ideales. La familia en el siglo XIX es objeto de promoción y defensa por parte de la sociedad burguesa. En ella se encuentra los cimientos de la nación en construcción. Esta característica en la obra de Baquerizo Moreno, evidencia que la sociedad ecuatoriana es vulnerable, y que debe ser protegida desde sus bases, con el fin de evitar que fuerzas externas sean capaces de romper la médula espinal del cuerpo social. Para Murrieta, por ejemplo, los nombres femeninos de algunas novelas hispanoamericanas, no son simples títulos de las obras, sino que interpelan a la mujer en el papel que debe desempeñar en la esfera primaria que constituye la base de la sociedad. El uso de esos nombres,

> Refieren a mujeres que cometen adulterio, ambiciosas, que se prostituyen o rebelan contra la moral, el orden y los intereses de la familia nuclear. Se trataba de moralizar y convertir a una reciente clase media –profesionistas, burócratas, industriales y comerciantes, artesanos y técnicos de la nueva industria y servicios. El romanticismo tardío, el costumbrismo y el realismo, son utilizados por los novelistas para encumbrar el hogar doméstico, en su sentido real y directo, y

por extensión simbólica representar la casa colectiva, el nuevo país, la gran familia nacional (Murrieta Saldivar 2008).

Lo que se ha llamado aquí como la paradoja colonial/decolonial en la obra de Baquerizo Moreno, se refiere precisamente a esas dos visiones de mundo que el autor intenta transmitir a través de su obra. Por un lado, entonces, la reproducción del imaginario patriarcal sobre la mujer y la clase media, encarnado en los dos personajes femeninos de su novela; y, por el otro, la labor de encontrar un estilo que configure una literatura propia ecuatoriana, inserta en la actitud modernista hispanoamericana.

Para terminar, se hace referencia a lo que se considera como la visión eurocéntrica que desarrolla, aún en pleno siglo XXI, parte de la crítica e historia de la literatura ecuatoriana. Este imaginario se caracteriza por ver las letras ecuatorianas del siglo XIX, en especial de la segunda mitad del siglo, como una literatura romántica de estilo europeo, lo cual conlleva a emitir juicios como el de que toda la producción literaria del Ecuador en ese siglo fue prácticamente fiel a dicho género. Se recogen dos posturas en particular, la de Diego Araujo Sánchez y la de Bruno Sánchez Andrade, publicadas en el monumental trabajo titulado: *Literatura de la República. Período 1830-1895* (ver: Araujo Sánchez 2002).

A juicio de Araujo Sánchez, «la independencia no cortó la influencia europea». Aunque esta afirmación podría ser verídica si revisamos la historia jurídico-política de América Latina, el autor la enmarca en el campo estético latinoamericano arguyendo que si hubo intentos por crear un arte más propio en la región, las formas expresivas del mismo siguieron ancladas a los modelos europeos. A lo largo del siglo XIX, las miradas se dirigieron a naciones como Alemania, Inglaterra y Francia, siendo esta última la que asumió el *liderazgo cultural* en Latinoamérica. Siguiendo a Carlos Rama, el autor afirma que aquellos jóvenes criollos de clases acomodadas, los cuales tuvieron la posibilidad de viajar a Europa, particularmente a París, trajeron consigo una multiplicada admiración por el romanticismo y, entre otras cosas, una devota lectura de los grandes escritores franceses del siglo XIX.

Ahora bien, para Araujo Sánchez el Romanticismo dio algunos frutos en América, pero este movimiento se mueve entre dos posturas erradas y apresuradas. Por una parte, hay quienes creen que el espíritu romántico sería una especie de rasgo constante en la literatura de la región; y, por otra, habría quienes niegan la existencia del romanticismo en América, menospreciando el significado de sus realizaciones. El autor toma una distancia muy particular de estas posturas, para aseverar con Emilio Carrilla que el romanticismo:

> [E]s el último movimiento de relieve amplísimo en la historia de la cultura (...) Pero en América Latina tiene una importancia adicional: *es una tendencia que abarca prácticamente todo el siglo XIX* y es el primer movimiento que echa sus raíces cuando nuestros países han logrado la emancipación. En nuestro criterio, importa recordar que en América Latina los «ismos» no se dan con el mismo ritmo y en perfecta sincronía con los movimientos europeos (Araujo 2002, 58 y ss.).

Araujo Sánchez pareciera desconocer varios aspectos. En primer lugar, aunque las independencias de nuestras naciones no cortaron las influencias europeas en términos culturales, no por ello se puede aseverar que en el transcurrir del siglo XIX las creaciones en América Latina carecieron de un sentido de lo propio e intentaron crear un pensamiento que se ajustara a sus contextos inmediatos. Una de las características de la literatura de las últimas tres décadas en la Latinoamérica decimonónica, fue la de una sofisticada producción artística que procuró competir en un mercado internacional, gracias a modelos extranjeros que las incentivaron mas no que hubieran sido fiel copia de los mismos. Ante todo, nuestros escritores fueron *lectores*, sujetos cosmopolitas que fundaron la autonomía artística latinoamericana concomitantemente con la producción europea (ver: Rama 1985, 83).

En segundo lugar, decir que Francia asumió el liderazgo cultural de América Latina, es caer en lo que Enrique Dussel llamó el «mito eurocéntrico de la modernidad», el cual consistía en creer que Europa fue el centro cultural por excelencia a nivel planetario. En la década de los noventa del siglo XX, Dussel muestra cómo a partir del siglo XVIII la modernidad desarrolla una visión de sí misma, un mito sobre sus propios orígenes, que posee una impronta claramente eurocéntrica. En efecto, la modernidad sería un fenómeno específicamente europeo originado durante la Edad Media, pero que a partir de experiencias intraeuropeas como el renacimiento italiano, la reforma protestante, la ilustración y la revolución francesa, se habría difundido a nivel mundial. Así, el mito eurocéntrico de la modernidad sería la pretensión de la particularidad europea con la universalidad sin más. Por esta razón, este mito implica lo que Dussel llama la «falacia desarrollista», «según la cual todos los pueblos de la tierra deberán seguir las etapas del desarrollo marcadas por Europa con el fin de obtener su emancipación social, política, moral y tecnológica. La civilización europea es el telos de la historia mundial» (ver: Castro-Gómez 2005, 46).

En tercer lugar, y siguiendo el argumento anterior, decir que prácticamente la literatura ecuatoriana fue romántica durante todo el siglo XIX, es desconocer la riqueza estética de muchos autores que se encontraban en diálogo con sus pares a nivel mundial, desde sus creaciones locales ricas en matices culturales, políticos y sociales, que reflejaban la puesta en cuestión del estado de cosas modernizante; tal y como se mostró con la obra de Baquerizo Moreno. Ver las letras ecuatorianas a la manera de Araujo Sánchez, es movilizar un imaginario no sólo eurocéntrico sino de la *colonialidad del poder*, en la medida en que se oculta al otro, invisibilizando sus conocimientos y formas de ver el mundo y, en consecuencia, seguir reproduciendo la idea de que la región es la periferia cultural o el pasado «salvaje» de Europa.

Al contrario de las posturas de autores como Araujo Sánchez y Sáenz Andrade, el realismo, el naturalismo, el simbolismo y el decadentismo dieron a muchos autores hispanoamericanos la fuerza necesaria para la ficcionalización de una ética que ayudó a definir un carácter y una realidad socio-cultural, aunque se los considerara absurdos o abominables. De igual modo, sirvió para establecer una distancia del idealismo romántico del paisaje y la sociedad, aunque muchos de los personajes de las novelas de entonces, retomaran rasgos característicos de dicho movimiento. En el caso particular de *Titania*, el personaje principal encarna algunos elementos románticos, pero sólo porque ello le sirve al autor para poner en tensión un «género trasnochado», como se dice en la novela, que ya no da cuenta de la complejidad del campo social, sino que sigue sumergido en individualismos e idilios y amoríos salvajes que no tienen asidero en la realidad del momento.

Araujo Sánchez y Sáenz Andrade coinciden en clasificar las obras y autores ecuatorianos del siglo XIX como románticos, de acuerdo con la teoría de las generaciones. Así, el segundo movimiento romántico del Ecuador emerge de los autores nacidos entre 1848 y 1860, donde Baquerizo Moreno quedaría inscrito. Como bien lo ha analizado Rodríguez-Arenas, esto es un error que se ha venido multiplicando a lo largo del tiempo:

> En ese siglo (XIX), se escribió prosa de ficción: novela y cuento en el Ecuador, adscribiéndose estos textos a diferentes movimientos literarios, no únicamente al Romanticismo, como es la creencia general entre estudiosos ecuatorianos, muchos de quienes clasifican, desde hace casi seis décadas, las obras mediante la teoría de las generaciones; lineamientos retomados y reelaborados por Ortega y Gasset en 1920 y 1933, y seguidos por su discípulo Julián Marías en 1949; pero difundidos como dogma en el Ecuador; situación agravada por el empleo sistemático e indiscriminado del libro de Arrom (1963) en zonas específicas del país (2009, xi).

Considerar y clasificar las producciones estéticas de una región desde el punto de vista del año de nacimiento de sus autores, es des-conocer la complejidad de las obras y lo que ponen en tensión. Aunque estas se encuentren fuertemente influenciadas por la vida y experiencia de sus autores, la obra ha de verse como un mundo que emerge y se sostiene por sí mismo, y es allí donde la crítica ha de poner su atención. Las influencias externas al autor y a la obra, son *fuerzas* que producen un devenir particular: devenir mujer, devenir clase media, devenir máquina modernizante. Dichas fuerzas no son la copia sin más de estilos o formas de ver el mundo, sino la articulación de puntos de fuga que configuran una red amplia y diversa. Como diría Deleuze (1997), «la literatura es disposición colectiva de enunciación».

César Andrés Ospina Mesa

Bibliografía

Araujo Sánchez, Diego (Coord.). *Literatura de la República. Período 1830-1895*. Vol 3. Quito: Universidad Andina Simón Bolívar / Corporación Editora Nacional, 2002. [Colección Historia de las literaturas del Ecuador].

Arredondo López, María Adelina. *El catecismo de Ripalda*. Recuperado el 1 de febrero de 2010. Disponible en: http://biblioweb.dgsca.unam.mx/diccionario/htm/articulos/sec_1.htm.

Ayala Mora, Enrique. *Resumen de historia del Ecuador*. Quito: Biblioteca Digital Andina, Universidad Andina Simón Bolívar. 1999. (Documento electrónico).

Baquerizo Moreno, Alfredo. *Tierra adentro: la novela de un viaje; Titania; El Señor Penco; Luz*. Bogotá - Quito: Círculo de Lectores, 1988.

Castro-Gómez, Santiago. *La poscolonialidad explicada a los niños*. Popayán: Universidad del Cauca – Instituto Pensar, 2005.

_____. *La hibrys del punto cero. Ciencia, raza e ilustración en la Nueva Granada (1750-1816)*. Bogotá: Editorial Pontificia Universidad Javeriana. 2005.

Castro-Gómez, Santiago y Grosfoguel, Ramón (Comp.). *El giro decolonial: reflexiones para una diversidad epistémica más allá del capitalismo global*. Bogotá: Siglo del Hombre Editores; Universidad Central, Instituto de Estudios Sociales Contemporáneos; Pontificia Universidad Javeriana, Instituto Pensar, 2007.

Deleuze, Gilles. *Crítica y clínica*. Barcelona: Editorial Anagrama, 1997.

Mignolo, Walter. *The darker side of the Renaissance. Literacy, Territoriality and Colonization*. Ann Arbor: University of Michigan Press. 1995.

Murrieta Saldivar, Manuel. «El poder de la familia en la novela del siglo XIX». *Revista Universidad de Sonora*. México: No. 23 (Oct–Dic de 2008), 10-12.
Paz, Octavio. «Traducción y metáfora». Lily Litvak (Editora). *El modernismo*. Madrid: Editorial Taurus. 1975.
Rama, Ángel. *La crítica de la cultura en América Latina*. Caracas: Biblioteca Ayacucho, 1985.
Rodríguez-Arenas, Flor María. *La Emancipada*. Segunda edición crítica. Ampliada y mejorada. USA: Stockcero, 2009.
Romero, José Luis. *Latinoamérica: las ciudades y las ideas*. Medellín: Editorial Universidad de Antioquia, 1999.
Valencia Sala, Gladys. *El círculo modernista ecuatoriano: crítica y poesía*. Quito: Universidad Andina Simón Bolívar, Editora Nacional, 2007.

Abelardo (1895) de Eudófilo Álvarez y el modernismo en sus primeras manifestaciones en Ecuador

Jeimy García Sánchez
Pontificia Universidad Javeriana

I. Introducción

Abelardo (1895) es la segunda novela de Eudófilo Álvarez (Latacunga 1876 - Quito 1917); pero la primera novela epistolar de este escritor ecuatoriano; la cual se presenta como una manifestación del Modernismo literario en su forma primigenia dado que en ella el autor aborda distintos elementos recurrentes de lo que se ha denominado la primera etapa del movimiento modernista: la idealización del amor y la mujer como entidades imposibles e inalcanzables, el exotismo, la imagen virginal y también fatal de la mujer, la auto-representación del artista moderno, la tendencia hacia la realización de la obra de arte a través de la búsqueda incansable de la belleza formal y conceptual, son sólo algunos de los tópicos que sobresalen en esta novela.

Abelardo es una obra que hasta el momento no ha recibido atención de la crítica literaria, pero de la cual se han hecho algunas afirmaciones que de antemano le restan algún valor estético. Así, Edna Coll dice que es una «Novela cuya acción se ubica en el extranjero. Por medio de un epistolario sentimental nos enteramos de la tragedia amorosa de Abelardo. Novela de poco aliento, mediocre» (ver: Coll 1992, 177). De igual modo, Ángel Felicísimo Rojas afirma que *Abelardo* es una novela pobre y extranjerizante (2004, 171). Este tipo de juicios hacia las obras literarias son los que han conducido al desconocimiento del prolífico trabajo literario de muchos escritores que han caído en el olvido de la historia, de la historiografía y de la crítica literaria o que han impulsado el acercamiento un tanto «inocente» a esos textos; es decir, se han emitido sin conocimiento previo y, en cambio, han creado una barrera para los lectores.

El objetivo de este trabajo es realizar un primer acercamiento a los elementos constitutivos de la novela, enmarcándola en el Modernismo hispanoamericano, contrario a la afirmación generalizada sobre la literatura ecuatoriana de finales del siglo XIX, que afirma que la producción literaria después de mitad de siglo es romántica[1].

La segunda novela de Álvarez es una de las obras finiseculares que contrapone algunas de las tendencias literarias dominantes en el panorama de las letras ecuatorianas de finales del siglo XIX. Tanto la literatura hispanoamericana como la ecuatoriana tuvieron tres momentos estéticos que rigieron durante ese periodo, éstos fueron: el Romanticismo, el Realismo y el Naturalismo. En el primero, domina la subjetividad del autor y su mundo interior. En Hispanoamérica, además, aparece como el recurso literario más conveniente para literaturizar la independencia de los recién conformados estados y estrechar los lazos nacionales entre los ciudadanos. Al Romanticismo le sucede el Realismo, en el cual los escritores se interesan por narrar el mundo exterior lo más fielmente posible con la realidad. Para ello, emplean la observación aguda y la descripción minuciosa como puntos de partida para su escritura; así, el Realismo tiende a ser una copia de la realidad trasladada al arte. Casi paralelamente al Realismo viene el Naturalismo, que lleva los postulados del primero al extremo y se sustenta en el positivismo y en el método científico como valores aplicables a la obra de arte[2].

En ese universo de manifestaciones estéticas finiseculares se

---

[1] Una de las afirmaciones más tajantes es: «Si los poetas se multiplicaron, nadie se preocupó del relato hasta muy entrado el siglo, en que un escritor lojano, Miguel Riofrío, publica la primera novela ecuatoriana, *La Emancipada*, iniciando el romanticismo bucólico que perdurará hasta 1930 más o menos, porque la narrativa nacional va a nutrirse del planteamiento establecido por Jorge Isaacs en su novela *María*, y es apenas en la treintena de este siglo cuando los escritores de la costa y de la sierra irrumpirán con su realismo descarnado» (véase: Descalzi y Richard 1996, 172).

[2] Algunos de los libros publicados que describen las características de los movimientos literarios de finales del siglo XIX y de los primeros años del siglo XX

origina el Modernismo en Hispanoamérica, surgiendo en oposición al positivismo dominante y a la «vulgarización» del arte, como concebían los modernistas el Realismo y el Naturalismo. Los modernistas, por su parte, buscan alcanzar la perfección formal y conceptual en la obra de arte, la autonomía del oficio, más libertad creadora y amplitud temática. En dicho paradigma aparece *Abelardo*; novela que intenta poner la literatura ecuatoriana en un nuevo orden universal de las letras y el arte, a través de la representación de la experiencia y del espíritu humano. Tal como afirma el autor en el prólogo a la publicación de 1905:

> Como se ve, una obra de arte puede ser buena, cualquiera que sea el asunto; nacional o extraño. Así pues, no temo tanto que se me tilde de haber traído al Ecuador una planta exótica. Lo que dudo, lo que temo, lo que me hace temblar es no haber escrito una obra de arte, y que la realidad haya burlado mis más halagadoras esperanzas (Álvarez 1905, XVIII).

II. Eudófilo Álvarez y el sujeto cosmopolita

Eudófilo Álvarez Vega nació en la ciudad de Latacunga en 1876, al inicio de la dictadura del General Ignacio de Veintemilla, quien había depuesto a Antonio Borrero, sucesor de Gabriel García Moreno. Su padre fue el Coronel Emilio Álvarez Tinajero, primer jefe del Escuadrón Sagrado de la Restauración, y su madre Jesús Vega.

Alfredo Costales en la introducción a la novela póstuma de Álvarez, *Zapikia y Nanto* (ver: Costales 2003, 35), afirma que éste debió haber recibido las primeras letras de un preceptor privado o en una de las escuelas primarias establecidas en los conventos de La Merced o San Agustín; mientras que la educación secun-

---

son: Flores Ángel. «Narrativa hispanoamericana 1816-1981». *Historia y antología 2, la generación de 1880-1909*. México: Editorial Siglo XXI. Tercera Edición. 1998. Bella, Josef. *Historia de la literatura hispanoamericana*. México: Editorial Universitaria.Universidad de Guadalajara. 1991. Franco. Lourdes. *Literatura hispanoamericana*. México: Editorial Limusa. 2004. Picón, Evelyn y Schulman, Iván. *Las literaturas hispánicas. Introducción a su estudio*. Michigan: Wayne State University Press. Vol. 1. 1991. Lián, Edgar. *Realidad y artificio: un itinerario de la novela realista hispanoamericana*. México: Universidad Nacional Autónoma de México. 2005.

daria la realizó en el Colegio Municipal Vicente León, en donde quedó bajo la protección de Rafael Portilla.

Portilla, advirtiendo el talento de Álvarez, lo llevó consigo a Europa para que se compenetrara con las novedades literarias, artísticas, culturales y políticas de fin de siglo. Una vez en Francia se apasionó por la vida y obra de Juan de Montalvo y de Goethe, a quienes admiraría e imitaría en su carrera literaria. De este último, *Werther*, ejercería una fuerte influencia evidente en sus dos novelas (*Abelardo y Ocho cartas halladas*).

De regreso al Ecuador en 1895, Álvarez publicó *Abelardo*, su primera novela epistolar. Ésta salió a la luz gracias al triunfo de Alfaro, al derrocar en Guayaquil al presidente interino Vicente Lucio Salazar y con ello dar inicio al largo periodo liberal en la historia del Ecuador (1895-1925). Fue el mismo Alfaro quien autorizó dicha publicación en la Imprenta Nacional.

Eudófilo Álvarez se dedicó en su país a la crítica aguda a través del panfleto y del periodismo; con ellos se hizo reconocido en las altas esferas intelectuales ecuatorianas y combatió la oposición al régimen liberal. Instaurado el liberalismo, fue nombrado Director de la Biblioteca Nacional; cargo que ejerció por poco tiempo, pues de allí pasó a ser el secretario privado de Alfaro.

Álvarez continuó publicando diversos escritos sobre temas literarios, políticos, estéticos e históricos en la *Revista de la Sociedad Jurídico-Literaria*, como también ejerciendo cargos públicos. En 1903 editó en la tipografía «La Rápida» su siguiente novela epistolar: *Ocho cartas halladas*, que consta de 118 páginas; la amplió y publicó nuevamente en 1906 con 176 páginas. Luego se interesó por descubrir los misterios de las selvas ecuatorianas e inició una excursión por el Oriente ecuatoriano. Allí entró en contacto con la tribu de los Jívaros, de los cuales aprendió su lengua, costumbres y prácticas, como también logró estudiar la fauna y la flora de esa región, a la cual quedó completamente ligado. En 1912 fue nombrado jefe político de Oriente con sede en Macas, producto del profundo conocimiento que había adquirido en la expedición. Luego pasó a ser gobernador del Chimborazo y fundador de la Junta Orientalista siendo su primer presidente.

Eudófilo Álvarez es un miembro importante de la historia intelectual del Ecuador, pero al cual se le ha dado muy poco reconocimiento. Él es el prototipo de hombre intelectual que viajó y estuvo en contacto con las innovaciones de fin de siglo. Su profundo conocimiento de la cultura occidental le permitió describirla en detalle y mostrar tanto sus aciertos como sus errores. Asimismo, los viajes a las zonas menos exploradas de las selvas ecuatorianas, lo llevaron a compenetrarse con los pueblos indígenas que allí habitaban, permitiéndole realizar una serie de trabajos analíticos en los cuales se refleja la comprensión que adquirió sobre dicho espacio. En las novelas *Abelardo* y *Ocho cartas halladas,* el autor rinde homenaje a Europa, lugar esencial en su formación literaria, política y cultural. Por su parte, en la novela *Zapikia y Nanto* el homenaje es para el Oriente ecuatoriano y para las comunidades aborígenes.

III. Abelardo y el Simbolismo francés

Abelardo narra la historia de un hombre ecuatoriano en Meudon, Francia, una comuna ubicada en la periferia sudoeste de París, caracterizada por la tranquilidad y la belleza de sus espacios verdes. Abelardo, el personaje principal de la novela, se reencuentra con un amigo peruano de años atrás llamado Julio, quien ahora está casado con Clementina, una mujer de Florencia que había sido tomada como hija adoptiva por el padre de éste al enterarse de que los padres de la joven mujer habían muerto. Abelardo la había conocido en un paseo que había realizado a las playas de Chorrillos en Perú con la familia de Julio, y de ella guardaba un profundo recuerdo amoroso. Al verla nuevamente, Abelardo revive plenamente su amor hacia ella sin importarle que sea una mujer casada. Aunque Clementina le corresponde con los mismos sentimientos, se inhibe de propiciar algún encuentro o de responder abiertamente a su afecto. Finalmente, se presentan varias circunstancias que le impiden a Abelardo continuar viendo a Clementina con la misma frecuencia y esto lo conduce a un estado tal de alteración mental, que toma la decisión de partir hacia Bombay. En el viaje hacia su nuevo destino, al cruzar por Florencia, ciudad de nacimiento de Clementina, se arroja al río desde el tren. Personas del lugar lo rescatan aún con vida, pero muere al poco tiempo en brazos de la hermana de su amada.

La novela abre con un prólogo que el autor utiliza para referirse a las críticas literarias lisonjeras que le han ofrecido algunos de sus amigos de «reconocida trayectoria» en el oficio, y a las modificaciones sugeridas para el perfeccionamiento de su «obrita», como él mismo la denomina. Asimismo, plantea el interés de que *Abelardo* sea considerada una obra de arte y no esté circunscrita a los límites de un espacio, en este caso Ecuador, sino que intente descubrir la universalidad del espíritu humano como fundamento del arte.

Ahora, la novela está dividida en cuatro partes que se componen de una serie de cartas dirigidas a Néstor, del cual sólo se sabe que es un amigo ecuatoriano de Abelardo. La primera, consta de 36 cartas escritas en su mayoría desde Meudon. Allí se narran las percepciones del narrador-personaje tanto de la urbe de París como de la provincia de Meudon, en donde se establecen los contrastes entre los habitantes de la ciudad y los del campo. También, se presenta el encuentro con Clementina y el revivir del sentimiento hacía ella.

La segunda parte tiene 28 cartas, enviadas durante el viaje que realiza Abelardo con la familia de Julio, desde las ciudades italianas de Génova, Florencia, Roma, Nápoles, Pesto y Milán. Dichos lugares son reconocidos por su trascendencia histórica y artística, y le sirven de pretexto al narrador para rememorar los personajes y los sucesos por los que ellas se destacan dentro de la tradición cultural greco-latina.

La tercera parte contiene 49 cartas, en las cuales se narra el regreso a Meudon y la crisis del personaje propiciada por las intrigas de Genoveva, que desencadenan el distanciamiento de Clementina, el rechazo que ésta debe hacerle a Abelardo a causa de su marido, el duelo de aquél con Julio y el viaje hacia Bombay. Finalmente, la cuarta parte es la visión que ofrece Néstor, receptor y editor de las cartas, del estado emocional en que se encontraba Abelardo, que lo condujo al suicidio; además de cómo sucedió este hecho.

Abelardo es una obra narrada, casi en su totalidad, desde el punto del vista del narrador-personaje, el cual reflexiona sobre temas como el amor y la mujer, la sociedad de su tiempo y el arte universal; así como también persisten minuciosas descripciones de los lugares por los que éste transita, la población aborigen del Ecuador; pero también lo que siente por Clementina y sus encuentros con ella. Sin embargo, a pesar de la lentitud de la acción en el mundo ficcional (ya que las cartas se explayan en percepciones y sentimientos y la acción es rápidamente resumida), lo que produce una aparente monotonía narrativa, *Abelardo* es una novela modernista[3] que vincula las ideas filosóficas y estéticas de los simbolistas franceses, con las cuales, muy seguramente, estuvo en contacto el autor durante su residencia en París.

Algunos de los rasgos visibles del simbolismo en la obra son: el misticismo que encubre la vida del personaje del cual sólo se revelan ciertos detalles, la sensibilidad exacerbada en la contemplación de la naturaleza, la simbología entre los objetos y cómo estos designan las cualidades de los personajes, la naturaleza más

---

3   Para Ángel Rama y Ricardo Gullón, el Modernismo hispanoamericano es, antes que una escuela o movimiento literario, un movimiento intelectual, una época y una actitud ante los cambios económicos y sociales que se estaban presentando en el mundo, dentro del cual se insertan diversas manifestaciones, algunas de ellas estéticas. Dicho periodo inicia en 1870 y se extiende hasta 1920 con las conmemoraciones de las independencias latinoamericanas. Rama lo denomina «periodo de modernización» tanto en las letras y el arte como en otros aspectos sociales. (ver: Rama 1985, 82-96); Gullón, y Fernández Méndez, 1962). Si se entiende de esta manera el Modernismo, cabe asegurar que no solamente los escritores que han merecido reconocimiento en él fueron modernistas, sino que existen escritores que jamás se han mencionado con tal designación, pero que podrían estar dentro del «selecto» círculo, porque su actitud intelectual y escrituraria correspondía con los postulados con los que se ha identificado a este grupo. Es el caso de Eudófilo Álvarez quien no ha sido estudiado desde esta perspectiva, pero su novela *Abelardo* incursiona plenamente en los principios modernistas.

que un espacio físico es la zona de encuentro entre el mundo material y el espiritual, las correspondencias entre lo onírico como el lugar de las manifestaciones del espíritu y como revelación del destino terrenal, y la apelación a los dioses grecolatinos simbolizando los estados físicos y mentales del personaje.

IV. El sueño de las correspondencias

Una de las influencias simbolistas que se advierte en la novela es la «Teoría de las correspondencias» relacionada con el sueño. El visionario que más incidencia tuvo en Baudelaire con sus teorías en este aspecto fue Emanuel Swedenborg (1688-1772). Éste afirmaba que:

> Todo el mundo natural —no sólo en general sino también en sus aspectos particulares— se corresponde con el mundo espiritual. Por eso, todo lo que aparece en el mundo natural procede del mundo espiritual se dice que «está en correspondencia con» él. Se debe comprender que el mundo natural surge del mundo espiritual y es sostenido en el ser por el mundo espiritual, exactamente como un efecto se relaciona con su causa eficiente. (…) En una palabra, absolutamente todas las cosas de la naturaleza, de lo más pequeño a lo más grande, son correspondencias (Swedenborg 2000, 156 y 162).

De este modo, cada uno de los objetos y seres de la naturaleza, tanto animados como inanimados, están en el cosmos bajo una relación estrecha, y cada uno de los sucesos que en él se manifiestan son producto de este vínculo inmaterial e imperceptible entre las leyes naturales. La forma externa cubre el verdadero espíritu que se encuentra en el interior, por eso este elemento no es perceptible a través de los sentidos sino que para advertir su presencia el ser debe tener un conocimiento profundo de sí y la manera para exteriorizarlo es por medio del símbolo. Dichas correspondencias se presentan en distintos órdenes y fenómenos; algunos en los elementos de la naturaleza como las plantas, las flores, el cielo, etc., otros más explícitos como en los símbolos religiosos o poéticos, o bien en la realidad cotidiana como los sueños, el alimento y las relaciones entre los seres humanos (Swedenborg 2000, 156).

En este sentido, el personaje-narrador pone un punto de partida simbólico que se vincula con esta teoría:

> ¡Cómo ruedan y se entretejen los humanos sucesos, querido Néstor! Cómo va el hombre, ciego por este laberinto de la vida, arrastrado por esa fuerza oculta que llamamos destino! Cosas pasan en el mundo, que por lisonjear nuestra ignorancia y vanidad, decimos son hijas del acaso; cuando en realidad son el resultado de leyes sabias que nunca fallan, dictadas por el Ordenador de todas las cosas. Libre es el hombre, es verdad, pero la libertad tiene sus límites, y más allá su naturaleza sigue obrando como parte de esa armonía universal que se escapa a la conciencia humana (Álvarez 1905, 45).

En *Abelardo* la teoría de las correspondencias se relaciona con el sentimiento del amor y cómo éste va conduciendo al personaje a un final trágico que se anticipa desde el sueño. Siempre teniendo en cuenta que el sueño es un espacio más allá de la conciencia humana, en que las facultades mentales se agudizan para que quien sueña se eleve a una dimensión extra temporal y espacial, en la cual las imágenes que se le presentan actúan como revelaciones del destino que debe enfrentar.

> Digan lo que digan los sabios, llegue a donde llegue su saber, nunca jamás podrán explicarme lo que el sueño significa. Este es uno de los más grandes misterios que envuelven al pobre mortal como una densa bruma. Eso de gozar en sueños, ¡eso de gozar en sueños! Esos goces en nada se parecen a los verdaderos que el hombre suele tomarse despierto: solo que estos sueños presto se desvanecen y queda el hombre como herido por el rayo, sin saber lo que aquello significa (Álvarez 1905, 30).

Esta abstracción que sobre el sueño hace el personaje está en diálogo con los planteamientos de Nerval, precursor del simbolismo. Para él, el sueño se convierte en un misterio por desvelar a través de la obra de arte y de la palabra poética. Es la posibilidad de experimentar sensaciones más allá de los sentidos y de la realidad tangible que se vive en la vigilia. Es también una segunda vida que encierra el mundo de las sensaciones que conecta al hombre con lo extraordinario, lo metafísico, pero que determina la vida primera; es decir, la física: «el sueño es otra vida en la que el mundo del espíritu se abre para nosotros, una misteriosa correspondencia se establece entre el mundo familiar y el mundo onírico» (Nerval 1998, 8).

Esta concepción onírica se representa en el sueño de Abelardo: en principio, animales salvajes, hombres y mujeres corren sin sentido, la angustia y la oscuridad dominan el sueño, se avecinan huracanes, Diana y Apolo corren en busca de su presa, todo es caos. De repente, el paisaje se transforma en eterna primavera, campos gloriosos, suave brisa, flores y árboles con frutos a su alrededor, ha huido de la tierra el espíritu del mal. Allí, la diosa del amor (Venus) espera a Abelardo para conducirlo a sus dominios y unas voces angélicas en coro le repiten: «Aman los reyes y los pastores, los peces y las aves. Amor rige los mundos: loado sea el Señor, loado sea el Amor» (Álvarez 1905, 34). Mientras esto cantan y Abelardo está más cerca de alcanzar la felicidad conducido por la diosa un «espíritu maléfico» lo despierta.

Los tres dioses, Diana, Apolo y Venus[4] cumplen una función específica en el sueño del personaje ya que aparecen allí en los espacios que generalmente los ubica la tradición literaria y con sus cualidades mitológicas. Diana, la diosa de la castidad, representa alegóricamente a Abelardo, hombre solitario que vaga por el mundo sin ser amado y sin tener quien lo ame:

Vivir como yo vivo, no es vivir; vivir aislado y en lejanas

---

4   Diana es la diosa romana de la castidad, quien después de presenciar los dolores del parto de su madre, solicita a su padre Júpiter la gracia de guardar perpetuamente su virginidad; éste se la concede y a cambio le otorga flecha y arco convirtiéndola en reina de los bosques y de sus criaturas y deidad de la caza (ver: Houtzager 2005, 61-63). Mientras que Venus, por su parte, es la diosa del amor (no en el sentido idílico, sino en el de Eros, atracción física y sexual), la lujuria, la belleza, la prostitución y la reproducción, p. 47- 48. Apolo, es uno de los dioses olímpicos más importantes y tiene diversos atributos en la mitología grecolatina, no obstante, acá interesan dos: como dios de la verdad y de la profecía, y como dios de la poesía y de las artes. Apolo y Diana son hermanos gemelos y su padre es Júpiter (ver: Houtzager 2005, 50-54).

tierras, sin un corazón que se corresponda con el mío, no es vivir: miro en torno mío, miro dentro de mí, y me hiela el alma la consideración de ese vacío inmenso de mi pecho... Amar y ser amado, dicha envidiable, felicidad suprema del hogar (Álvarez 1905, 15).

Venus, en cambio, es el ideal que desea alcanzar el personaje, pero al cual nunca logra llegar por su destino irremediable. Los placeres que le aguardan en la mansión de la diosa están vedados para él, aunque ella desee guiarlo hacia sí:

> Yo soy la diosa del Amor celeste, que velo en el mundo por el que huyen los placeres torpes y las orgías inmundas: tú te has creído como un proscrito en la tierra, has suspirado muchas veces por lo desconocido mirando a las profundidades del espacio; por eso vengo en nombre del que todo lo puede, a pasearte por él, para que admires la inmensidad de mis dominios y ensalces la gloria del Eterno (Álvarez 1905, 33).

La figura de Apolo, por su parte, cobra sentido en el abrupto despertar de Abelardo al no alcanzar el amor. Siendo él el dios de la verdad y la profecía su presencia, en el sueño aclara y anticipa el final amoroso del narrador-personaje. De la misma manera, como dios de la poesía y de las artes, su manifestación es la explicitación directa del anhelo que expresa Eudófilo Álvarez en el prólogo: que la novela sea asumida por los lectores como una obra de arte.

De este modo, el sueño actúa como el elemento que conecta la realidad tangible del personaje, es decir, un hombre solo en busca del amor, que posee una «sensibilidad especial» para comprender el espíritu de las artes y está en un estado trascendente que se representa a través de los símbolos míticos (provenientes de los dioses grecolatinos) que le revelan su destino.

V. Clementina: entre la mujer pura y la mujer voluptuosa

Una temática constante modernista fue la representación de la mujer desde distintos paradigmas estéticos que fluctúan entre la virginal o «ángel del hogar» y desembocan en la mujer fatal o prostituta[5]. Los modernistas concibieron imágenes dispares de la mujer en sus obras respondiendo a una visión patriarcal sobre lo femenino; pues son los hombres, bien sea en la voz del narrador o en la de los personajes masculinos, quienes las construyen desde el discurso literario, generando una serie de estereotipos sobre el género que dominaron las letras hispánicas durante dicho periodo.

Una de las representaciones comunes es la de la mujer frágil, alma etérea y espiritualizada, figura angelical doméstica, verdadera custodia del hogar, flor inmarcesible del jardín que ella misma ha cultivado, que pasa el día alejada de todos los afanes de la vida productiva viendo feliz crecer a sus hijos y sirviendo a su esposo, toda inocencia y pureza como ideal del amor místico; sus atributos físicos se caracterizan por la debilidad de su cuerpo y una belleza excesivamente demacrada, y posee cabellos largos y color intenso (Bari de López 1997, 138).

De este culto exagerado a la virtud femenina en el que estuvo encerrada largos años, los escritores modernistas re-pensaron a la mujer en un nuevo orden, el mundano. Ésta deja su estado virginal del hogar para entrar en contacto con el mundo y la ciudad, comenzando a asumir roles que antes le estaban vedados. La in-

---

[5] Para este apartado se ha tomado como referencia la tesis doctoral en filosofía de Camila Bari de López (1997). En ella se hace una detallada clasificación y denominación de las diversas tipologías sobre la mujer que se representaron en las novelas de los más destacados modernistas de finales del siglo XIX y del XX.

El concepto de «Ángel del hogar» lo toma la autora del estudio que realiza Bridget Aldaraca de las novelas de Benito Pérez Galdós, quien a su vez toma el nombre del título del poema de Coventry Patmore «en el que elogia la simplicidad y la gentil gracia de una joven, Honoria, que encuentra su mayor felicidad en complacer a su esposo y es por ello un modelo de la mujer victoriana» (Bari de López 1997, 138).

La mujer fatal, por su parte, es el tipo de mujer con todos sus atributos físicos sexuales que atraen al hombre y lo llevan a su perdición. En el decadentismo, por ejemplo, «la mujer fatal es un vampiro que consume la energía vital de su pasivo amante» (Bari de López 1997, 150)

cursión de la mujer en el campo laboral y en oficios mecánicos como exigencia del desarrollo industrial de las potencias europeas, y en menor medida, dedicadas a empresas comerciales en los países americanos, fueron algunos de los elementos que ayudaron a configurar una nueva mentalidad sobre lo femenino, pero que se fue asociando en el campo de las letras con la mujer voluptuosa, libertina, demoniaca. Esto sucedió también como respuesta a las manifestaciones de los grupos feministas que aparecieron durante la segunda mitad del siglo XIX en Inglaterra, Francia y en otros países, que exigían derechos y libertades para la mujer en igualdad de condiciones con los hombres.

En el imaginario de los escritores modernistas de fin de siglo es constante la representación femenina de la mujer fatal. Ésta es «el vientre de la tierra, el absorbente e indiferenciado abismo para la vitalidad masculina, la oscura cueva de la tentación física que se abre misteriosamente ante la aterrorizada adolescencia espiritual del hombre» (ver: Bari de López 1997, 237). Las características de este tipo femenino son la flor venenosa, planta parásita, mujer sirena, mujer vampiro, entre otras.

A lo largo de las cuatro partes de la novela, Clementina está situada entre estas dos concepciones femeninas. Algunas veces el narrador la representa como una santa madre y otras como una mujer sensual, que exhibe todos sus atributos físicos, y que lo lleva a perder el control de sí mismo. Abelardo intenta mantener una visión sacro-santa de su amada, pero el poder sexual que ella ejerce sobre él, lo hace sucumbir; por eso termina rindiéndole homenaje a su belleza corporal.

En un primer momento, cuando se produce el reencuentro entre Abelardo y Clementina, el narrador la describe cómo era ella seis años atrás cuando la conoció:

> (...) una niña de unos dieciséis abriles y bella como un ángel (...) Era la niña blanca y un tanto pálida, de un blanco de marfil nada común. Traía un vestido de muselina púrpura y adornada graciosamente la cabeza con una cinta de lo mismo: el cabello, negro como el ébano; los ojos, negros también, y el

mirar, profundo como la noche, encerraba un mundo de gracia y simpatía. El candor y la inocencia que toda ella respiraba, realzaban sobremanera sus hechizos (Álvarez 1905, 47).

En la descripción se destacan varios aspectos de lo que arriba se ha llamado la mujer frágil: su belleza de ángel, el candor y la inocencia como atributos morales que tienden a ubicarla en el plano celestial, que rememoran la imagen de la Virgen María en su ascensión al cielo. Asimismo, la blancura de su rostro, el color negro intenso del pelo y de los ojos que contrastan con su palidez, formando un equilibrio que se asocia con la perfección moral y física.

El color del vestido junto con el adorno son elementos que refuerzan la imagen de «ángel del hogar». El cristianismo y la psicología le han otorgado una serie de valores simbólicos a los colores. En este caso, el vestido y el adorno púrpuras adquieren un significado especial, puesto que van ligados con el imaginario cristiano y aristocrático occidental, ambos asociados al ejercicio del poder y de la santidad. A partir del Código Justiniano, el púrpura quedó reservado exclusivamente para el emperador, sus familiares más cercanos, y para algunos otros reyes. Por lo tanto, en los íconos se hace representativo del poder imperial. Es utilizado únicamente en los mantos y túnicas del Pantocrátor, y de la Virgen; representando que Cristo, y por extensión su Madre, detentan el poder divino. Como Cristo es también el Sumo Sacerdote de la Iglesia, simboliza el sacerdocio; el púrpura, además, encarna la dignidad y la autoridad. El adorno que Clementina lleva en la cabeza, simboliza la corona de Jesús al ser crucificado y el dolor que éste sufrió por la humanidad. De esta manera, Abelardo proyecta las cualidades de la madre de Jesús en Clementina.

De este primer retrato adolescente del personaje femenino, se pasa a otro en donde aún persisten sus rasgos virginales pero con la madurez que le han otorgado los años trascurridos desde que conoció a Abelardo.

> ¿Quién lo creyera? ¡Seis años bastaron a transformarla! Y esa muchacha inquieta como una ardilla, ligera como una cervatilla, trocóse en una mujer tranquila y grave que acaso había sentido en su seno el sordo murmullo de toda una generación... La pureza virginal y la maternidad se dan la mano en ella, y una notable serenidad se admira en toda su persona, que le obliga a uno a mantenerse a cierta respetuosa distancia, a la vez que atrae irresistiblemente su presencia (Álvarez 1905, 54).

La serenidad y la gravedad han mudado el aspecto de Clementina; ya no es la niña virgen sino la señora, la reina del hogar. El respeto que siente Abelardo hacia esa mujer renovada la hacen más imposible, pero también más atractiva para él. El personaje va evolucionando, de la mujer que inspira sumisión a la que lo atrae poderosamente por sus formas y atributos físicos:

> Es alta, es delgada, de formas divinamente torneadas: ese talle, ese cuello, el cuerpo todo tiene la esbeltez de una estatua de Lisipo. Tiene no sé qué de aéreo esta mujer, y con todo, Néstor, y con todo me enferma de alma y cuerpo la vista de esas divinas curvas de sus senos... quisiera amarte con pureza de ángel pero siento que soy hombre (Álvarez 1905, 294 y 297).

Con lo anterior, Abelardo ya no ve en su amada al mismo ser de la primera parte, ahora es una mujer sexuada y sensual que despierta sus pasiones, y también él se reconoce a sí mismo como hombre, como cuerpo, como materia. De allí la analogía del cuerpo de Clementina con las esculturas de Lisipo[6], quien moldea la figura femenina con todos los detalles del cuerpo humano, sin idealización sino basado en modelos reales. Así, el cuerpo de Clementina, en esta dimensión, no remite a una divinidad, por el contrario, ha adquirido valores esencialmente terrenales y por tanto deseables:

---

6   Lisipo fue uno de los escultores más importantes en la época de transición entre la era griega clásica y el helenismo. Con Lisipo la escultura se estiliza, pues alarga el canon de las esculturas y destaca la individualización realista en los retratos. Renovó el canon de presentación del cuerpo humano, haciéndolo más proporcional con la realidad. Fue uno de los primeros en intuir la posibilidad de modelar la estatua a partir de un punto de vista de 360 grados y no desde un punto de vista fijo como se había hecho hasta ese momento. En cuanto a la figura femenina, Lisipo dedica un gran número de obras a la figura de la mujer, estableciendo un nuevo canon de belleza y de proporción estéticas. Se han hallado varias estatuas en honor a afrodita pero ninguna original (ver: Richter 1980, 153).

> ¡Dios mío! Que nunca la hubiera conocido! Y ser tan linda! A medida que se vuelve más imposible para mí, más y más crece a mis ojos en hermosura y encantos. Esa bata que se ha puesto recientemente la ha vuelto más alta y majestuosa, y esos pechos abultados, esos pechos... Yo no sé cómo no me saco los ojos. ¡Qué terrible es, Néstor, la voluptuosidad de la mujer ajena! (Álvarez 1905, 316).

Abelardo llega al punto más alto en su deseo incontrolado hacia la belleza física de Clementina; ya no resalta sus cualidades morales, sino su cuello y sus senos abultados. Esa atracción sexual es la que poco a poco pierde a Abelardo. Paradójicamente, el tomar conciencia de que no podrá poseerla, lo conduce a perder el juicio y la razón.

Los autores modernistas, generalmente, tendieron hacia alguno de los extremos que ya se mencionaron (la mujer frágil o la mujer fatal) al concebir a la mujer en la obra literaria. No obstante, en la presente novela, el narrador-personaje transita entre las dos visiones, pero se inclina con más intensidad hacia el tipo de la mujer seductora y es este estado femenino el que lo lleva al suicidio.

VI. Exotismo

El exotismo modernista fue una de las tendencias que con fuerza atrajo a los escritores, llevándolos a viajar por países y culturas lejanas para encontrar nuevos temas para poetizar. Unos encontraron en el Oriente: Egipto, China, Japón, etc. un manantial de experiencias, aromas, sabores, colores y personas «diferentes» para mostrar y contar. Otros, como fue el caso de Eudófilo Álvarez, decidieron narrar lo cercano, lo local, pero que también era desconocido tanto para sus conciudadanos como para los extranjeros. Con ello buscaban, además, establecer la heterogeneidad racial y geográfica de las naciones.

Esta forma de exotismo concibe de manera particular al hombre primitivo y sus costumbres como un ser privilegiado de la naturaleza al encontrarse en estado «natural», sin contaminación de la civilización y de la urbe. La visión antropológica y geográfica que se construye del indígena, de las selvas, los ríos y las montañas americanas como un estado salvaje e indómito, son un elemento de singularización en la obra de Eudófilo Álvarez sobre el cual cimentar las bases del pasado precolombino para diferenciarse tanto de Europa como de Norteamérica.

En *Abelardo*, el narrador incorpora al indígena, Jívaro del Ecuador, en su discurso sobre lo propio Ecuatoriano.

> Siempre me han atraído irresistiblemente esas vírgenes selvas embalsamadas de mil aromas, esos ríos y lagos (...) Cuántas veces me han venido deseos de pertenecer a esa esbelta raza de los Jívaros, para vivir en familia con las fieras. Ya me imagino verme pintado de vivas y fantásticas figuras, pendientes de mi desnudo cuerpo sartas de sonoras conchas y cascabeles, ceñida la frente de diadema de mimbres y de plumas; ya me figuro yo correr a la voz guerrera del tundúi, flotante la cabellera, empuñado de mi lanza de negra chonta, volar a la guerra a traer cabezas enemigas en trofeos. Por lo mismo que tan remotos están de nosotros estos placeres salvajes, más nos seducen (Álvarez 1905, 5).

La atracción que ejerce lo desconocido y lo extraño en el hombre occidental culto remite a una concepción del hombre primitivo, de pureza original y conectado con la naturaleza, el cual no ha sido aún viciado por la civilización. En la cita anterior, el narrador es interpelado por la forma de vida de los Jívaros deseando pertenecer a esa comunidad, vestir y actuar como ellos lo hacen. Esta imagen que se construye sobre la diferencia es una forma de evasión de la sociedad burguesa, capitalista e industrializada que se vivía al final del siglo XIX, y de donde trataron de escapar los escritores modernistas con la exaltación de nuevos y exóticos espacios. Las selvas agrestes y los indígenas guerreros conforman un estilo de vida en donde reside la belleza agresiva e imponente de las tierras ecuatorianas, y, además, es la zona de escape cuando el narrador se siente sin un lugar en el mundo, sin sentido de pertenencia a un lugar.

Abelardo es ecuatoriano, pero no vive en su patria. La constante melancolía de su tierra lo lleva a buscar formas de sentirse cerca de ella, como cuando le escribe a Néstor con estas palabras: «Oh, amigo, cuánto diera por estar allá, si presto pudiera yo retornar a mi tierra, qué de cosas no haríamos los dos. Plegue al cielo no tenernos separados mucho tiempo» (Álvarez 1905, 5); de ahí que anhele y hasta proyecte su soledad en la tierra de los Jívaros, en el Oriente ecuatoriano, lo que lo aleja de la París modernizada.

Abelardo, de la misma manera en que idealiza a los indígenas ecuatorianos, presenta a los campesinos de Meudon como figuras extraordinarias:

> Pues pongo el Virgilio bajo del brazo y me dejo ir por estos trigos sin rumbo conocido, y cuánto más de París me aparto, más descubro en las gentes del campo las huellas de los hombres primitivos. Esa sencilla timidez de la campesina y el timbre de su voz, ese hablarse a largas distancias unos a otros sin temor de molestar al vecino; las criaturas gordillas, medio desnudas y sucias las mejillas, que viven en familia con las palomas y los conejos (...) el sueño tranquilo de estas gentes, ajenas a los problemas de la vida, ignorantes de cuanto pudiera turbarles el reposo... cosas son estas que me dan en qué pensar (Álvarez 1905, 9 y 10).

El narrador destaca la «belleza singular» de los pobladores de Meudon, estableciendo un paralelo entre el tipo de vida que llevan éstos y los Jívaros. Los campesinos son vistos como seres especiales, pero similares a los hombres primitivos. Estas dos comunidades causan admiración y asombro para el hombre de ciudad por su sencillez y humildad. No obstante, en la relación establecida hay una doble intensión en la obra: llenar de significado la categoría de lo exótico americano, y mostrar la faceta primitiva en el campesino europeo. En consecuencia, se produce una revaloración en las jerarquías espaciales que habían dominado desde la colonia, a partir de las cuales los europeos construyeron tanto al oriente como a lo americano. Dentro del aparente avance civilizador del mundo europeo, también es posible encontrar la diferencia en sus periferias; y lo paradójico es que sea un americano quien lo representa como diferente.

Otra forma en que aparece el exotismo en *Abelardo* es la nostalgia y la añoranza de tiempos pasados considerados mejores que el presente del narrador.

> ¡Tiempos felices aquellos! En que las ninfas en persona tejían las telas con lanzaderas de oro, en que el propio Ulises cortaba con el hacha el tronco de olivo y labraba él mismo su lecho nupcial; en que toda una princesa como la joven y bella Nausicaa, vase al río con sus criadas a lavar la ropa que se ha de mudar el día de la boda. Y mientras la ropa se seca, hace ella su comida junto al río, y se quita el velo y juega con sus doncellas en la ribera (Álvarez 1905, 10).

El exotismo modernista debe ser entendido como evasión de la realidad alienante que impide al narrador fluir con naturalidad en una sociedad caótica. Por ello, la búsqueda estética de la obra está en lugares temporalmente distantes. El retorno a la literatura y a la mitología griega Homérica, a los dioses, a los seres del pasado de una edad dorada son los recursos para simbolizar que el arte es superior a la vulgaridad de la sociedad condicionada por el dinero, a la vida multitudinaria de las ciudades industrializadas. El arte se alza sobre la belleza antigua.

No en vano, paralelo a la añoranza de tiempos antiguos, se encuentra en *Abelardo* la descripción de París como una ciudad contradictoria y ambivalente.

> ¡Qué sarcasmo! Pedirme te diga lo que es París, tú que sabes mejor que yo lo que es la capital del mundo! (...) Un Zola y un Víctor Hugo juntos podrían hacerlo. Según la manera de ver las cosas, podrá cada cual exclamar: París es un caos, es un infierno; París es un paraíso que ofrece al hombre superior

> placeres que el vulgo no conoce (...) París es un océano en tormenta. Tabernas, garitos, mancebías, casas de todo género de prostitución, cuántos vicios la corrupción ha imaginado, todo eso constituye la tormenta (...) París-Louvre, París-Panteón, París-Nuestra Señora, París-Luz, París-Fraternidad. Profundidades inconmensurables, arcanos de lo infinito! Siglos amontonados, grandes pueblos congregados, silencio profundo de los tiempos, abismos del pensamiento, trono del arte... Ahora comprendo por qué París es grande (Álvarez 1905, 5-7).

Las dos visiones de París se complementan. Por un lado, el personaje se siente constreñido en ese espacio de desarrollo y progreso que alberga toda serie de lugares, producto del cambio de sociedad y de mentalidad. La prostitución, la bohemia, las calles llenas de tráfico y de gente, el ruido ensordecedor perturban al hombre superior, al artista, al letrado y lo expulsan a la periferia. De allí, que el personaje resuelva vivir definitivamente en Meudon, lugar donde la naturaleza y los paisajes idílicos del campo le proporcionan tranquilidad al ser sensible, y sólo podrá hallar su paz interior en ese espacio. No obstante, se presenta simultáneamente la imagen de los letrados en París, quienes atraídos por la cultura y el arte parisiense conciben la ciudad como el lugar ideal para estar en contacto con el arte universal. Allí, estos sujetos podrán potenciar su capacidad creadora y encontrarán la pureza de la belleza artística.

En definitiva, lo exótico se manifiesta en *Abelardo* tanto en lo «salvaje» y «primitivo», en donde aparentemente residiría la pureza e inocencia de seres y lugares que no han sido tocados por la mano civilizadora, como en lo culto, al proyectar la capital de Francia como el espacio en el cual reside la pureza y belleza de la cultura y el arte occidental.

VII. Abelardo: el retrato modernista[7]

El Modernismo propugnó por la representación de su actitud a través de la escritura, imponiendo en los personajes la concepción deseada del artista. Es decir, la obra construye un universo literario en el cual el artista participa como el héroe moderno[8] de su narración, creando una proyección de sus propias inquietudes, angustias y anhelos, o como sujeto partícipe de la sociedad en la que está inmerso. La novela de Eudófilo Álvarez no está alejada del embateególatra de su narrador-personaje. Abelardo no es propiamente un artista, sin embargo, en él se aprecian cualidades que lo vinculan con el medio cultural y artístico de la época que, además, coinciden con los intereses estéticos de la obra. Así se evidencia en una carta escrita por Juan Félix Proaño a propósito de la muerte de Eudófilo Álvarez, en la que se destaca el espíritu artístico que reflejan sus obras:

> Es propio de las almas sensibles impresionarse con la vista de objetos bellos y sublimes. Si a esa feliz disposición del espíritu se junta una vasta cultura de la mente, un talento analítico y observador, un corazón noble y generoso; entonces, los hombres dotados de estas hermosas cualidades, no pueden encerrarse dentro de los estrechos límites del egoísmo o del orden puramente material; sino que buscan una atmosfera superior a donde remonta su vuelo el espíritu (...) Habiendo leído algunas de las obras literarias escritas por nuestro excelente amigo, señor don Eudófilo Álvarez, que ayer no más se despidió de la vida, hemos creído descubrir al través de esas páginas un espíritu dotado de esas cualidades que hemos apuntado antes (Costales Samaniego y Costales Peñaherrera 2001, 99).

---

7   El título de este apartado fue tomado del artículo de María Salgado (1992).
8   «Al verificarse en la cultura moderna un profundo cambio de enfoque (...) el artista ya no insistirá tanto en representar ideales trascendentes o deseos ilimitados de autorrealización, sino que reflejará más bien situaciones muy concretas, donde se haga patente la dificultad que experimenta el individuo para alcanzar su propia identidad, Estos nuevos héroes, desprovistos ya de aquellas nobles cualidades y sometidos a las fatalidades modernas del progreso, la ciencia y la economía, así como a la demagogia de los políticos de turno, y reducidos por todo ello a refugiarse en sus instintos más elementales, aparecerán como individuos del común de la humanidad y, desde esta posición socialmente indiferenciada, comenzarán a invadir las páginas literarias» (ver: Blanch 1995, 112).

Al leer esta semblanza que se hizo de la obra de Álvarez, se encuentran varias similitudes con el pensamiento del narrador-personaje, Abelardo, y con sus intereses artísticos y culturales.

> ¡Saber comprender la naturaleza y distinguir lo bello! He ahí lo difícil, amigo mío, porque ese don no ha concedido Dios a todos los mortales. La belleza es el soplo divino, amigo Néstor, la belleza es invisible como Dios (...) sólo el alma artística es capaz de penetrar el espíritu de cuánto nos rodea y comprender esa fraternidad de los seres entre sí, ese ayudarse y alimentarse mutuamente. (...) ¡Me hundo en el seno de los mares, me remonto a las altas cordilleras, bajo a los valles, me interno en la espesura de las selvas, y la vida presente donde quiera... Néstor, Néstor, mi espíritu se rinde abrumado por el peso de este maravilloso arcano! (Álvarez 1905, 28).

El héroe de la novela primero menciona el alma artística como la única capaz de captar la belleza de la naturaleza y de representarla con fidelidad. Inmediatamente, al hablar de sí mismo, la sensibilidad de su espíritu se hunde en los deleites de la naturaleza que sólo un sujeto como él puede aprehender. Allí, radica el interés de la obra por crear el semblante de un sujeto ficcional que corresponde con aquella actitud del artista moderno.

A propósito, dice Néstor:

> Yo tuve la fortuna de conocer a Abelardo y de tratar con él no pocas veces: todo él respiraba bondad y buena fe. Hablaba poco: era melancólico de naturaleza, era meditabundo y gustaba de la soledad. Dicen que desde niño le asaltaba un sentimiento de tristeza y lloraba sin saber por qué. ¡Vagos presentimientos de un porvenir desgraciado! Vivía convencido de que no había nacido al mundo para gozar, y sólo gozaba cuando podía dar rienda suelta a su sensibilidad exquisita. Más tarde se puso tan sombrío, que andaba por las calles como andan las sombras en los sepulcros (Álvarez 1905, 360).

Los rasgos que destacan la personalidad de Abelardo como

la híper-sensibilidad, la tendencia a la depresión y a la nostalgia, y la poca sociabilidad, son algunos de las características emocionales comunes al artista decadente de fin de siglo –cabe aclarar que Abelardo no es un artista como tal; sin embargo, posee un alma artística–. «El estilo decadente tiene la capacidad de expresar aquellos estados mentales complejos, como son la neurosis, la pasión depravante y la locura» (Dussaillant 2005, 45). En los textos modernistas, contrariamente a los retratos realistas finiseculares, lo que se resalta es la imaginativa recreación del temperamento del artista como un ser incomprendido, que ha sido aislado de la sociedad burguesa por la diferencia que establece con los nuevos órdenes moderno-capitalistas.

De otra parte, del aspecto físico del personaje no se dan numerosos detalles, sino sólo los que interesan para reforzar su figura decadente:

> La naturaleza le hizo en extremo sensible, mas no fuerte de constitución, y aparte de los achaques de que adolecía desde niño, los nervios se le aflojaron a lo último de su vida de manera que no pudo resistir a los estragos de una pasión tan violenta. Amó ciegamente, sin razón ni prudencia; se fue tras el objeto amado con el candor de un niño, al impulso de una pasión desenfrenada. Adoró a una mujer, adorable sin duda, pero imposible de poseer, y ese amor le perdió. Padeció tanto los últimos meses, tan insoportable le vino a ser la vida, tan espantosa, que sintió en su interior todo lo que puede sentir un náufrago que se ve solo, sin nadie quien le ampare en el piélago de un mar inmenso (Álvarez 1905, 359).

Ahora bien, otro elemento que vale la pena analizar es la carta como modelo idóneo para expresar el devenir de la conciencia del héroe-narrador. Cada una de las epístolas aborda una de las preocupaciones fundamentales del personaje, bien sea sobre lugares reales o ficcionales, ideas filosóficas o estéticas, o personajes de su propio mundo narrativo.

Asimismo, son una secuencia extensa a un amigo ecuatoriano

ideal, Néstor, presentando la visión lineal de una única voz narrativa, la de Abelardo, quien en principio narra sus percepciones de París y de Meudon, y, después, la crónica de la intensificación de su pasión amorosa por una mujer casada. El destinatario de la correspondencia en la obra es un agente inactivo en la narración debido a su nula participación en lo que se supone la interacción epistolar entre el emisor y él. Su función se limita a ser el destinatario-testigo de los sentimientos de Abelardo, quedando por fuera de la visión del lector algún rasgo que lo caracterice dentro del relato.

En este orden de ideas, la carta como recurso literario, ha sido empleada para mostrar la transformación o evolución de uno o varios personajes, dando a conocer de primera mano los cambios que se entretejen en el interior de los mismos. Así, en *Abelardo* se acude no sólo a la transformación de la visión femenina, como se mencionó en otro apartado, sino a la metamorfosis que paulatinamente se va operando en la conciencia del héroe-narrador en relación con su amada Clementina, que desemboca en la pérdida de la razón.

En cuanto al amor, suele ser el tópico por excelencia modernista que lleva al héroe a perder la razón y lo conduce al suicidio; no obstante, esto debe suceder así para que la realización aciaga del personaje sea definitiva; mientras que el amor irrealizable es el motivo adverso con el cual éste se muestra ante la sociedad que lo evade. Su sufrimiento, el rechazo, la pérdida, son las fichas del rompecabezas que él arma de su decadente existencia; por eso, el final de este sujeto moderno nunca podrá ser feliz, pues sólo adquiere el reconocimiento en cuanto más doloroso sea su destino.

Para concluir, a lo largo de este artículo se ha intentado mostrar que pese a los juicios de valor sin fundamento que la crítica ha emitido sobre la obra de Eudófilo Álvarez, ésta rompe con la tradición romántica en la que se ha encasillado la literatura ecuatoriana de finales del siglo XIX. Por el contrario, *Abelardo* es una obra plenamente modernista, pero entendiendo el Modernismo no sólo como un movimiento literario sino como una actitud frente a los avatares del fin de siglo, pues vincula los elementos estéticos más recurrentes dentro de la literatura que sigue esa tendencia. En ella se destaca la influencia simbolista francesa, en cuanto al dominio del sueño en los hechos de la vigilia; la concepción masculina que presentó visiones particulares sobre la mujer de la época; el exotismo local y el exotismo europeo, visto éste por los ojos de un hombre culto americano, y la manera en que a través del personaje-héroe se representa la actitud modernista idealizadamente.

Los anteriores son tan sólo algunos de los valores estéticos que aquí se analizaron, pero *Abelardo* es una obra rica literariamente, de la cual faltan elementos por explorar y analizar a la luz de nuevas miradas que le den el valor que ella merece como manifestación finisecular modernista de las letras ecuatorianas e hispanoamericanas.

Jeimy García Sánchez

Bibliografía

Álvarez, Eudófilo. *Abelardo*. Quito: Imprenta Nacional, 1905.

_____. *Zapikia y Nanto*. Introducción de Alfredo Costales-Samaniego. Quito: Ediciones Abya-Yala, 2003.

Bari de López, Camila. *Hacia una poética del modernismo: simbolismo de la mujer y del color en las novelas de Manuel Díaz Rodríguez*. Universidad de New York, 1997. [Disertación doctoral].

Blanch, Antonio. *El Hombre imaginario: una antropología literaria*. Madrid: Universidad Pontificia Comillas, 1995.

Coll, Edna. *Índice informativo de la novela hispanoamericana*. IV. Altiplano: Editorial de la Universidad de Puerto Rico, 1992.

Costales Samaniego, Alfredo y Costales Peñaherrera, Dolores. *Barro antiguo: el pensamiento antropológico de Juan Félix Proaño*. Quito: Editorial Abya Yala, 2001.

Descalzi, Ricardo y Renaud, Richard. *El Chulla Romero y Flores*. Edición Crítica. Costa Rica: Universidad de Costa Rica, 1996.

Dussaillant, Chantal. *Decadencia por principio: Decadentismo en la narrativa hispanoamericana de finales del siglo XIX y comienzos del XX*. Departamento de Español y Portugués. Universidad de New York, 2005. [Disertación doctoral].

Houtzager, Guus. *La enciclopedia de la mitología griega*. Madrid: Editorial Libsa, 2005.

Jiménez, Juan Ramón. *El modernismo. Notas de un curso (1953)*. Prólogo y notas de Ricardo Gullón y Eugenio Fernández. México: Editorial Aguilar, 1962.

Nerval, Gerard. *Aurelia*. México: Ediciones Coayacán, 1998.

Rama, Ángel. *La crítica de la cultura en América Latina*. Caracas: Editorial Biblioteca Ayacucho, 1985.

Richter, Gisela Marie Augusta. *El arte griego una revisión de las artes visuales de la antigua Grecia*. Barcelona: Ediciones Destino, 1980.
Rojas, Ángel Felicísimo. *Obras completas*. III. Loja: Universidad Técnica Particular de Loja. Editorial universitaria, 2004.
Salgado, María. «El auto retrato modernista y la "Literaturización" de la persona poética». *Actas del X Congreso de la Asociación Internacional de Hispanistas, Barcelona 21-26 de agosto de 1989*. Antonio Vilanova (Coord.). 4. Barcelona: Promociones y Publicaciones Universitarias, PPU, 1992. 959-968
Swedenborg, Emanuel. *Del cielo y del infierno*. Trad. María Tabuyo y Agustín López. Madrid: Editorial Siruela, 2000.

Autores

FLOR MARÍA RODRÍGUEZ-ARENAS. Ph.D., The University of Texas, Austin (1985). Profesora titular de Literatura hispanoamericana en Colorado State University en Estados Unidos. Autora de diversos libros, entre ellos: *Eugenio Díaz Castro: Realismo y socialismo en Manuela. Novela bogotana* (2011). *Manuela. Novela bogotana.* Eugenio Díaz Castro (2011). *Doña Bárbara.* Rómulo Gallegos. (2009). *La emancipada.* Miguel Riofrío (2ª. ed., revisada y aumentada, 2009; 1ª ed., 2005). *María.* Jorge Isaccs (2008). *Periódicos literarios y géneros narrativos menores: fábula, anécdota y carta ficticia. Colombia (1792- 1850)* (2007). *El tungsteno/Paco Yunque. César Vallejo* (2007). *El éxodo de Yangana. Ángel Felicísimo Rojas* (2007). *Tradiciones peruanas.* Ricardo Palma (2006). *Bibliografía de la literatura colombiana del Siglo XIX* (2 vols., 2006). *Novelas y cuadros de la vida suramericana. Soledad Acosta de Samper* (2006). *Tomás Carrasquilla: Nuevas aproximaciones críticas.* (2000). *Hacia la novela: la conciencia literaria en Hispanoamérica (1792-1848).* (2ª ed., 1998, 1ª ed., 1993). *Tradiciones peruanas.* Ricardo Palma (Co-Cordinadora: Archives de la Littérature Latinoamericaine) (1996, 1993). Coautora: *Guía bibliográfica de escritoras ecuatorianas.* (1993); *Guía bibliográfica de escritoras venezolanas* (1993); *)Y las mujeres? Estudios de literatura colombiana.* (1991); además, autora de diversos artículos de literatura hispanoamericana de la Colonia, del siglo XIX y del siglo XX. Correo electrónico: f.m.rodriguezarenas@colostate-pueblo.edu

RAÚL NEIRA, Ph.D., The University of Texas, Austin (1990). Especialista en Literatura y Cultura Latinoamericana. Desde 1991 desempeña la cátedra de Literatura y Cultura Latinoamericana en SUNY Buffalo State College, donde es Profesor Asociado de Español. Autor de una edición crítica de *Huasipungo* (2009) y de *El Primer ciclo novelístico de Alfredo Pareja Diezcanseco* [1929-1944] (1990); Co-autor de *Guía bibliográfica de escritoras ecuatorianas* (1993) y de *Guía bibliográfica de escritoras venezolanas* (1993). Ha publicado diversos libros y artículos sobre autores hispanoamericanos. Correo electrónico: neirarf@buffalostate.edu.

CHRISTEN PICICCI, Ph.D., University of Oregon (2008). Es director del programa de italiano en Colorado State University, donde se desempeña como Profesor Asistente. Se especializa en la poesía épica italiana y las relaciones con la literatura en español del Renacimiento, lo mismo que en temas trasatlánticos. Es autor de: «Force and Human Suffering in Torquato Tasso's *Gerusalemme liberta* and Alonso de Ercilla y Zúñiga's *La Araucana*» (2008). *En la actualidad investiga sobre* la influencia de los petrarquismos en poemas épicos y en otros tipos de poesía de la primera modernidad. Correo electrónico: chris.picicci@colostate-pueblo.edu

DANILO GARCÍA BERNAL. Maestría en Literatura hispanoamericana (1996), Columbia University (New York City, New York). Maestría en Educación (1998), Columbia University (New York City, New York). Actualmente se desempeña como Investigador independiente, traductor y consultor. Ha desarrollado investigaciones y tiene publicaciones sobre literatura hispanoamericana de la Colonia, del siglo XIX y del siglo XX. Correo electrónico: danilogarciabernal@gmail.com

César Andrés Ospina Mesa, Filósofo con estudios de Maestría en Estudios Culturales de la Pontificia Universidad Javeriana de Bogotá. Docente en la facultad de Comunicación y Lenguaje – Departamento de Lenguas de la misma universidad. Sus áreas de investigación son: Estudios culturales, literatura y cultura del siglo XIX y XX, Poscolonialidad en América Latina, Biopolítica e Historia del capitalismo en Colombia. Actualmente desarrolla una investigación sobre la emergencia del uso político de la imagen en la República Liberal en Colombia (1930-1946). Correo electrónico: ospina.c@javeriana.edu.co

Patricia G. Carrasco. Posee estudios de Maestría en Literatura hispanoamericana del Departamento de Lenguas y Lingüística de New Mexico State University, Las Cruces. Es investigadora de la Literatura hispanoamericana, de la cual ha publicado algunos artículos. Correo electrónico: Pattygin42@gmail.com

Jeimy García Sánchez es profesional en Estudios Literarios de la Pontificia Universidad Javeriana. Ha colaborado como investigadora en la Escuela de Derecho de la Universidad de Londres en temas de propiedad literaria y propiedad industrial. Su última investigación giró en torno al periodismo bogotano y la anécdota en la primera mitad del siglo XIX. Correo electrónico: jeimygs@gmail.com

Thank you for acquiring

La novela ecuatoriana del siglo XIX - Ensayos

from the
Stockcero collection of Spanish and Latin American significant books of the past and present.

This book is one of a large and ever-expanding list of titles Stockcero regards as classics of Spanish and Latin American literature, history, economics, and cultural studies. A series of important books are being brought back into print with modern readers and students in mind, and thus including updated footnotes, prefaces, and bibliographies.

We invite you to look for more complete information on our website, **www.stockcero.com**, where you can view a list of titles currently available, as well as those in preparation. On this website, you may register to receive desk copies, view additional information about the books, and suggest titles you would like to see brought back into print. We are most eager to receive these suggestions, and if possible, to discuss them with you. Any comments you wish to make about Stockcero books would be most helpful.

The Stockcero website will also provide access to an increasing number of links to critical articles, libraries, databanks, bibliographies and other materials relating to the texts we are publishing.

By registering on our website, you will allow us to inform you of services and connections that will enhance your reading and teaching of an expanding list of important books.

You may additionally help us improve the way we serve your needs by registering your purchase at:

http://www.stockcero.com/bookregister.htm